ACTS OF MEANING

인간 과학의 혁명

마음, 문화, 그리고 교육

Jerome Bruner 지음

강현석·유제순·이자현·김무정·최영수·이순옥 옮김

아카데미프레스

역자 서문

이 책은 오랫동안 동안 한국 독자들에게 친숙하게 알려진 Jerome S. Bruner가 1990년에 Hebrew University of Jerusalem과 Harvard University Press의 지원을 받아 집필한 「Acts of Meaning」을 우리말로 옮긴 것이다.

Bruner는 한국 독자들에게 1960년대의 학문중심 교육과정, '지식의 구조', '나선형 교육과정'으로 잘 알려져 있다. 특히 그는 「The Process of Education」(1960)의 저자이면서 「Toward a Theory of Instruction」(1966)에서 세 가지 표현양식, 발견학습과 처방적 교수이론을 제안한 것으로 잘 알려져 있다. 그러나 그 이후 그의 생각은 단순하게 학교 교육이나 교과를 가르치는 문제, 교실 수업에만 국한되지 않았다. 그의 사상은 폭넓게 인간의 행동과 마음을 다루는 인간 과학(human science)의 문제로 확장되었다.

그동안 한국에 소개된 Bruner의 아이디어는 1971년까지의 Harvard 시기에 제안해 온 것들이다. 이 시기에 그는 대체적으로 인지 혁명, 의미의 문제, 문화의 진화적 도구성을 다루었다. 이 시기는 그의 사상을 세 흐름으로 크게 나누었을 때 첫 번째 시기에 해당한다. 그 이후 1979년까지의 Oxford 시기가 전개되는데, 이 시기에서는 인식론, 실재의 문제 등이 연구되었으며, 이 시기의 세 가지 핵심 주제는 구성주의(constructivism), 기능주의(functionalism), 지식의 사회적 맥락(social context of knowledge)에 있다. 세 번째 시기는 1980년대부터 현재까지의 New York 시기이다. 이 시기에서 Bruner는 문화와 인간 발달의 새로운 조망을 제시하였다. 그는 1980년대의 자서전적 내러티브와 자아(self)의 연구, 사고양식으로서 내러티브(narrative) 연구, N. Goodman의 구성주의 탐구, 문화로서의 발달이론, 일상심리학(folk psychology) 제안을 통하여 최근에는 새로운 입장을 정리한「The Culture of Education」을 제시하였다.

이 역서는 지식의 구조론 이후 Bruner의 새로운 입장을 좀 더 체계적이고 학문적으로 이해할 수 있는 가장 정확한 철학과 통로를 제공해 주고 있다는 점에서 매우 중요한 의의를 지니고 있다. 특히 이 책은 단순히 교육의 문제만이 아니라 인간 마음과 지식의 문제에 새로운 아젠다를 제안하고 있다는 점에서 이론 및 철학적으로 매우 중요한 의의와 가치를 지닌다고 볼 수 있다.

이 책을 번역하면서 역서의 제목을 무엇으로 해야 Bruner의 생각을 잘 전달할 수 있을까 하는 고민을 많이 하였다. 독자들이 쉽게 접하고 역서의 취지를 잘 이해할 수 있는 제목을 붙이기 위해 고심하였다. 원저 제목 그대로 하면「의미의 행위: 마음과 문화에 대한 4개의 강의」가 된다. 그리고 부제로 달려 있는 마음과 문화가 우리의 주목을 끈다. 요즘 유행하는 '문화심리학'을 쉽게 풀어 쓴 것으로 볼 수 있다. 요체는 내러티브를 통하여 의미를 만들어가는 행위가 인간 마음의 본질, 인간 과학의 요체라는 것으로 읽힌다.

과연 이 제목을 통하여 Bruner는 무엇을 말하고자 하는지를 생각해 보았다. 좁게 보면 이 책은 심리학 문제를 다루고 있다. 과거 협소한 문제에서 벗어나 새로운 패러다임으로 심리학을 조망해야 한다는 것이다. 저자가 말하고 있듯이, 심리학의 주요 테마를 강조하기 위하여 심리학의 핵심 주제를「Acts of Meaning(의미의 행위)」라고 부르고 있다. 심리학이 인간 마음과 행동에 대한 학문이라고 할 때 그것은 단순히 심리학만의 문제가 아니다. 그것은 바로 인간 과학의 문제이다.

그러나 과거 심리학은 그렇지 못했다. 1950년대의 인지 혁명은 잘못된 방향으로 전개되었고, 기껏해야 행동주의를 수정하는 것으로 변질되면서 인간 행동과 마음의 본질을 이해하고자 하는 노력에 들어 있는 가치와 의미를 제대로 파악하지 못했다. 본래 인지 혁명의 의미는 사실상 심리학이 인류학과 언어학, 철학과 역사, 심지어 법학과 협력할 것을 요구했고, 인간 과학에 대한 혁명이라 부를 만한 것이었다. 그러나 기존의 인지 혁명과 과학적 심리학이 보여준 행태는 Bruner가 보기에 실망스러웠으며, 이 지점에서 인간 과학을 새롭게 건설할 것을 촉구하고 있는 셈이다.

주지하다시피 인간의 마음은 문화 속에서 이루어지며 문화를 통하여 인간 마음이 구성된다. 인간의 마음은 흔히 논리적 분석이나 과학적 검증을 강조하는 패러다임적 방식으로만 작용하지 않고 내러티브적 양식으로도 작용한다. 이러한 마음의 두 가지 작용 방식은 상부상조한다. 내러티브 세계에서 인간은 가설 생성을 통하여 수많은 관점과 가능한 세계들을 만들어낸다. 이 세계는 문화를 기반으로 하므로 문화에 대한 이해 없이는 인간을 이해하는 데 그만큼 한계가 있기 마련이다. 따라서 인간에 대한 적절한 탐구가 필요하며, 이 과정에서 문화의 도구에 민감해야 하며, 인지심리학이라는 틀에서 일상심리학 혹은 문화심리학으로의 전환이 요청된다.

우리가 주목하는 교육은 학교에서 특정 교과를 교실에서 가르치는 문제이기 이전에 보다 근본적으로 인간 마음 형성에 관여하는 활동이다. 마음 구성의 장으로서 문화에 대한 이해가 교육을 이해하는 데 근본적이다. 마음, 문화, 교육, 이 세 가지 문제에 대한 관련성이 인간 과학의 근본 주제가 되어야 한다. 따라서 인간 과학과 교육은 문화 창조의 언어가 되어야 한다. 내러티브 세계에서 인간은 해석적 전통 아래 스토리 구성을 통해 의미를 형성해가는 존재이다. 이제 심리학은 행동주의와 인지심리학의 협소한 굴에서 벗어나 해석의 전통에서 인간을 폭넓게 이해하는 혁명의 렌즈를 창조해야 한다. 인간을 대상으로 하는 학문과 이론의 구성은 여기에서 출발해야 한다. Bruner는 이 점을 말하고자 한 것일까? Bruner는 본서를 집필한 6년 뒤 「교육의 문화(The Culture of Education)」와 「이야기 만들기(Making Stories)」(2001)를 집필하였다. 이 저서들은 이러한 한 흐름에 놓여 있다고 생각된다.

　이 책은 크게 네 개의 장으로 구성되어 있다. 1장에서는 인간의 마음과 행동에 관하여 어떻게 적절하게 연구할 것인가 하는 문제를 다룬다. 인지 혁명에 대한 비판과 숭고한 의미를 추적하고 있으며, 과학적 심리학에 대비되는 일상심리학을 제안한다. 2장에서는 문화의 도구로서 일상심리학의 문제를 다룬다. 일상심리학의 중요성과 일삼심리학이 등장하기까지의 역사, 언어학 이론, 내러티브, 내러티브의 특성을 설명한다. 3장에서는 의미 구성 문제를 다루고 있다. 아이들에게도 내러티브를 통하여 의미를 구성하는 능력이 있으며, 내러티브 관점에서 경험을 표현하는 능력이 단지 어린이들의 놀이만이 아니라, 문화 속에서의 삶의 대부분을 지배하고 있는 의미를 만들기 위한 수단이라는 것을 분명히 밝히고 있다. 4장에서는 자서전과 자아 문제를 다룬다. 이 장에서는 문화심리학적 사고방식을 심리학의 고전적 개념에 적용함으로써 문화심리학을 설명한다. 자아를 바라보는 전통적인 관점을 살펴보고, 자아에 대한 내러티브적 전회를 통해 새로운 자아 개념을 제안한다.

　Bruner는 각 장을 제목 없이 Ⅰ, Ⅱ, Ⅲ 식으로만 설정하였다. 그러나 역서에서는 독자들의 이해를 돕기 위해 각 장에서 구분된 부분을 역자들이 숙의하여 주요 주제어로 설정해 놓았다. 쉽게 이해하는 데 도움이 되길 바란다.

　이 책은 다른 책들과 달리 에세이 형식으로 집필되었다. 에세이 글을 우리말로 옮기는 것은 어려운 일임을 재차 절감하였다. 어려운 만큼 모험도 많았으며, 언어의 문화를 모르고서 그 의미를 제대로 파악하는 것이 난해하다는 것을 절실히 깨달았다. 어려운 책이지만 무턱대고 덤벼든 지 오랜 시간이 흘렀다. 그간 수업 시간과 세미나 시간을 통하여 여러 번 읽고 좌절하기도 하였다. Bruner의 해박한 지식 앞에, 역자들의 졸렬한 전문 지식과 교양 앞에 좌절하기도 하였다. 그러나 오기 아닌 오기가 발동하여 부족하나마 출간하기에 이르렀다.

그간 수업 시간에 같이 독해하고 번역하면서 도움을 준 교육과정 및 교육방법 전공 대학원생들과 내용을 보충하고 수정해 준 이자현 박사께 감사드린다. 특히 지면을 빌어 특별한 감사를 드리고 싶은 사람이 있다. 지루한 수정과 교정 과정에서 많은 수고를 해주신 이숙란 선생님이다. 이 선생님은 책 전체에 걸쳐서 오역된 부분을 바로 잡아주시고, 문장의 흐름도 부드럽게 수정해 주시는 데 많은 수고를 하셨다. 이 자리를 빌어서 다시 한 번 감사드린다. 그러나 이 책에서 다루는 주제에 대한 역자들의 기본 지식이 짧고 생소하고 난해한 부분이 많아서 번역에 많은 오류가 있을 것이다. 잘못된 부분은 독자들의 질정을 기대하며, 차후에 오류를 반영하여 개정 작업을 이어나갈 것을 약속한다. 마지막으로, 이 책을 출판할 수 있도록 도움을 주신 아카데미프레스 사장님과 편집부 직원에게도 감사를 드린다.

입하가 지난 복현 동산에서
2011년 6월 강현석

저자 서문

책들은 바다 밖으로 툭 튀어나온 산봉우리 같다. 바다 밖으로 나온 산봉우리가 섬처럼 보이지만 아래 있는 지형의 융기인 것처럼 책은 지역적인 동시에 보편적 패턴의 일부이다. 책은 필연적으로 어떤 시간과 공간을 반영하지만 더 일반적인 지적 지형(geography)의 일부분이다. 이 책도 예외는 아니다.

나는 William James가 한때 마음의 과학이라고 불렀던 심리학이 이전 심리학의 역사에서는 결코 그런 적이 없이 산산조각 나게 되었을 때 이 책을 썼다. 심리학은 그 중심을 잃어버리고 부분들 간의 역할의 분배를 정당화할 수 있는 내적 교환을 확실히 하는 데 요구되는 결합력을 상실할 위기에 처해 있다. 그리고 그 부분들은 각각 자신의 조직적 정체성, 자신의 이론적 장치, 그리고 종종 자신의 글과 함께 전문적인 것이 되어서 그 산출물이 더 밖으로 나가지 못하게 된다. 너무 자주 각 부분들은 자신의 레토릭(rhetoric) 내에 그리고 자신의 권한의 소교구 안에 스스로를 가둔다. 이런 자가밀봉은 각 부분(그리고 심리학의 조각모음 전체를 구성하는 집합체)을 마음과 인간조건에 바쳐진 다른 연구, 즉 인문과학이나 자연과학에서의 연구들로부터 훨씬 더 멀리 떨어지게 만드는 위험을 무릅쓴다.

이런 일어난 일들에 대한 충분한 이유가 있을지 모른다. 아마도 그것 역시 인간 과학 내에서 요구된 "패러다임의 변화"를 반영할 것이다. 심리학의 "생물학적" 측면은 신경과학과 제휴하기 위해 심리학에서의 오래된 근거를 버렸다. 그리고 새로이 만들어진 "인지과학"은 다양한 "정보 처리"의 종류로 여겨지는 모든 것, 즉 지각, 기억, 사고의 활동범위에서 일했던 많은 사람들을 흡수했다. 이들 새로운 조정은 유익한 것일지도 모른다. 왜냐하면 이 새로운 조정이 인간을 이해하는 과제에 새롭고 기대치 않았던 이론적 활력을 가져올 수도 있기 때문이다.

그러나 조각 나고 분열이 일어나고 있음에도 불구하고, 나는 심리학의 종말이 온다거나 심리학이 분리된 교구(parishes)에서 영원히 살아야 하는 형을 선고받을 거라 생각하지 않는다. 왜냐하면 심리학은 하나의 모험적 사업(enterprise)으로서 심리학의 일련의 독립적 분야로의 "공적인" 전환보다 앞서기 때문이다. 심리학의 훌륭한 질문들은 아직 살아있다. 1879년 Leipzig에서 Wundt의 "실험적" 실험실의 설립은 그런 질문들을 삭제하지 않았다; 그것은 단지 그들에게 새로운 옷을 입힌 것에 지나지 않았다―그 "새로운" 실증주의자는 19세기 후반 우리 선조의 마음에 아주 소중한 스타일로 맞춰진 것이다. 심지어 Wundt조차 그의 후반 삶에서 새로운 "실험실"의 양식이 얼마나 제약적일 수 있는지 깨달았고, "문화심리학"을 만들어내는 데 있어 우리가 인간의 문화적 산물을 이해하기 위해 더 역사적이고, 해석적인 접근을 받아들여야 한다고 촉구했다.

우리는 더 먼, 과거 전기-실증주의자에서부터 여전히 풍부한 자양분을 끌어오고 있다: Chomsky는 Desartes에게 빚을 지고 있다는 것을 인정한다. Piaget는 Kant 없이는 상상도 할 수 없고, Vygotsky는 Hegel과 Marx 없이는 상상도 할 수 없다. 그리고 한때 "학습이론"의 기반은 John Locke에 의해 기초가 구성되었다. 그리고 Freud의 추종자들이 프로이드 이론의 가장 피상적인 부분이었던 "생물에너지학"이라는 모형을 떠나서 논쟁했더라면, 정신분석은 이론적 성장을 계속할 수 있었을지도 모른다. 보다 최근의 인지 혁명은 이 시대의 철학적 사조를 지지하기 않고는 상상도 할 수 없었다. 그리고 사실, 사람들이 "공식적인" 심리학의 경계를 인간과학에 있어 자매학문 분야까지 내다본다면, 철학적 사조는 Nietzsche와 Peirce, Austin과 Wittgenstein, Jakobson과 de Saussure, Husserl과 Cassirer, Foucault와 Searle에 의한 Leipzig 이후 그 세기에 떠올랐던 전통적 질문에 대한 관심의 활발한 부흥에 부딪치게 된다.

그때 심리학을 고통스러운 것이라고 한정하고 "가두어 버리는 것"에 저항해 반발이 일어났다는 것은 전혀 놀라운 일이 아니다. 더 광범위한 지적 공동체는 점점 우리의 학술지를 무시하고 있으며 아웃사이더들에게는 지적으로 근거가 없는 소수의 연구를 포함하는 것처럼 보인다. 심리학 속에서 우리 학문의 상태에 대해 그리고 그것을 다시 공식화하는 수단을 찾으려고 새로운 연구를 시작한다는 것에 대해 끊임없는 우려가 존재한다. "산뜻하고 간결한 연구"라는 사조가 널리 퍼지고, Gordon Allport가 한때 방법 숭배 혹은 방법 지상주의(methodolatry)라고 외쳤음에도 불구하고, 많은 심리학적 질문들이 다시 한 번 일어나고 있다―마음의 본질과 마음의 과정에 관한 질문, 어떻게 우리가 의미와 실재(realities)를 구성하는지에 관한 질문, 역사와 문화에 의해 마음을 조형하는 것에 관한 질문.

그리고 내부의 "공인된" 심리학에서보다 외부에서 종종 더 활기 넘치게 계속되었던 이 질문들은 풍부하고 생성적 응답을 미묘하고 활기차게 다시 공식화되고 있다. 우리는 항상 심리학에 도전해 온 대비교(Great Comparisons)의 결정에 어떻게 접근해야 하는지 지금은 훨씬 더 잘 안다: 사람과 그의 진화론적인 조상과의 비교, 미숙한 어린이로서의 인간과 완전히 성숙한 사람의 비교, 아주 건강한 사람과 정신적 질병이나 정신이상으로 고민하는 사람의 비교, 다른 문화에서 표현된 것처럼 "인간 본성"의 비교, 그리고 심지어 실제로 살아있는 사람과 그를 모의 실험하기 위해 만들어진 기계 간의 비교. 이들 탐구의 각각 그리고 모든 것은 우리가 마음, 의도적인 상태, 의미, 실재 구성, 정신적 규칙, 문화적 형태 등과 같이 금기시되는 토픽에 관해 질문하려고 했을 때 성공했다. "필요" 이상으로 우리의 개념적 실리를 늘리지 못하도록 경고하는 Occam의 면도날(어떤 사항을 설명하기 위한 가설의 체계는 간결해야 한다는 원리)은 확실히 정신과학으로부터 마음을 금지하기 위해 의도된 것이 아니었다. 또한 John Stuart Mill의 귀납 원리 역시 통제된 실험에 의해 만족될 수 있는 것을 제외한 모든 지적 호기심의 형태를 억누르기 위한 의도가 아니었다.

이 책은 심리학의 혼란, 심리학의 변형, 심리학의 새로운 단순화와 함께 오늘날 심리학의 배경에 저항하면서 쓴 것이다. 나는 심리학의 주요 테마를 강조하기 위해 그 핵심적 주제를 "Acts of meaning"이라고 불렀다. 주요 테마는 의미를 만드는 것에 관한 본질과 문화적 형상화, 그리고 인간 행동에서 의미 만들기를 행하는 중심장소이다. 독자들이 그 책이 심리학자로서 나 자신의 긴 역사를 "투영하고 있다"는 것을 곧 발견하게 되더라도, 내가 그러한 책을 지금 쓰는 것은 단지 한 자서전의 경구(멋부려 쓴 것)가 아니다. 그러나 모든 단일한 목소리는 Bakhtin이 우리를 가르치는 것처럼 대화로부터 추출된다. 나는 심리학을 형성하고 재형성하는 그 대화에 오랫동안 참여하는 대단한 행운을 누려왔다. 그리고 다음 장에서 내가 말하고자 하는 것은 그 대화가 이루어지고 있는 곳에서의 나의 관점을 반영한다.

이 책은 의미를 만드는 과정의 모든 측면에 관한 "종합적" 연구를 하기 위해 의도된 것이 아니다. 그것은 어쨌든 불가능할 것이다. 오히려, 심리학이 의미에 관여할 때 어떠한지, 심리학이 어떻게 불가피하게 문화심리학이 되는지, 그리고 심리학이 어떻게 **환원주의**, 인과적 설명 그리고 **예언**에 대한 이상(ideals)을 가지고 실증주의 과학의 진부한 목표를 넘어 과감히 나아가야만 하는지를 설명하기 위한 노력이다. 그 세 가지 요구는 삼위일체처럼 간주될 필요는 없다. 왜냐하면 우리가 의미와 문화를 다룰 때, 우리는 불가피하게 다른 이상을 향해 움직이기 때문이다. 의미나 문화를 물질적인 근거로 변형시켜 가령, 의미나 문화가 좌뇌에 의존한다고 말하는 것은 잘못 둔 구체성에 고용되어서 의미와 문화를 깎아내리는 것이다. "이유(cause)"의 용어로 설명하라고 주장하는 것은 인간이 어떻게 그들의 세계를 해석하는지 그리고 어떻게 우리가 해석에 대한 그들의 행동을 해석하는지 이해하는 데 단지 방해만 될 뿐이다. 그리고 만약 심리학의 목표를 이해의 달성이라고 여긴다면 우리가 모든 조건하에서 관찰되는 현상에 대해 미리 이해할 필요가 있을까? 인과관계를 설명하는 것보다 오히려 나은 그럴듯한 해석은 없는가? 특히 인과관계 설명의 추구는 우리가 인간 삶의 대표자로서 인식하는 것 이상의 어떤 핵심을 연구할 것을 인위적으로 강요할 때이다.

인간 마음에 대한 연구는 너무 어렵다. 그래서 그 연구의 대상인 동시에 행위자가 되는 딜레마에 빠졌다. 그 결과 그것은 어제의 물리학에서 생겨난 사고방식으로 인간 마음에 대한 탐구를 제한할 수는 없다. 오히려, 그 과제는 주목하지 않을 수 없을 만큼 중요하기 때문에 그것은 풍부하고 다양한 통찰의 가치가 있고 우리는 인간의 그의 세계, 그의 주변 사람들, 그리고 그 자신에 대해 어떻게 생각하는지 이해할 수 있다. 그것이 우리가 진행해 나가야 할 의도이다.

ACTS OF MEANING

감사의 글

이 책을 만드는 데 도움을 준 사람들과 연구협회들을 일일이 언급할 수는 없다. 여러 가지 측면에서, 이 책은 나의 가장 최근의 사고를 나타낼 뿐만 아니라, 말하자면, "억압된 것의 귀환"을 나타낸다. 결과적으로, 일부 영향은 하버드대 Department of Social Relations 와 같이 먼 과거 속에 있다. 거기에서 1950년대 중반부터 10년간 나는 Clyde Kluckhohn과 Gordon Allport, Talcott Parsons와 Henry Murray 와 같은 동료들에 의해 성장했다. 그것은 목적을 가진 학과였고 매달 우리는 그 목적을 설명하기 위해 세미나에서 만났다. 그 목적은 문화의 표현으로서의 인간 그리고 생물학적 유기체로서의 인간의 관점 둘다를 가지고 유일무이한 개인으로서의 인간에 대한 관점을 어떻게 융화시킬까 하는 것이었다. 수요일 저녁의 논쟁은 다음 페이지에 제시하였다.

그때 인간에 대한 개념을 주제로 하는 강좌 사회과학 8("Soc Sci 8")이 있었다. 거기서 George Miller와 나는 인간이 진화한 동물왕국의 배경에 맞서고 인간이 살고 있는 상징적 세계를 제공하는 문화와 언어의 맥락에서 그리고 이들 두 가지 강력한 힘이 서로 조화되는 성장 과정에 비추어서 인간을 이해해야 한다고 Harvard와 Radcliffe 학부생들을 설득하려고 시도하였다. 우리는 심리학이 그 자체만으로는 그역할을 할 수 없다는 것을 확신했다. 그래서 우리는 일반 교육에서 간학문적 인간 과학의 버전을 확립하였고, 1960년대 대부분을, 해마다 5

월에서 9월까지 우리는 대학생들보다 한 단계 앞에 머무르게 되었다.

그리고 올해 중반, 인지연구소가 설립되었고, 이것에 대해 훨씬 더 많은 내용을 첫 장에서 다룰 것이다. 지금 여기서는 심리학, 인류학, 언어학, 철학과 같은 분야를 분리시킨 경계들이 이 지적 내용보다는 오히려 행정상 편의의 문제였다는 것을 내가 확신할 수 있도록 도와준 다른 학문공동체에 감사하다는 말을 하고 싶을 뿐이다.

일반화된 타자(generalized other)를 구성하는 오래된 대화상의 파트너들이 있었다—George Miller, David Krech, Alexander Luria, Barbel Inhelder, Clifford Geertz, Albert Guerard, Roman Jakobson, Morton White, Elting Morison, David Olson. 그리고 여전히 그 목록은 불완전하다. 왜냐하면 나는 예전 학생들을 언급하지 못했기 때문이다— 초창기 Harvard에서, 중간에 Oxford를 거쳐, 최근 New York에 이르기까지 많은 학생들과 오랜 대화를 나누었다.

몇몇 친구들은 이 책의 초고를 읽고 유용한 제안을 해주었다: Michael Cole, Howard Gardner, Robert Lifton, Daniel Robinson, 그리고 Donald Spence. 나는 그들의 조언에 매우 감사한다.

1989년 12월 Hebrew 대학에서 Jerusalem-Harvard 강의를 할 때 예루살렘에서의 생활을 즐겁게 만든 나의 호스트들(특히 Amnon Pazi 총장, Yoram Ben-Porath 목사, Shmuel Eisenstadt 교수, 그리고 Liat Mayberg양)에게 특별한 빚을 졌다. 내가 예루살렘에서 했던 강의들이 이 책의 첫 번째 초고를 만들었다. 그해 12월 오후 Mount Scopus에 모인 청중들에게 한 강의만큼 열정적인 강의는 거의 없었다. 그들의 논평과 질의는 내가 유용하게 개정할 수 있도록 자극을 주었다. 나는 이 책이 기초가 된 연구를 지지했던 Spencer 재단에 매우 감사해하고 있다.

마지막으로 나는 출판업자 Arthur Rosenthal에게 감사의 마음을 전하고 싶다. 그는 몇 년에 걸쳐 나와 다른 고마운 저자들이 출판하는 책의 서문에서 그의 이름에 대한 언급을 삭제해버렸다. 그가 다른 문제를 관장하기 위해 Harvard 대학 출판부의 부서장 자리를 내놓으려고 하는 때라 마침내 그의 수정을 피해 그의 이름을 언급할 수 있게 되었다. Arthur Rosenthal은 힘든 나의 연구, 나의 삶의 방식을 보상해 주는 출판업자이다. 늘 솜씨 있게 도와준 Angela von der Lippe와 끈기와 상상력이 풍부한 원고 편집자 Camille Smith에게도 감사한다.

　나는 이 책을 아내이자 동료인 Carol Fleisher Feldman에게 바친다. 그것은 누구에게도 놀라운 일이 아닐 것이다.

ACTS OF MEANING

차례

제1장

인간에 관한 적절한 연구

1. 인지 혁명에 대한 회고

나는 인지 혁명(cognitive revolution)을 출발점으로 하여 논의를 시작하고 싶다. 그 혁명은 객관주의라는 길고도 추운 겨울을 보내고 난 후 마음을 인간과학에 되가져와 마음에 보다 많은 관심을 갖고자 하는 의도를 가지고 있었다. 이제 내가 제시하는 것은 앞으로 나아갈 방향에 대한 일상적이고도 평범한 설명은 아닐 것이다.[1] 왜냐하면 적어도 내 관점에서는 이제는 인지 혁명이라는 것이 나의 지적 욕구에서 중요하지 않은 이슈로 전환되었기 때문이다. 사실, 인지 혁명은 심지어 원래의 욕구를 손상시키는 방식으로 전문화되어 갔다. 이것은 인지 혁명이 실패했다고 말하는 것이 아니다. 왜냐하면 인지과학은 확실히 학문이라는 증권시장에서 주력 성장주 중 하나임에 틀림없기 때문이다. 그것은 오히려 성공, 즉 공학적으로 뛰어난 기량 때문에 비싼 비용을 지불하게 된 성공에 의해 그 관심을 딴 곳으로 돌려왔는지도 모른다. 일부 비평가들은 아마도 불친절하게 심지어 인지 혁명에서 생겨난 인지과학이 심리학에서 재건하려고 추구했던 바로 그 마음의 개념을 탈인간화시켜 버리는 것을 감수하면서 공학적 성공을 쟁취하였다고 주장한다. 그리고 그것으로 인해 인지과학은 다른 인간과학과 인문학으로부터 심리학의 많은 부분을 소원하게 만들어 버렸다.[2]

나는 이 문제들에 대해 간략하게나마 조금 더 말하려고 한다. 그에 앞서 여러분에게 이 장과 이어지는 장에 대한 전반적인 계획을 제시하고자 한다. 일단 우리가 이 혁명에 대해 회고적으로 살펴보고 난 후에, 나는 새롭게 단장된 인지 혁명에 대한 예비적인 탐구로 전환하고 싶다—인지 혁명은 지난 수년 동안 인류학, 언어학, 철학, 문학 이론, 심리학에서 번성해 오고 있는 "의미 만들기"에 관련된 인지 문제에 더욱 해석적인 접근을 하고 있다. 근자에는 우리가 마주치는 영역 어디에서도 인지 문제에 대한 해석적인 접근이 강조되고 있는 듯하다.[3] 나는 오히려 이런 활기 있는 성장이 최초 인지 혁명의 추진력을 되찾기 위한 첫 번째 노력이라고 생각한다. 후속되는 장에서, 나는 인문학과 사회과학에서 심리학과 그 인접 학문들 간의 경계에 관한 연구, 즉 내가 본래 인지 혁명이 촉발된 추진체라고 불렀던 것을 되찾는 연구에 대하여 구체적인 사례를 들어가면서 이 예비적인 스케치를 완성해 나갈 것이다.

이제, 1950년대 후반으로 돌아가 나와 친구들이 그 당시 혁명이 무엇에 관한 것이었는지 생각한 것에 대해 말해 보고자 한다. 우리 생각에 혁명은 심리학의 핵심 개념으로서의 의미, 즉 자극과 반응이 아닌, 명백히 관찰할 수 있는 행동도 아닌, 그리고 생물학적 욕구와 그것들의 변형도 아닌, 그 의미를 확립하기 위해 총력을 다한 전면적인 노력이었다. 그것은 행동주의에 약간의 멘탈리즘을 부가함으로써 심리학을 추구하는 더 나은 방식으로 변형하고자 하는 행동주의에 대항하는 혁명이 아니었다. Edward Tolman은 그것을 완수했지만, 소용없는 일이었다.[4] 전적으로 그것은 더 심오한 혁명이었다. 인지 혁명의 목적은 인간이 세계와 접촉한 데서 만들어낸 의미를 발견하고 형식적으로 기술하는 것이었다. 그러고 나서 어떤 의미 만들기 과정이 연관되는지에 대한 가설을 제안하는 것이었다. 그것은 인간이 세계뿐만 아니라 그들 자신들에게서도 의미를 만들고 구성하는 데 사용한 상징적 활동에 초점을 맞추었다. 그것의 목적은 인문학과 사회과학에서 그 자매가 되는 학문인 해석적 학문과 협력하기 위해 심리학을 자극하는 것이었다. 실지로, 보다 컴퓨터 연산적으로 지향된 인지과학의 표면 아래서 보면, 이것은 정확하게 현재 일어나고 있는 것이며 처음에는 천천히 진행되었으나 이제는 증가일로에 있는 것이다. 그래서 오늘날 사람들은 문화심리학, 인지적이고 해석적인 인류학, 인지언어학에서 번창하는 센터를 찾아내고 있다. 그것은 무엇보다도, Kant 이래로 그 전에 결코 마음과 언어의 철학에 몰두하지 못했던, 이제는 번창하는 세계적 수준의 기획물인 것이다. 그것은 아마도 1989~1990년도 예루살렘과 하버드의 두 강사, 즉 인류학 교수 Geertz와 심리학 분야에서의 나 자신이 각각 자신들의 방법으로 이런 전통을 대표하는 시대의 상징이었을 것이다.

본래 우리가 인식한 인지 혁명은 사실상 심리학이 인류학과 언어학, 철학과 역사, 심지어 법학과 협력할 것을 요구했다. 그 당시 초기 하버드대 인지연구소의 자문 위원회가 철학자 W. V. Quine, 지적 역사가인 H. Stuart Hughes, 언어학자 Roman Jacobson을 포함시킨 것은 놀랍거나 우연한 일이 아니다. 그 연구소의 선임연구원에는 Nelson Goodman과 같은 새로운 구성주의 옹호자들처럼 훌륭한 심리학자들만큼이나 많은 철학자, 인류학자, 언어학자들도 끼어 있었다. 법학 분야에서는, 나는 그 교수진 중에서 몇몇 저명한 회원들이 우리 콜로키움 모임에 가끔 참여했었다는 사실을 언급하고자 한다. 그 중 한 명인 Paul Freund는 그 연구소에 있는 우리가 규칙들(과학적 법칙보다는 문법의 규칙)이 인간 행위에 어떻게 영향을 미쳤고 결국 그것이 법률학의 본질에 관한 것이라는 점에 관심이 있어서 콜로키움 모임에 왔다는 것을 인정했다.[5]

나는 이제 우리가 행동주의를 "개혁"하려고 했던 것이 아니라 그것을 대치하려고 했던 것임을 여러분에게 분명히 밝혀야 한다고 생각한다. 동료 George Miller는 몇 년 후에 다음과 같이 말했다. "우리는 우리의 새 신조를 문에 못질해 두었고 무슨 일이 일어나는지를 알아보기 위해 기다렸다. 모든 것이 매우 좋았다. 사실 너무 좋아서 결국 우리가 성공의 희생자였을지도 모른다는 생각이 든다."[6]

그것은 인지 혁명을 촉발시킨 충동에 어떤 일이 일어났는지, 그것이 어떻게 분할되고 전문화되었는지를 추적하기 위한 지난 25년간의 지적 역사에서 흥미진진한 수필을 쓰는 것이 될 것이다. 그 전체적인 이야기는 지적 역사가들에게 남겨두는 것이 가장 좋다. 지금 우리가 주목할 필요가 있는 것은 우리가 나아가고 있던 지적 영역에 의미를 부여할 정도의 몇몇 지침들이다. 예를 들어, 초기에는 강조점이 "의미"에서 "정보"로, 의미의 구성(construction)에서 정보의 처리(processing)로 전환되었다. 이것들은 심오하게 다른 문제들이다. 그 전환에서 핵심 요소는 주요한 은유로서 컴퓨터 조작 혹은 연산(computation)의 도입과 좋은 이론적 모형의 필요한 준거로서 컴퓨터 조작 가능성 혹은 연산 가능성의 도입이었다. 정보는 의미와 관련이 없다. 컴퓨터 조작과 관련된 용어에서 정보는 체제에서 코드화된 메시지를 구성한다. 의미는 메시지에 이미 할당되어 있다. 그것은 컴퓨터 조작(연산)의 결과도 아니며 할당에 대한 자의적 의미에서 컴퓨터 조작 저장과도 관련이 없다.

정보 처리는 중앙처리장치의 명령에 따라 기억장치에 메시지를 등록하거나 기억장치 내 주소로부터 메시지를 끄집어내기도 한다. 정보 처리는 기억 저장고에 임시로 메시지를 수용하고 그리고 나서 그것을 미리 정해진 방식으로 다룬다. 즉 미리 기록된 정보를 목록화, 정렬, 결합, 비교한다. 이 모든 것을 처리하는 시스템은 저장된 것이 Shakespeare의 시에 나온 단어들인지 혹은 난수표의 숫자들인지를 파악하기 어렵다. 고전적 정보이론에 의하면, 메시지가 만약 이러한 의미일까 저러한 의미일까 하는 양자택일의 선택을 줄여준다면 유익한 것이다. 이것은 설정된 가능한 선택의 코드를 의미한다. 가능성의 범주와 그것이 구성하는 실례는 그 체계의 "(컴퓨터 언어의) 문법(syntax)"에 따라 처리된다. 이런 처리방식에서 정보가 의미를 다룰 수 있는 것은 단지 사전적 의미로 쓰일 때이다. 즉 그것은 단지 코드화된 주소에 따라 저장된 사전적 정보를 처리하는 것이다. 철자 바꾸기 놀이나

Scrabble[1]에서처럼, 기준에 비추어 그 부수 결과들을 검증하기 위해서 일련의 입력을 변경하는 것과 같은 다른 "의미 유사" 작용이 있다. 그러나 정보 처리는 기초 운용 프로그램에 의해 엄격히 통제되는 구체적인 특정한 관계로 투입될 수 있는 잘 정의되고 임의적인 입력 자료들을 넘어서는 그 어떤 것도 다룰 수 없다. 그러한 체제는 모호함, 다의성, 은유 혹은 함축적 연결과 같은 문제들을 잘 다룰 수 없다. 만약 문제를 잘 다루는 것 같다 해도 그것은 기껏해야 뼈를 부수는 듯한 알고리즘으로 문제를 규명하거나 혹은 위험한 발견 학습 위로 떨어지는 대영 박물관 안의 원숭이의 재주 부리기에 불과하다. 정보 처리는 사전 계획과 엄밀하고도 정확한 규칙을 필요로 한다.[7] 그것은 "세계는 무슬림 근본주의자의 마음에서 어떻게 조직되는가" 혹은 "호모가 시를 쓰던 당시 그리스와 후기 산업사회에서 자아의 개념이 어떻게 다른가?"와 같은 비구조화되고 비체계적인 질문을 배제한다. 그리고 그것은 "미리 결정된 궤도에서 운송 수단이 잘 유지되도록 운전자에게 통제 정보를 제공하기 위한 최적의 전략은 무엇인가?"와 같은 질문을 선호한다. 우리는 이후에 의미와 의미를 만드는 과정에 대해 보다 많은 것을 말할 것이다. 의미를 만드는 과정은 놀랍게도 인습적으로 "정보 처리"라고 불리는 것과 동떨어져 있다.

정보 혁명이 후기 산업사회 전반에 걸쳐 일어나고 있었다는 점을 감안한다면, 그러한 강조점이 발달했어야 했다는 것은 놀라운 일이 아니다. 심리학과 사회과학은 일반적으로 늘 민감해왔고 종종 그것들에게 은신처를 제공하는 사회의 요구에 지나치게 민감해왔다. 그리고 늘 그것은 오히려 새로운 사회 요구에 비추어 인간과 인간의 마음을 다시 규정하기 위한 학술적인 심리학의 지적 반성이었다. 그러한 상황 아래

---

1) 스크래블: 비슷한 단어 만들기 놀이

서 관심이 마음과 의미에서 컴퓨터와 정보로 멀리 옮아가야만 했던 것
은 그리 놀라운 일이 아니다. 컴퓨터와 연산 이론이 1950년 초기까지
정보 처리를 위한 은유의 근원이 되었다. 도메인 내에서 작동하는 부
호를 위한 기초를 제공할 만큼 충분히 잘 형성되어 미리 설정된 의미
범주들이 제공되었을 때, 적절히 프로그램화된 컴퓨터는 최소한의 일
련의 작동으로 정보 처리의 놀라움을 수행할 수 있었다. 그리고 그것
은 기술적 낙원이다. 곧, 컴퓨터 연산은 마음의 모델이 되었고 의미의
개념을 대신하여 연산 능력(계산 가능성, 문제해결 능력)의 개념이 출
현하였다. 인지 과정은 계속 연산 장치로 될 수 있는 프로그램과 동등
하게 다루어졌다. 그리고 기억 혹은 개념 획득을 "이해"하기 위한 노
력에 대한 성공은 컴퓨터 프로그램을 가지고 사실적으로 인간 개념화
혹은 인간 기억화를 흉내 내기 위한 사람의 능력이었다고 말한다.[8] 이
런 생각은 아무리 복잡한 컴퓨터 연산 프로그램도 일련의 제한된 매우
원시적인 작동으로 연산하는 훨씬 더 간편한 Universal Turing
Machine에 의해 "모방"될 수 있는 Turing의 혁명적 통찰에 의해 엄청
나게 도움을 받는다. 만약 어떤 사람이 "가상의 마음((virtual minds),
Daniel Dennett의 단어를 빌리면)" 같은 복잡한 프로그램에 대해 생각
하는 습관에 빠져 있다면, 그것은 "가상의 마음"과 그 과정처럼 "실질
적 마음(real minds)"과 그 과정이 똑같은 방식으로 "설명"될 수 있다
는 것을 믿는 전체적인 방식으로 가기 위한 작지만 중대한 단계로 받
아들여진다.[9]

　이 새로운 환원주의는 막 생성된 새로운 인지과학을 위해 놀랄 만
큼 자유를 옹호하는 프로그램을 제공했다. 그것은 실제로 매우 허용적
이어서 심지어 옛 S-R학습 이론가와 관념 연합론자(associationist stu-
dent of memory)가 그들이 새로운 정보 처리에 관한 새로운 용어들로
오래된 개념들을 포장해 버리기만 하면 인지 혁명이라는 우리 속으로

되돌아올 수 있었다. "정신적" 절차 혹은 의미와 조금도 타협할 필요는 없었다. 자극-반응을 대체하여 시스템으로 되돌아가는 연산 작동의 결과에 대한 정보를 공급하는 통제 요소로 전환됨으로써 거기에는 정의적 타락을 세탁한 강화를 가진 투입-산출이 있었다. 연산가능한 프로그램이 있는 한 "마음(mind)"이 있었다.

첫째, 마음에 대한 이런 방식의 설명은 표면상 전환된 행동주의자들 사이에 전통적 반유심론자 공황을 불러일으키지는 않았다. 적절한 때에 고전적으로 친숙한 논쟁들의 새로운 설명이 특히 소위 인지 건축술로 불리는 것에 대한 논쟁과 연관지어 다시 나타나기 시작했다. 투입을 수용하기, 거절하기, 결합하기와 같은 것을 위한 문법 같은 계층적으로 구성된 일련의 규칙구조로 인식되었거나 오히려 그것은 PDP(평형 분배 절차)[2] 모델, 즉 Herbart의 창조적 통합이 제외된 오래된 관념연합론자 교리 같은 모델에서처럼 완전히 분배된 통제를 가진 상향식 연결자 망으로 인식되었을 수 있다. 그 첫째는 하향식, 심리학에서 합리주의자-의식주의자 전통을 가장했고 "실제" 마음과 "가상" 마음 사이를 쉽게 오갔다. 둘째는 Gordon Allport가 그의 강의에서 "황진지대(dust bowl) 경험주의"를 비웃곤 했던 것에 대한 새로운 설명이었다. East Coast의 연산주의는 규칙, 문법 등과 같은 마음 같은 (mindlike) 용어를 다루었다. 서부 해안인(West Coaster)들은 그러한 가장된 멘탈리즘(simulated mentalism) 부분을 원하지 않았다. 곧, 그 전장은 경주하는 수단들이 훨씬 더 속도를 내고 훨씬 더 형식주의적인 마력을 지니고 있었다 할지라도 점차적으로 전통적이고 친숙하게 보이기 시작했다. 그러나 그들의 책략이 마음과 관계가 있는가 연산이론과 관계가 있는가 하는 한 가지 질문이 남았다. 어느 쪽이든 무한 연기

---

2) PDP는 Parallel Distributed Processing의 약자이다.

가능하다고 간주된다. 질문자들에게 확신컨대 돼지의 귀로 비단 지갑을 만들 수 있을지 없을지는 시간이 말해줄 것이다.[10]

새로운 인지과학의 메타포로서 연산, 그리고 그 새로운 과학 내에서 실행할 수 있는 이론이 충분하지는 않지만 필요한 기준으로서 연산 가능성으로 인해 멘탈리즘(의식주의)에 대한 오래된 불쾌감이 다시 나타날 것이라는 것은 불가피하였다. 마음을 프로그램과 동일시한다면 사람의 정신 상태에 해당하는 컴퓨터 프로그램의 상태, 즉 스테이터스는 무엇이어야 하는가? 즉 오래되고 진부한 정신 상태는 연산체제에서 그 프로그램상의 특성에 의해서가 아니라 정신 상태의 주관적인 표시에 의해서 인식된다는 것일까? 그러한 체제에서는 "마음"을 위한 공간이 있을 수 없다. 그 "마음"은 믿고, 바라고, 의도하고, 이해하는 것과 같은 의도적 상태의 의미로서의 마음이다. 그러한 여론이 새로운 과학에서 이러한 의도적인 상태를 금지하기 위해 곧 일어났다. 그리고 확실히 초기 행동주의의 전성기 때에 출판된 그 어떤 책도 Stephen Stich의 「일상심리학에서 인지과학으로(From Folk Psychology to Cognitive Science)」라는 저서의 반의식주의자 열정에 맞설 수 없었다.[11] 확실히, 시대에 뒤떨어지는 정신적인 인지 학자들과 용감한 새로운 반의식주의자 사이에 평화를 만들기 위한 정치가다운 노력이 있었다. 그러나 그들은 모두 의식주의자들의 비위를 맞추거나 구슬리는 두 가지 중 어느 하나의 형태를 취했다. 예를 들어, Dennett은 사람들이 마치 특정한 방식으로 행동하게끔 하는 의도적인 상태를 지닌 것처럼 단순하게 행동해야만 한다고 제안했다. 나중에 우리는 그러한 불분명한 개념이 필요 없다는 것을 알게 될 것이다.[12] 흥미롭게도 사람들은 자신들이 왜 분명히 잘못된 멘탈리즘에 집요하게 매달렸는지가 흥미롭게 의문이 되었지만, Paul Churchland는 멘탈리즘을 당연한 것으로 여기기보다는 설명되어야 할 어떤 것임을 마지못해 인정했다. 아마도 Churchland

가 주장하듯이, 일상심리학은 실제로 일이 어떻게 전개되는가를 기술하는 것 같다. 그러나 신념, 욕망, 태도가 물리적 세계, 즉 연산가능한 세계에서 어떻게 해서 어떤 것의 원인이 될 수 있는가?[13] 주관적 의미에서 마음이란 연산 시스템이 어떤 특정 조건 아래서 산출한 부수 현상이며, 이 경우에 마음은 어떤 것의 원인이 될 수 없다. 아니면 마음은 연산 시스템이 (또한 산출물을) 발생시킨 후에 사람들이 단지 행동에 대해 얘기하는 방식이다. 이 경우에 마음은 행동 그 이상이며 단순하게 요구된 심층적인 언어 분석 그 이상이다. 게다가 나는 Jerry Fodor의 생득설을 포함해야만 한다. 마음은 또한 시스템 안으로 구축된 선천적 과정의 파생물이 될 수도 있는데, 그 경우에 그것은 원인이라기보다 결과이다.[14]

행위 주체(agency)의 개념에 관련된 공격은 정신적 상태와 의도성에 대한 새로운 공격과 함께 왔다. 인지과학자들은 대개 목표가 행동의 방향을 결정하고, 심지어 행동이 목적이나 목표를 지향한다는 생각에 대해서는 이견이 없다. 만약 방향이 대안적 결과의 유용성을 계산한 결과에 의해 지배받는다면 이는 정말 다행한 일이며, 실제로 그것은 "합리적 선택 이론(rational choice theory)"의 핵심이다. 그러나 목표 지향적 행동에 대한 모든 환대에도 불구하고 새로운 분위기에서 인지과학은 여전히 행위 주체(agency) 개념을 꺼리고 있다. 행위 주체는 의도적 상태의 지배하에 있는 행위의 실천을 함의하기 때문이다. 신념, 욕망, 도덕적 책임에 근거한 행위는 Dennett의 의미에서 순전히 규정적이지 않는 한 정직한 마음을 지닌 인지과학자들이 삼가야 할 무언가로 간주되고 있다. 그것은 결정론자들 사이의 자유의지와도 같은 것이다. 철학자 John Searle과 Charles Taylor, 심리학자 Kenneth Gergen, 인류학자 Clifford Geertz처럼, 새로운 반의도주의에 대한 용기 있는 저항이 있었다. 그러나 그들의 관점은 다수의 주류 연산주의자들

에 의해 밀려났다.[16]

나는 일단 인지과학의 체계에서 연산가능성의 이상에 종속되면, 인지 혁명에 어떤 일이 일어날지에 대한 과장된 그림을 제공할지도 모른다는 것을 충분히 알고 있다. 나는 정직한 인지과학자들이 "인공 지능 (AI: artificial intelligence)"이라는 표현을 사용할 때마다(비록 그것이 단 한 번뿐이었더라도), 거의 변함없이 괄호 안에 대문자로 적힌 AI라는 약자가 따라온다는 사실에 주목한다. 나는 둘 중의 하나를 나타내기 위해 이런 약어 형태를 사용한다. 약어의 형태는 Zipf의 법칙, 즉 한 단어 혹은 표현의 길이는 그 빈도에 반비례한다는 법칙에 의해 요구되는 압축법을 제안한다. 즉 "텔레비전"이 "TV"로 축약되는 것처럼, AI도 TV에 필적할 만한 편재성(어디에나 있음)과 시장보급률을 세상에 알리며 약어로 사용된다. 만약 마음이 아직도 또 다른 인공물, 즉 연산 원리를 따르는 인공물로 단순히 간주된다면, AI의 과시는 마음 같은 모든 인공물, 심지어 마음 그 자체에 대한 것이다. 생략은 난처함의 표시가 될지도 모른다. 왜냐하면 지능과 같은 자연스러운 어떤 것의 인공화에 대한 외설의 느낌이 있기 때문이거나(아일랜드에서는 AI가 당혹스럽게도 인공 수정의 약어이다) AI가 그 완전한 형태로 모순어법(인공적인 것의 지루함과 짝을 이루는 지능의 활기)으로 보이는 어떤 것의 약어이기 때문이다. 그 Zipf의 법칙의 암시된 과시와 은폐의 난처함은 둘 다 장점이 있다. 인지과학은 정보가 어떻게 움직이고 진행되는지에 대한 우리의 이해에 한 가지 공헌을 했다는 것은 의심의 여지가 없다. 인지과학이 대체로 설명되지 않은 채로 남아있으며 심지어 인지 혁명을 부추긴 그 큰 이슈를 다소 애매하게 했다는 생각에도 의심의 여지가 없다. 따라서 의미의 개념과 공동체 내에서 의미가 만들어지고 교섭되는 절차들에 대한 정신과학을 어떻게 구성할 것인가에 대한 질문으로 돌아가고자 한다.

2. 인지 혁명의 성격과 본래 목적

먼저 문화 자체의 개념, 특히 문화의 구성적 역할에 대해서 논의해
보자. 처음부터 분명한 것은, 그것이 너무 명백하여서 최소한 습관과
전통에 의해 상당히 개인주의적인 용어로 생각하는 우리 심리학자들
이 문화의 구성적 역할을 충분히 이해하는 것이 아마도 어려울지 모른
다는 것이다. 개인이 의미 구성에 사용했던 상징체계들은 이미 "거기
에", 즉 문화와 언어 가운데 깊이 자리 잡은 체계들이었다. 상징적 체
계들은 공동의 도구상자(tool kit)라는 매우 특별한 종류를 구성했는데
일단 사용된 공동의 도구들은 사용자에게 그 공동체를 반영하도록 했
다. 우리 심리학자들은 개개인들이 어떻게 이들 체계를 "획득했는지",
그들이 어떻게 상징적 체계들을 그들의 것으로 만들었는지, 우리가 요
구했던 것만큼 유기체들이 자연환경에 잘 적응했는지 하는 문제에 집
중했다. 우리는 (다시 개인주의자적인 방식으로) 인간의 언어에 관한
특별한 고유의 준비성에 관심을 가졌다. 그러나 몇몇 예외들, 특히
Vygotsky와 함께, 우리는 하나의 종으로서의 인간의 본성에 대한 언어
의 영향력을 추구하지 않았다.[17] 우리는 인간의 적응과 인간의 기능에
문화의 출현이 무엇을 의미하는가를 완전히 이해하는 데 시간이 걸렸
다. 그것은 단지 인간 뇌의 크기와 힘의 증가도 아니고, 단지 두 발로
직립 보행하고 두 손을 자유롭게 사용하는 것 또한 아니다. 이것들은
공유된 상징체계의 동시 출현 그리고 함께 살아가고 일하는, 즉 인간
문화에 관해 전통적으로 따르게 되는 방법의 동시 출현을 제외하고는
문제가 되지 않을 것이라는 진화에 있어서 형태학상의 단계였다.

문화가 삶 속에서 마음에 대한 형식을 제공하는 데 있어 주요한 요
소가 되었을 때, 인간 진화에서의 그 분할은 엇갈리게 되었다. 자연의
산물이기보다 오히려 역사의 산물인 문화는 이제 우리가 적응해야만

하는 세계가 되었고 그렇게 하기 위한 도구가 되었다. 일단 분할이 엇갈리게 된다면, 그것은 더 이상 부가물로서 단순히 언어를 획득하는 "자연스러운" 마음의 문제가 아니다. 또한 그것은 생물학적 요구를 조율하고 조정하는 문화에 관한 문제도 아니다. Clifford Geertz가 말한 것처럼, 문화의 역할을 구성하지 않으면 우리는 "쓸모없는 괴물 … 문화를 통해 우리 자신을 완성하고 종결하는 불완전하거나 미완성된 동물들"이다.[18]

이것은 지금까지 모든 인류학에서는 다소 진부한 결론이지만, 심리학에서는 그렇지 않다. 우리 토론의 출발점인 바로 여기에서 그런 이야기를 하는 중요한 이유가 3가지 있다. 첫째는 심층적인 방법론적인 문제, 즉 구성적인(constitutive) 논쟁이다. 그것은 문화에 사람들이 참여하는 것이고 문화를 통하여 사람들의 정신적 힘을 깨닫기 때문에 개인 혼자만을 기초로 한 인간심리학을 구성하는 것은 불가능하다. 오래 전 동료인 Clyde Kluckhohn이 주장했듯이, 인간은 각자의 피부색으로 (개별적으로) 표현하지 못한다; 인간은 문화에 의해 표현된다. 세계를 우리들의 입장에서 개인적으로 처리한 정보의 무관심한 흐름으로 다루는 것은 개인이 어떻게 형성되고, 어떻게 기능을 하는지에 대해 망각하는 것이다. 다시 Geertz의 말을 인용하면 "문화로부터 독립한 인간의 본성이라는 것은 없다."[19]

둘째 이유도 첫째 이유와 맥락을 같이 하는데 이 또한 설득력 있다. 심리학이 문화에 몰두하게 하려면 인간을 문화와 연결되도록 의미를 만들고 의미를 사용하는 과정 주변에 조직되도록 해야 한다. 이것은 우리를 심리학에서 보다 주관적이도록 두지는 않는다; 오히려 그것은 정반대이다. 문화에 참여하는 덕택으로, 의미는 공적이고 공유되는 것으로 표현된다. 문화적으로 적응된 우리의 삶의 방식은 공유된 의미들과 공유된 개념들에 의존하고 또한 의미와 해석의 차이를 교섭하기 위

한 담화의 공유된 양식에 의존한다. 3장과 연관 지어 보면, 어린이는
초보 과정의 사적이고 자폐적인 성향으로 그들 무리들의 삶 속으로 들
어가는 것이 아니라, 오히려 공적인 의미가 교섭되는 보다 큰 공적인
과정의 참여자로 들어간다. 그리고 이런 과정에서, 다른 사람들과 의
미를 공유하지 않는다면, 의미는 자신에게 유리하지 않다. "비밀"(그
자체로 문화적으로 정의된 카테고리)과 같은 사적으로 보이는 현상조
차도 일단 드러나면 공적으로 해석 가능해지며 심지어 진부해져서 공
공연히 인정된 사실만큼 패턴화된다. 우리의 행위에 대한 의도적인 의
미가 분명하지 않을 때, "변명을 말하기 위한" 예외성을 위한 표준화
된 수단들이 있다. 의미를 공적으로 만들어주고 우리가 하려는 것을
재정당화하는 표준화된 수단들이 있다.[20] 우리의 담화가 아무리 모호
하고 다의적이라 할지라도, 우리의 의미를 공적인 영역에 끌어들여 협
상할 수 있다. 우리는 해석과 협상의 공적인 의미와 공유된 절차에 의
해 공적으로 살아간다. 그것이 아무리 "심층적"으로 될지라도, 해석은
공적으로 접근할 수 있어야만 된다. 그렇지 않으면 그 문화는 혼란에
빠지게 되며 각 구성원들 또한 문화 속에서 혼란스럽게 된다.

셋째 이유는 문화가 심리학의 핵심 개념이 되어야 하는 이유가 내
가 "일상심리학(folk psychology)"[3]이라고 부르는 데 있다. 내가 2장
에서 다룰 일상심리학은 무엇이 인간을 살아가게 하는지에 관한 문화
에 대한 설명이다. 그것은 어떤 사람과 다른 사람들의 마음의 이론, 동
기 이론 등을 포함한다. "민속식물학", "민속약학" 그리고 궁극적으로
과학적 지식으로 대체된 다른 내러티브 원리와 같은 용어들과 동등하

---

3) 어의상 민속심리학이지만 여기에서는 어떤 특정한 이론과 전문적인 과학적 접근에
   의한 심리학이기보다는 일상적이고 상식적인 수준에서의 일반적인 세상 사람들, 즉
   일반인의 보통 사람들의 마음, 심리, 동기, 희망 등에 대해 탐구하는 심리학을 의미한
   다. 과학적인 인지심리학과 대비되는 용어임.

게 사용하기 위해 이것을 "민속심리학"이라고 명명하고 싶다. 그러나 일상심리학은 비록 그것이 변화된다 하더라도 과학적 패러다임에 의해 대체되지는 않는다. 일상심리학은 사람들의 의도적 상태에 대한 본성, 원인, 그리고 결과를 다루기 때문에—신념, 욕망, 의도, 약속—대부분의 과학 심리학은 인간의 주체성 바깥의 관점으로부터 인간 행위를 설명하려는 노력을 없애버린 것은 Thomas Nagel의 재치 있는 문구인 "The view from nowhere(어디로부터 올 수 없는 견해)"에서 공식화되었다.[20] 그래서 일상심리학은 매일의 삶에 대한 뚜렷한 교섭작용(transaction)을 계속해 나간다. 그리고 비록 그것이 변하더라도, 그것은 객관적 실재(objectivity)에 길들여지는 것에 저항한다. 왜냐하면 그것은 신념, 바람, 약속이라는 의도적인 상태에 배어 있는 언어와 공유된 개념적 구조에 뿌리를 두고 있기 때문이다. 그리고 그것은 문화를 반영하는 것이기 때문에, 그것은 앎에 대한 문화의 방식뿐 아니라 가치에 대한 문화의 방식을 같이 나눈다. 사실, 문화가 규범적으로 지향하는 제도들 즉 법, 교육제도, 가족 구조가 일상심리학을 더욱 강력하게 지지하기 때문에 그러해야 한다. 더욱이, 일상심리학은 결국 그러한 강화를 정당화한다. 그러나 그것은 나중에 언급할 이야기이다.

일상심리학이 일회성인 것은 아니다. 그것은 문화가 세상과 그 세상 속의 사람들에 변화되어 반응하는 것에 따라 달라진다. Darwin, Marx, 그리고 Freud와 같은 지적 선구자들이 어떤 식으로 점차 일상심리학으로 변형되고 흡수되었는가를 질문하는 것은 가치로운 것이다. 그리고 일상심리학이 문화적 역사로부터 분리될 수 없다는 것을 명백히 말하고자 한다.

일상심리학에 관한 반의식주의적인(antimentalistic) 분노는 바로 그 점을 간과하고 있다. 인간 행동의 일상을 설명함에 있어 정신적 상태를 제거하기 위해 그것을 버리고자 하는 생각은 심리학이 설명할 필요가 있는 바로 그 현상을 없애는 것과 동일한 것이다. 우리는 우리 자신과 타인들을 일상심리학의 범주라는 측면에서 경험한다. 일상심리학을 통해 사람들은 서로서로 예상하고 판단하며, 그들 삶의 보람에 관해 결론을 내린다. 인간 정신 기능과 인간 삶에 미치는 일상심리학의 힘은 문화가 그 요구에 맞게 인간을 만들어 나가도록 하는 바로 그 수단을 제공한다는 것이다. 결국 과학적 심리학은 동일한 문화 과정의 일부이며 일상심리학에 관한 과학적 심리학의 입장은 우리가 곧 접하게 될 문제, 문화에 대한 결과를 가져온다.

3. 문화심리학에 대한 경고

그러나 나는 너무 멀리, 너무 빨리 가고 있으며, 행동주의 과학자들이 의미 중심의, 문화적으로 지향된 심리학을 너무 자주 회피하도록 만드는 경고를 생각하지 않고 있다. 내가 생각하건대, 인지 혁명이 그 본래 목적의 일부를 피하기 쉽도록 한 것은 바로 그 경고들이었다. 그것들은 주로 두 가지 논점이며 둘 다 과학적 심리학의 "토대가 되는 근본적인 이슈들"이다. 사람들은 조작주의(operationalism)가 이런 것들을 "변별적인 반응(discriminatory responses)"으로 수용하도록 허용하기 때문에 주관적 상태의 제약 및 제거를 심리학의 자료로서 보다는 설명적인 개념으로서 관심을 갖는다. 그리고 확실히 내가 의미와 문화의 중재 역할과 일상심리학에서 그들의 구현에 대해 제안했던 것은 설명적인 상태에 주관성을 높이는 "과오"를 저지르는 듯하다. 우리 심리학자들은 실증주의를 모태로 하며 신념, 바람과 같은 의도적 상태를 나타내는 개념이나 설명과 같은 의도를 좋아하지 않는다. 여기서 말하고자 하는 하나의 경고는 상대론과 보편성의 역할과 관련이 있다. 문화에 기초한 심리학은 마치 그것이 우리가 배우는 각각의 문화에 대해 다른 심리학 이론을 요구하는 상대론 속으로 확실히 끌어들여야 하는 것처럼 들린다. 이번에는 이러한 몇몇 경고들에 대해 살펴보고자 한다.

내가 생각하건대, 우리의 설명적 개념에서 주관주의(subjectivism)에 대한 많은 불신은 사람들이 말하는 것과 실제로 행하는 것 사이의 불일치와 관계가 있다. 문화적으로 민감한 심리학(특히 중재 요소로서 일상심리학에 핵심 역할을 제공하는)은 사람들이 실제적으로 행하는 것뿐만 아니라 그들이 한다고 말하는 것과 그들이 행동했던 것을 하도록 하게 하는 것에도 근거를 두고 있다. 그것은 또한 다른 사람들이 무엇을 행했고 왜 그렇게 했는지를 말하는 것과 관련이 있다. 그리고 무엇보다도, 그것은 사람들이 자신들의 세계가 무엇과 같은지에 대해 말하는 것과 관련이 있다. 심리학의 핵심 방법인 내성법의 폐기로 인해, 우리는 "said"라는 말을 신뢰할 수 없는 것으로, 심지어 어떤 이상한 철학적 방식에서는 진실이 아닌 것으로 취급하도록 가르쳐 왔다. Richard Rorty가 지적한 것처럼, 의미의 검증자 기준을 가진 우리의 선입견은 우리를 "좋은 심리학"을 포함한 "좋은" 과학의 준거에 따른 열성적인 예언자로 만들었다.[22] 그러므로, 우리는 사람들이 그들 자신과 그들 자신의 세계에 대해서 혹은 타인들과 타인들의 세계에 대해서 그것이 그들이 하는 것, 했던 것, 할 것에 대해 예측하거나 증명가능한 서술을 하는 것에 의해 거의 배타적으로 판단한다. 만약 그렇게 하는 것이 실패한다면, Hume적인 잔인성으로 우리가 말한 것을 "단지 실수나 착각"으로 다룬다. 아니면 적절하게 해석될 때, 우리의 적절한 목표였던 예측가능한 행동의 진정한 "원인"으로 우리를 이끌어갈 "증상"으로 다룬다.

"정신적 실재"라는 생각에 가끔씩 전념했던 Freud조차도 이런 정신 자세를 마음에 품었다. 왜냐하면 Paul Ricoeur가 신랄하게 말한 것처럼 Freud는 이따금 의도적-상태의 설명에 대해 못마땅하게 여기는 19세기 물리주의자들의 모형을 고수했기 때문이다.[23] 그래서 그것은 사람들이 말한 것을 비웃고 업신여기는 후기 프로이드적인 현대판 남녀로서의 우리의 유산의 일부이다. 그것은 "단지" 명백한 내용이다. 실질적 원인들은 보통의 의식에 접근할 수 없을지도 모른다. 우리는 자기 방어와 합리화에 대해 모든 것을 알고 있다. 자아(Self)에 대한 지식이라는 것은 금지(억제)와 불안(걱정)의 상호작용으로 단단해진 타협의 증상이며, 적어도 그것이 알려져야 한다면 정신분석의 도구를 가지고 고고학적으로 발굴되어야 하는 하나의 구성인 셈이다.

더욱 현대적인 용어로 Lee Ross와 Richard Nisbett의 연구에서 신중하게 보고했듯, 사람들이 정확하게 그들의 선택의 기초를 설명할 수도 없고 그 선택의 분배를 왜곡하는 편견에 대해 정확히 설명할 수 없음이 확실하다.[24] 그리고 이런 일반화의 더욱 확실한 증거가 요구된다면 그것은 실지로 Bruner, Goodnow, 그리고 Austin에 의해 잘 알려진 책을 선구자로서 인용한 Amos Tversky와 Daniel Kahnemann의 연구에서 발견될 수 있다.[25]

"사람들이 말하는 것이 반드시 사람들이 행하는 것은 아니다"라는 말에는 의심스러운 구석이 있다. 그것은 사람들이 행하는 것은 그들이 말하는 것보다 더욱 중요하고 더욱 진짜임을 암시한다. 혹은 후자는 단지 전자에 대해 드러낼 수 있는 것을 위해서만 중요하다는 뜻이다. 그것은 마치 심리학자들이 정신 상태와 그 정신 상태의 구성에 관여하기를 거부하는 것과 같고 "saying"은 결국 단지 누군가가 생각하고, 느끼고, 믿고, 경험하는 것에 관한 것이다라고 단언하는 것과 같다. 다른 방향으로 가고 있는 연구들이 극히 일부라는 점이 얼마나 기이한가? 어떻게 사람이 생각하거나 느끼거나 믿는 것을 드러낼 수 있는가? 비

록 우리의 일상심리학이 "위선", "불성실이나 무성의" 등과 같은 범주
들이 풍부하지만 ….

과학적 심리학의 이런 한 측면의 강조는 말하는 것과 행동하는 것
사이의 관계를 다루는 일상적 방식에 비추어 볼 때 정말 특이하다. 우
선, 사람들이 거슬리는 방식으로 행동할 때 그에 대처하는 우리의 첫
번째 단계는 그들이 행했던 것이 정말로 행하려고 의도했던 것인가
즉, 그들의 정신 상태(말하는 것으로 드러나는)와 행동(행함으로써 드
러나는)이 일치하는지의 여부에 대하여 규명하는 것이다. 그리고 만약
그들이 그럴 의도가 아니었다고 말한다면 우리는 그들의 혐의를 벗겨
준다. 만약 그들이 거슬리는 행동을 의도했다면 우리는 "그런 식으로
행동하지 않도록 설득하려고" 노력할지도 모른다. 혹은 그들의 행동에
대해 우리가 싫어하지 않도록 적당히 핑계를 댈지도 모른다. 다시 말
해 비난받지 않도록 그들의 행동을 설명하고 합법화하는 말의 방법이
다. 사람들이 계속해서 수많은 사람들을 불쾌하게 만들 때, 어떤 이는
그들에게 정신과 의사에게 가서 말하기 치료(talking cure)를 통해 행
동을 바르게 고치려고 노력하라고 설득할지도 모른다.

정말로, 매일 마주하는 모든 상황에서 참여자가 행하는 대부분의
행동에 들어 있는 의미는 그들이 사전에, 동시에, 혹은 행동한 이후에
서로에게 말하는 것에 달려 있다. 또는 특정한 상황에서는 다른 사람
들이 말할 것을 미리 가정할 수 있는 것에도 달려 있다. 이런 모든 것
은 대화의 비형식적 수준에서뿐만 아니라 합법적 체제에서 정리된 것
으로 특권이 부여된 대화의 형식적 수준에서도 역시 자명하다. 계약
법은 전적으로 수행(performance)과 말한 것 사이의 관계에 대한 것
이다. 그리고 덜 공식적인 면에서 결혼, 친척, 우정, 동료애의 행동 역
시 그러하다.

그것은 두 방향에서 일어난다. 말의 의미는 강력히 그것이 일어나는

행위의 연속선에서 결정된다. 예를 들어 "그 말을 할 때는 웃어라"라는 것은 사람들이 우연히 부딪쳐서 "너무 죄송해요"라고 말해야 하는 상황에서만 가능하다. 결국, John Austin의 발화 행위 이론(speech act theory)[4]의 소개 이후 25년이 지났다.[26] 과연 사람들이 말하는 것이 그들이 할 것을 예언하는가에 집중하고 싶어하는 사람들에게 유일한 적절한 대답은 그렇게 두 가지를 분리하는 것이 나쁜 철학, 나쁜 인류학, 나쁜 심리학 그리고 불가능한 법칙을 행하는 것이다라는 것이다. 문화 지향적인 심리학에서 보면 말과 행동은 기능적으로 분리할 수 없는 요소이다. 다음 장에서 우리는 일상심리학의 "유용한(working) 격언"의 일부에 대해 논의하게 되는데, 이는 중요한 고려 사항이 될 것이다.

　문화 지향적인 심리학은 사람들이 그들의 정신 상태에 대해 말하는 것을 묵살하지 않으며 그들의 진술을 단지 명백한 행동의 예언적인 지침인 것처럼 다루지는 않는다. 오히려 그것의 핵심은 행동과 말(또는 경험) 사이의 관계가 삶의 평범한 행위 속에서 해석 가능하다는 것이다. 그것은 말, 행동 그리고 말과 행동이 일어나는 환경 사이에 공공연하게 해석할 수 있는 조화가 있다. 즉, 주어진 환경 속에서 우리가 말하는 것과 행동하는 것의 의미 사이의 규범적인 관계에 동의하고 있으며, 그러한 관계는 우리가 서로간에 우리의 삶을 실천하는 방법을 결정하게 된다. 더욱이 이들 기준이 되는 관계가 깨질 때, 그 원래의 길로 돌아가기 위해 협상의 절차가 필요하다. 이것은 해석과 의미를 문화심리학 혹은 어떤 다른 심리학 혹은 정신과학에 핵심이 되도록 만드는 것이다.

　정의상, 문화심리학은 "행동(behavior)"에 몰두하게 되는 것이 아니라 의도적 counterpart인 "행위(action)"에 몰두할 것이다. 그리고

---

4) 화행 이론 혹은 언어 행동 이론이라고도 불림. (2장 73쪽과 관련)

특히 문화적 배경에 처해 있고 참가자의 상호작용의 고의적 상태에 처한 행위인 "situated action"에 몰두할 것이다. 이는 문화심리학에 대한 요구가 우리가 지금 다루려는 문제인 인간 보편성에 관한 연구 혹은 실험실에서 실험이 없이 영원토록 지낼 수 있다는 것을 말하는 것은 아니다.

4. 인간 보편성의 이해: 생물학과 문화의 관련성

나는 심리학이 설명체계에 있어서 "의미를 배제"시키려는 노력을 그만두어야 한다고 주장해 왔다. 왜냐하면 심리학의 주제가 되는 사람과 문화는 공유된 의미와 가치에 의해 통제받고 있기 때문이다. 사람들은 그들의 삶을 이러한 의미와 가치를 추구하고 채우기 위해 헌신하며 또한 이를 위해 죽는다. 언젠가 일련의 초월적 인간 보편성을 발견하게 된다면—이러한 보편성이 "여러 문화가 혼재된" 다양성에 대한 설명에 의해 제한된다 하더라도—심리학은 문화로부터 자유로워야 한다는 논의가 계속되어 왔다. 나는 인간 보편성을 이해하는 한 가지 방식을 제안하고자 한다. 그것은 문화심리학과 일치하는 것이지만 상대주의의 비일치성과 다문화 심리학의 평범함에서 벗어났다. 그렇다고 해서 문화심리학이 단지 행동에 대한 보편적 법칙에 있어서 지역적 다양성을 설명하는 몇몇 한계점을 제공하는 다문화 심리학이라는 것은 아니다. 또한 우리가 곧 알게 되듯 사람들을 힘없는 상대주의에 처하게 하지도 않는다.

보편성의 문제에 대한 해결은 생물학과 문화 사이의 관련성에 대한 한 가지 견해로서 19세기부터 이어져 오는 인간 과학에 대한 널리 알려져 있지만 구식의 궤변을 드러내는 것이다. 이러한 구식의 궤변에서 문화라고 하는 것은 생물학적으로 결정된 인간 본성 위에 "덧씌어진" 것으로 인식되었다. 인간 행동의 원인이 생물학적 기질에 있는 것으로 추정되었다. 이러한 점 때문에 내가 주장하고 싶은 것은 문화와 문화 내에서 의미 추구가 인간 행위의 보다 적절한 원인이라는 것이다. 생물학적 기질, 소위 인간 본성의 보편성이라고 하는 것은 행위의 원인이 아니라 기껏해야 일종의 구속(constraint)이거나 조건(condition)이다. 우리가 주말 쇼핑으로 대형마트에 가는 이유가 자동차 엔진에 의한 것이 아닌 것처럼, 우리가 자신이 속한 사회적 계층과 인종 집단 속에서 누군가와 결혼하는 것도 생물학적 재생산 조직에 의한 것이 아니다. 물론 자동차 엔진이 없다면 대형마트에 갈 수 없으며 재생산 조직이 없다면 결혼도 불가능할 것이다.

하지만 "구속"은 그러한 문제를 지나치게 부정적으로 만든다. 인간의 작용에 대한 생물학적인 제한은 다른 한편으로 문화적 창조에 대한 도전이 될 수 있다. 어떤 문화에 대한 도구상자는 인간의 작용에 대한 "자연적 제한"을 능가하거나 심지어 재규정할 수 있는 일련의 보완적 장치로 설명될 수 있다. 인간 도구는 부드럽거나 딱딱한 명령에 대해 똑같이 일치한다. George Miller의 유명한 "7+2 또는 7−2"는 어떤 즉각적인 기억에 대한 구속력이 있는 생물학적 제한에 대한 한 가지 예다.[28] 하지만 우리는 이러한 제한을 초월하는 상징적인 장치들, 즉 8진법의 수, 연상기초 장치, 언어 기술과 같은 조합 체계를 구성한다. Miller가 그의 기념비적인 논문에서 우리가 문화화된 인간으로서 조합 체계를 통한 투입 전환에 의해 7개의 조각(bits)보다는 덩어리(chunks)로서 정보를 처리할 수 있다고 주장한 것을 회상할 필요가 있다. 우리의 지식은 문화화된 지식이며 기호 체계에 문화를 기반으로 둔 채 막연하게 저장된다. 이러한 과정에서 우리는 기억의 생물학이라 불리는 것에 의해 형성된 최초의 경계를 뚫고 지나가게 된다. 생물학은 구속력은 있지만 영원한 것은 아니다.

혹은 소위 자연적 인간의 동기(motives)와 관련해서 생각해 볼 수 있다. 사람이 배고픔이나 성욕을 느끼거나 하는 상태에 대해서 어떤 생물학적 기질이 있다는 것을 부인하는 것은 어리석은 일이다. 하지만 신앙심 깊은 유대인이 Yom Kippur(속죄의 날)에 단식을 할 의무나 라마단에 대한 무슬림의 의무는 육체의 배고픔에 대한 이야기로 구속되지 않는다. 근친금기는 성선자극호르몬이 작용하지 않아야 할 방향에 대해 강력하고 직접적이다. 뿐만 아니라 어떤 음식과 먹는 상황에 대한 문화적 책임은 단순히 정신적 기호에 대한 생물학적 욕구를 억제하는 것이 아니다. 그것에 관한 우리의 욕망과 행위는 상징적 의미에 의해 중재된다. Charles Taylor가 「자아의 소스(Sources of the Self)」라는 훌륭한 책에서 언급했듯이, 약속(commitment)은 단순히 하나의 선호(preference)가 아닌 것이다. 그것은 하나의 신념이자 하나의 "존재론"으로서 삶의 가치에 대한 어떤 특정한 양태이거나 혹은 그것을 지키기 힘들다는 것을 앎에도 불구하고 마땅히 지지해야 할 것이다. 4장에서 보게 되겠지만 우리의 삶은 만약 필요하다면 삶의 이러한 방식을 통하여 그러한 성취를 찾는 고통스러운 과정이다.

분명히 삶의 양태와 관련된 약속에 관한 구속 역시 문화적이기보다는 생물학적이다. 육체적 피로, 배고픔, 병, 고통 등은 삶의 여러 양태에 관한 우리의 연관성을 깨뜨리거나 그들의 성장을 막을 수 있다. Elaine Scarry는 그녀의 책 「고통 속의 신체(The Body in Pain)」에서 다음과 같은 내용을 강조한다. 즉 (고문과 같은) 고통의 힘은 개인의 문화적 세계와의 관련성을 제거할 뿐만 아니라 우리의 희망이나 갈망에 대해 방향을 제시하는 의미 있는 맥락을 없애 버린다는 것이다.[29] 그것은 인간 의식을 좁혀서 고문하는 사람들이 알다시피 인간이 말 그대로 짐승이 되게까지 한다. 고통이 항상 이기는 것은 아니지만 그것은 너무도 강력하기 때문에 삶의 의미에 대해 지각할 수 있는 이러한 의미들과 관련성을 지닌다. 홀로코스트의 소름끼칠 정도의 야만성과 죽음의 수용소는 살인을 위해 비인간화되도록 의도되었고 그것은 인간의 역사에 있어서 가장 암흑적 시기를 만들어 냈다. 그 이전에도 사람들은 서로를 죽여 왔다. 하지만 그런 규모로 그렇게 관료체제를 거치지는 않았다. 아픔, 고통 그리고 참을 수 없는 굴욕을 통하여 인간성을 빼앗기 위한 그러한 일치화된 노력은 없었다.

Wilhelm Dilthey의 「정신과학(Geistewissenschaft)」에서 확인할 수 있듯이, 인간 과학에 대해 그가 문화적 요소를 근본으로 설정한 것은 새롭고 변화무쌍한 종을 안내하고 양육하는 데 있어서 문화의 힘을 인지했기 때문이다.[30] 나는 나 자신을 그의 포부와 결합시키고 싶다. 내가 이 책에서 주장하고자 하는 바는 수단과 구속력을 가진 생물학을 형성하는 것으로서 문화와 의미를 추구하는 것이다. 우리가 보아 온 것과 같이 문화는 생물학이 가진 구속력을 느슨하게 할 수 있는 힘을 그 자체에 가지고 있다.

하지만 이것은 인류와 미래에 대한 새로운 낙관주의에 대한 서문에 불과하지 않도록 상대주의의 문제로 관심을 돌리기 전 짚고 넘어가야 할 하나의 문제다. 모든 생성적 창의성에 있어서 인간 문화는 반드시 관대한 것도 아닐뿐더러 문제에 대한 반응으로서 주목할 만한 순응을 보이는 것도 아니다. 그것은 여전히 관례적이며 고전적 전통에 따라 "인간 본성", 즉 본능이나 원죄 혹은 그 이외의 것에 대한 인간 문화의 실패에 대해 비난한다. 심지어 Freud조차도 인간의 어리석음에 대해 심술궂은 시각으로 종종 이러한 덫에 빠지기도 한다. 하지만 이것은 분명히 편의를 위한 그리고 자기 위안을 위한 사과의 형태이다. 우리가 진정 이시대의 방대한 관료화에 대한 생물학적 유산을 설명할 수 있기를 기대할 수 있을까? 생물학적인 죄악 혹은 "Old Ned"를 기원하는 것은 우리 자신이 창조해 낸 것에 대한 책임을 회피하는 것이다. 우리의 모든 힘이 상징적 문화를 구성하기 위해 그리고 그러한 수행을 위해 요구되는 교육적 힘을 발휘하기 위해서는 우리가 주장하는 욕망의 목적에 대해 우리의 창의성을 매우 숙련되게 조정하는 것으로 여겨서는 안 된다. 우리는 인간 게놈에 대한 실패를 기원하기보다는 삶에 대한 공동 방식을 구성하고 재구성하는 데 있어 우리의 정교함에 대해 질문하는 것이 더 바람직하다. 이것은 심지어 생물학적인 구속의 부재 상태에서 삶의 공동 방식이 쉽게 변화하는 것에 대한 언급이 아니라 오히려 우리의 생물학적인 제한이 아닌 문화적 창의성에 기반을 두고서 그것이 어디에 속해 있는지에 초점을 두는 것이다.

5. 문화심리학의 상대주의 문제

이것은 불가피하게 우리를 상대주의의 문제로 끌어들인다. 우리가 사회 세계를 구성하는 데 있어서 그다지 숙련되지도 독창적이지도 않다고 말할 때 그것이 뜻하는 바는 무엇인가? 누가 그렇게 판단하며 어떤 기준에 의한 것인가? 만약 문화가 마음(mind)을 형성하고 마음이 그러한 가치 판단을 형성하는 것이라면 우리는 피할 수 없는 상대주의에 갇혀 버리지 않은 것이라 할 수 있는가? 우리는 이것이 의미하는 바가 무엇인지 검증해야 할 것이다. 우리가 먼저 관심을 두어야 할 것은 평가적 차원보다 상대주의의 인식론적 차원이다. 우리가 절대적이라고 아는 것 혹은 몇몇 측면에서 항상 상대적인 것이라고 할 때에 거기에는 관점에 대해 어떤 입장에 서 있는 것인가? 어떤 "원천적인 실재"가 있는가 혹은 Nelson Goodman이 주장하는 것처럼 실재란 하나의 구성인가?[31] 오늘날 대부분의 철학자들은 온건한 입장을 선택한다. 하

지만 그들 중 소수는 하나의 독립된 원천적 실재에 대한 개념을 제거
하려고 한다. 사실 Carol Feldman은 장차의 인간 보편성을 제안하기
까지 했는데, 그 인간 보편성의 주요한 논제는 우리의 인지적 추론의
결론에 특별한 "외부의" 존재론적 지위를 부여한다는 점이다.[32] 말하
자면 우리의 사고는 "이 안에" 있는 것이며 우리의 결론은 "거기 밖
에"에 있다는 것이다. 그녀는 이것을 모두 인간이 실패하는 "존재 형
성(ontic dumping)"이라고 부르는데 그녀는 세계에 대한 실례를 멀리
서 찾지 말았어야 했다. 하지만 대부분의 인간 상호작용에 있어서 "실
재들(realities)"은 문화 속에 깊이 새겨진 구성과 협상의 복잡한 과정
과 그 연장의 결과들이다.

그러한 구성주의를 실천한 결과와 우리가 행한 것을 깨닫는 것이
그 결과들이 보이고자 했던 것만큼 그렇게 엄청난 것인가? 그와 같은
실제가 상대주의의 어떠한 것으로 이끄는 것인가? 상대주의의 기본적
인 주장은 지식에 대해서 단순히 우리가 선택한 추론에 비추어 옳다
혹은 그르다에 관한 것이다. 이러한 종류의 옳다 그르다는 아무리 우
리가 그것을 잘 테스트한다 해도 절대적인 진리나 거짓이 될 수 없다.
우리가 할 수 있는 최상의 것은 우리 요구의 "옳음(rightness)"과 "그릇
됨(wrongness)"을 주장할 때에 우리 자신의 관점과 다른 사람의 관점
을 인식하는 것이다. 이러한 방식에 따르면 구성주의는 좀처럼 새로운
것으로 보기 어렵다. 그것은 법학자들이 "해석적 전환"이라고 언급하
거나 법학자들 중 한 명이 "독단적 의미"로부터 돌아서는 것을 언급하
는 것이다.

Richard Rorty는 실용주의의 결과에 대한 탐구에서 해석주의가 그
"정초적인" 지위의 철학을 드러내기 위한 깊고도 느린 운동의 일부라
는 점을 주장한다.[33] 그는 실용주의(내가 그 범주에 포함하여 표현해
온 그 관점)를 "'진리', '지식', '언어', '도덕성' 그리고 다른 유사한

철학적 이론화의 대상들과 같은 개념들에 적용된 단순한 비본질주의"
로서 특성화한다. 그리고 그는 William James의 "진실"에 대한 정의를
"신념으로서 좋은 것이 무엇인가" 하는 문제를 참조함으로써 그것을
예증한다. Rorty는 James를 지지하면서 다음과 같이 언급한다. "진리
라고 하는 것을 '실재와의 관련성'으로 이야기하는 것은 아무런 소용
이 없다는 것이 그의 주장이다. 확실히 누군가가 세상을 이해할 때에
는 세상의 사건 사이에 있는 것들과 관련하여 동형의 내적 구조를 가
진 문장들을 믿는 방식으로서 짝을 짓는다." 하지만 일단 "고양이가
매트 위에 있다"와 같은 단순한 진술을 넘어서 보편성, 가설 혹은 이론
을 다루기 시작하면 그러한 짝은 "귀찮거나 혹은 목적을 가진" 것이
된다. 그러한 짝을 짓는 수행은 "우리가 가져야 할 세계에 대한 대략적
인 관점에 대해 이유와 선택"을 결정하는 데 거의 도움이 되지 않는다.
Rorty는 그러한 수행을 한계에 이르도록 하는 것은 "본질을 찾고자 진
리를 갈구하는 것"이라고 주장한다. 이것은 어떤 절대적인 의미에서
진실이다. 하지만 그는 진리에 대한 어떤 유용성을 이야기하는 데 있
어서 "이론보다는 실제를, 숙고보다는 행동을 탐구하라"고 말한다.
"역사는 계급투쟁의 이야기다"와 같은 추상적인 언급은 "그 주장이 옳
은가?"와 같은 질문으로 자신을 제한함으로써 판단될 수 없는 것이다.
실용주의적 관점에 따른 다음과 같은 질문들이 더 적절하다. "그것을
믿는 것이 어떤 점에서 유용한가?" 혹은 "내가 믿는 것에 헌신하는 것
이 어떤 점에서 좋은가?"이다. 그리고 이러한 질문은 칸트주의자들이
"지식", 혹은 "재현" 혹은 "합리성"의 원천을 규명하기 위해 설정하려
는 원리를 찾는 것과는 매우 다른 것이다.[34]

　나는 몇몇 사례 연구를 통해 설명하고자 한다. 우리는 지적 능력에
대해 좀 더 알아볼 것이다. 따라서 우리는 예상외로 "그것"을 평가하
고 "그것의" 개발을 예견하는 우리의 측정도구로서 학교의 수행을 이

용하기로 결정한다. 결국 지적 능력에 관련해서는 학교 수행이 절대적으로 중요하다. 그리고 우리가 선택한 관점에 비추어 보면 미국에서 흑인은 백인보다 "능력"이 떨어지며 이번에는 백인이 아시아인들보다 약간 능력이 적다. 이러한 것이 밝히고자 하는 것은 무엇인지 실용주의적 비평가들은 묻는다. 만일 선의지가 잇따른 논쟁에서 이긴다면 해체와 재구성이라고 불릴 만한 어떤 과정이 발생할 것이다. 학교 수행이 의미하는 것은 무엇이고 그것이 어떻게 다른 형태의 수행과 관련되는가? 그리고 지적 능력에 대해서 "그것"이 의미하는 바는 무엇인가? 그것은 단수적인가 복수적인가? 그리고 그것을 규정하는 것은 Howard Gardner가 제안한 것처럼 명예, 보상 그리고 계발에 관련된 어떤 특색을 선택하고 있는 하나의 문화에 의한 미묘한 과정에 의존하지 않은 독립적인 것인가?[35] 또는 정치적 관점에서 볼 때 학교 수행은 소유하지 말아야 할 것을 과소평가하는 반면 소유에 대한 결과를 합법화하는 방식에 따른 선택에 의해 그 자체로서 조작되어 왔다. 곧 "지적 능력"이 무엇인가에 대한 문제는 정치적, 사회적, 경제적, 심지어 과학적 환경의 다양성에 비추어 그 개념을 어떻게 사용하기를 원하는지에 대한 질문으로 대체될 것이다.

그것이 전형적인 구성주의자 논쟁이며 그것을 해결하기 위한 전형적인 실용적 절차이다. 이것이 상대주의인가? 이것이 모든 믿음은 다른 믿음만큼 좋다는 상대주의의 형태인가? 어떠한 사람이 이러한 관점을 고수할 것인가? 혹은 상대주의는 본질주의 철학자들에 의해 순수 진리에 대한 그들의 믿음을 강화하기 위해 기원된 어떤 것인가 아니면 순수 이성에 대한 게임에서 약탈자로서 영원히 임명된 상상속의 상대자인가? 나는 Rorty가 상대주의를 구성주의와 실용주의를 넘어뜨리는 장애물이 아니라고 한 점에 동의한다. 이러한 관점이 어떻게 나의 세계관과 그 세계관에 대한 헌신에 영향을 미치는지에 대해 실용주의자들에게 질문하는 것이 확실히 논의를 진척시키는 것은 아니다. 그것은 아마도 가정(전제)을 풀어헤치는 것으로 이끌 것이며 누군가의 약속을 더욱더 탐구하는 것으로 유도할 것이다.

James Clifford는 그의 책 「문화의 곤경(The Predicament of Culture)」에서 만약 문화가 동질적이었다면 현재 더 이상 그렇지 않으며 게다가 인류학의 발전에 따른 연구는 다양성의 운영에 있어서 도구가 된다는 것을 강조한다.[36] 그것은 심지어 "실재"라는 틀을 지닌 전통을 가로막음으로써 "원초적인 실재"와 본질로 인한 논쟁이 문화적 침체나 소외를 가져오는 수단이 되는 경우일지도 모른다. 하지만 구성주의의 쇠퇴나 신뢰의 약화는 무엇 때문인가?

만일 지식이 관점에 따라 달라지는 상대적인 것이라면 관점에 따른 누군가의 선택과 관련된 가치의 문제는 무엇인가? 그것은 "단지" 기호의 문제인가? 가치는 단지 기호인가? 만일 그것이 아니라면 가치들 사이에서 우리는 어떻게 선택하는가? 이러한 질문에 대해 두 가지 매력적으로 오해하게 만드는 심리학적 견해가 있다. 그 중 하나는 기관에 대해 합리주의자들의 입장으로 보이는 것이고, 다른 하나는 낭만적인 비합리주의자들의 입장이다. 후자는 가치라고 하는 것을 본능적 반응에 의한 하나의 작용 즉 정신적 갈등, 기질 등과 같은 것으로 대치한다. 비합리주의자들에 한해서 문화는 하나의 공급원, 즉 개인의 욕구나 갈등의 기능으로서의 가치를 우리가 선택하 수 있는 카페테리아이다. 가치라고 하는 것은 그들이 어떻게 개인적인 것과 문화적인 것을 연결하는지에 대한 도구로서 이해되지 않는다. 그리고 그것의 견고성은 강화된 계획, 신경적 고정성 등과 같은 것으로 설명된다.[37]

합리주의자들은 이것과는 꽤 다른 한 가지 관점을 가지는데 그것은 원칙적인 측면에서 경제학 이론에서 나온 것으로 매우 잘 알려진 합리적 선택 이론이다.[38] 합리적 선택 이론에 따르면 우리는 실용적 이론,

최적의 규칙, 손실의 최소화 등과 같은 합리적 모델로서 인도된 상황
에 의해 우리의 선택과 상황의 가치를 표현한다. (적합한 조건하에서)
이러한 선택은 주목할 만한 규칙들을 드러내는데 이는 작용의 종류 중
에서 좋은 기억, 예컨대 비둘기를 가지고서 조건화된 실험을 통해 관
찰할 수 있는 데서 확인할 수 있다. 하지만 어떤 심리학자에게 "합리적
선택" 이라는 문구는 분명한 변칙으로 관심을 이끌고 그것은 유용성의
규칙을 침해하는 것으로 받아들여진다. (유용성은 어떤 특정한 선택을
하는 데 있어서 그것이 성공적으로 수행되기 위한 주관적인 개연성임
에도 불구하고 그 가치는 더욱 강조되는 결과물로서 취급되고 있다.
게다가 Adam Smith 이후 이것은 전형적인 경제학 이론의 초석이 되어
왔다.) 변칙들을 생각해 보라. 예컨대 Richard Herrnstein은 "dearer by
the dozen" 이라는 한 가지 재미있는 표현을 했는데 그것은 사람들이
그 시즌 동안 겨우 반 정도만 콘서트에 갈 것을 알면서도 교향악단 시
즌 티켓을 사는 것을 더 좋아하는 데서 알 수 있다.[39] 변칙들을 통제하
는 방식은 선택 상황에서 "속물근성", "책임", "귀찮음"에 하나의 가
치를 부여하는 것이다. 그 가치는 결과로 하여금 유용성 이론을 조력
하게 한다. 만일 유용성 이론 혹은 그것의 변형된 어떤 한 가치를 받아
들인다면 이는 단순히 유용성 주의를 조력하는 선택된 행동 양식에 따
른 선택에 가치를 부여하는 것이다. 합리적 선택 이론은 가치가 어떻
게 발생하는지에 대해서 본능적 반응이 일어났는지의 여부, 혹은 역사
적으로 결정됐는지의 여부에 대해서 전혀 언급하지 않는다.

비합리주의자와 합리주의자 모두 가치에 대한 접근에 있어서 하나
의 결정적인 점을 놓치고 있다. 즉 "삶의 양식"에 대한 수행에 있어서
가치가 내재한다는 것, 그리고 복잡한 상호작용 속에서 삶의 양식은
하나의 문화를 구성한다는 것이다. 우리는 이미 완성된 선택 상황에
의한 선택 상황을 받아들이지도, 그렇다고 우리의 가치를 생각 없이

말하지 않을뿐더러 그러한 가치 역시 강한 욕망이나 강제된 신경을 가진 고립된 개인의 의해 만들어진 것도 아니다. 오히려 그러한 가치는 하나의 문화 공동체에 대한 우리의 관계에 따른 상호적이며 결과적인 것이다. 그러한 가치는 이러한 공동체 내에서 우리에게 전면적으로 작용한다. Charles Taylor가 지적하듯이 인간 삶의 양식의 기초가 되는 가치는 "근본적인 반성"에 대해서만 단지 조금 개방적이다.[40] 그것은 개인의 정체성에 섞이게 되고 동시에 하나의 문화 안에 자리하게 된다. 어느 정도까지 문화는 Sapir의 의미로 "비논리적인" 것은 아니다. 구성원들에 의한 가치 수행은 삶의 양식에 대한 만족할 만한 행동의 기초를 제공하거나 혹은 최소한 협의의 기초를 제공한다.[41]

하지만 현대 삶의 다원성과 빠른 변화는 가치에 대해서 수행과 갈등에 대해 논쟁의 여지를 제공한다. 그 갈등은 가치에 대한 지식에의 다양한 요구에 대해 "옳음(rightness)"을 논의하는 것이다. 이러한 환경 속에서 우리는 쉽게 "수행의 미래"를 어떻게 예견할지 알지 못한다. 오늘날 세계의 조건에서 그것을 가정하는 것은 매우 변덕스러울 수 있다. 모든 개인은 세계관에 있어서 우호적인 협의에 의한 실행 가능한 다원주의로 거슬러 올라가길 바랄 수 있다.

이것은 내가 제안하고자 하는 한 가지 최종적인 보편적 관점으로 결부되는데 그것은 문화심리학이 보다 나은 이유라고 믿기 때문이다. 그것은 정치, 과학, 문화, 철학 혹은 예술 등 그 모든 것에 대해서 열린 사고(open-mindedness)와 관련되어 있다. 내가 열린 사고에 주목하는 것은 그것이 개인의 가치에 대한 책임을 잃지 않은 채로 다양한 관점으로부터 지식과 가치를 구성하는 데 우호적이기 때문이다. 열린 사고는 우리가 민주적 문화라고 부르는 것의 초석이다. 우리는 민주적 문화라고 하는 것이 신성하게 제정된 것이 아니며 영원한 견고성을 가지는 것도 아니라는 것을 많은 어려움을 겪으면서 배웠다. 모든 문화와 마찬가지로 그것은 삶의 독특한 양식과 실재에 대한 합의적 개념을 바탕으로 제정된 것이다. 그것이 놀라움이라는 기분 전환을 가져다주기는 하지만 열린 사고가 때때로 가하는 충격에 반대할 만한 증거는 항상 아니다. 바로 그 열린 사고가 그 자체로 자신의 적을 만들게 되는 경우도 있다. 이는 새로움에 대한 욕구에 대해서는 생물학적인 억제가 반드시 있기 때문이다. 나는 문화심리학에 대한 구성주의를 민주적 문화의 근원적인 표현으로 삼고자 한다.[42] 이는 우리로 하여금 어떻게 지식에 이르게 되었는지에 대한 이해와 관점에 대한 가치를 어떻게 생성하게 되었는지를 이해할 것을 요구한다. 그것은 우리가 어떻게 그리고 무엇을 알고 있는지에 대해 설명할 것을 요구한다. 하지만 그것은 의미를 구성하는 데 단 한 가지 방식, 혹은 한 가지 옳은 방식이 있다는 것을 주장하는 것은 아니다. 내가 생각하기에 그것은 현대 삶의 너무도 많은 특징이 되어 왔던 변화와 붕괴를 최대한 잘 처리하도록 하는 가치에 기반을 두고 있다.

6. 과학적 심리학의 입장

마지막으로, "일상심리학"에 대해 적대관계에 있는 "과학적 심리학"의 입장으로 돌아가 보자. 과학적 심리학은 일상심리학을 공격하고, 논쟁하고, 심지어 일상심리학의 사조를 대체할 심리학으로 작용한다. 그것은 정신 상태의 인과적 효능과 문화 그 자체의 인과적 효능을 부인하는 권리를 주장한다. 실지로, 비록 "자유"와 "위엄"과 같은 개념이 민주적 문화의 신념 체계에 핵심적인 것이라 하더라도 착각의 범위에 규정된다. 급기야 그것은 가끔 반문화적, 반역사적인 심리학으로 말하여지며 그리고 그것의 환원주의는 반지적이다. 그러나 또한 많은 실증주의자들의 열성적인 "무신론자 무리(village atheist)"는 인간 본성에 대한 논쟁에 생기를 불어넣었고 객관적인 혹은 운영상의 연구 절차에 관한 그들의 주장은 우리의 견해에 좋고 강한 효과를 가져다 준 것도 사실이다. 그러나 사소한 걱정이 남아 있다.

나는 Harvard 대학에서 「사실의 세계에서 가치의 위치(The Place of Values in a World of Facts)」라는 Wolfgang Kohler의 William James 첫 강의를 회상한다.[43] Kohler는 심리학이 어떤 것을 "다만 ~뿐인, 혹은 단지 ~에 불과하다(Nothing But)"는 식으로 보는 심리학의 방식을 불평하는 한 친구와의 가상의 대화를 보고한다. 즉 거기에서 인간 본성은 오직 조건화된 반사, 연합적인 결합, 변형된 동물의 욕구와 충동의 연속에 불과한 것으로 표현된다. 그리고 그는 가상의 친구인 집배원과 국무총리 또한 이런 방식으로 생각하게 된다는 것을 걱정한다. 내 걱정거리 역시 앉아 있는 자가 자신의 초상(화)처럼 보인다고 생각하게 될 때 일어나는 것이다. 피카소가 그린 Gertrude Stein의 초상화가 자기를 닮지 않았다고 생각하고 있다고 그녀의 친구들이 그에게 말했을 때 피카소가 한 말을 기억해 보라. "그녀에게 기다리라고 말하라." "그렇게 될 것이다."라고 그는 말했다. 물론 다른 가능성은 그런 초상화 모델은 그런 화가로부터 소외되게 될 것이다.[44] Adrienne Rich가 그것을 접하면서, "교사의 권위를 가진 누군가가 세계를 묘사하고 여러분은 그곳에 있지 않다고 말할 때, 마치 여러분이 거울 속을 들여다보고 아무것도 보지 못한 것처럼 한 순간의 심리적 불안정이 있다."[45]

민주주의 사회에서 지식인은 문화 비평가의 집단을 구성한다. 심리학자들은 그 방법으로 그들 자신들을 거의 보지 못했다. 왜냐하면 주로 그들은 실증주의 과학에 의해 생겨난 자아상에 너무나 사로잡혀 있기 때문이다. 이런 관점에서, 심리학은 오직 객관적 진실만을 다루고 문화 비평을 피한다. 그러나 과학 심리학은 그것이 인간 상태에 관한 모든 진실처럼 그것의 진실이 심리학이 그 상태를 향하고 있다는 관점과 관련 있다는 것을 인식할 때 더 잘 해나갈 것이다. 그리고 그것은 평범한 사람들의 일상심리학은 일련의 자기완화 착각이 아니라 문화의 신념, 그것을 가능하게 하는 것에 대한 가설을 세우는 것 그리고 사람들이 함께 살아가도록 이행하는 것을 인식하게 될 때, 전체적으로 그 문화에 대해 더욱 효과적인 자세를 취할 것이다. 그것은 심리학이 시작되는 지점이며 그 지점에서 인류학과 다른 문화 과학으로부터 분리할 수 없다. 일상심리학은 설명과 떨어져 있는 것이 아니라 설명될 필요가 있다.

제2장

문화 도구로서의 일상심리학

1. 문화 도구로서의 일상심리학의 출현

① 1장의 요지: 의미의 구성과 관련된 인지 혁명에 대한 논쟁

1장에서 나는 어떻게 인지 혁명이 컴퓨터주의의 은유(computational metaphor)에 의해 발생되는 자극으로부터 전환되어 왔는지에 대해 자세히 이야기하였고, 인간심리학의 주요 개념은 의미이고 의미의 구성과 관련된 과정과 처리라는 확신에 의해 고취된 초창기 혁명의 부흥과 회복을 위하여 논쟁하였다.

② 인간을 이해하기 위한 근거로서의 문화적 시스템

그 확신은 두 가지 연관된 논쟁에 기초하고 있다. 첫째는 인간을 이해하기 위해서 그의 경험과 행동이 의도된 상태(intentional states)에 의해 어떻게 형성되는지를 이해한다는 것이고, 둘째는 이러한 의도된 상태의 형식(form)이 문화의 상징체계에 참가를 통해서만 실현된다는 것이다. 더욱이, 우리 삶의 바로 그 형태(shape)—우리 마음속에 품고 있는 자서전의 거칠지만 계속 변화해 가는 초고—는 오로지 우리들의 해석의 문화적 시스템 덕분에 우리 자신과 다른 사람들에게 이해될 수 있다. 그러나 문화는 역시 마음의 구성이다. 이러한 문화의 현실화 덕분에, 의미(meaning)는 사적이고 자폐적인 형태보다는 공적이고 공동 사회적인 형태를 취한다. 오로지 교류적(transactional)인 마음의 모델을 고립된 개인주의적 마음의 모델로 대체함으로써 영국계 미국인(Anglo American) 철학자들은 다른 마음은 불투명하고 이해할 수 없는 것처럼 보이도록 만들 수 있었다. 우리가 인간의 삶을 시작할 때, 그것은 마치 우리가 이미 진행 중인 연극의 무대 위를 걷는 것과 같다. 다시 말해 다소 개방된 플롯이 우리가 어떤 부분을 연기할 것인지, 우리가 나아가고자 하는 대단원의 결말이 무엇인지를 결정한 연극과 같다. 무대에 있는 다른 사람들은 그 연극이 무엇에 관한 것인지 이미 알고 있으며 새로 등장한 사람과 타협을 가능하게 만드는 것에 대해서도 충분히 이해하고 있다.

③ 인간 행위에 의미를 부여하고 생물학적 한계를 초월하도록 하는 문화

내가 제안하는 견해는 인간 본성에 관한 문화와 생물학의 전통적인 관계와는 반대되는 것이다. 내가 주장했다시피, 인간의 생물학적인 유전의 특징은 인간 행위와 경험을 직접적으로 관여하거나 형성하지 않고, 보편적인 원인이나 이유로서 취급되지 않는다. 오히려, 그것은 행위에 제한을 강요하고 그 제한의 효과는 수정할 수 있다. 문화는 "있는 그대로의" 생물학적 한계를 능가하도록 하는 독특한 "인공의 장치"를 고안한다—예를 들어 메모리능력의 한계나 청각의 범위의 한계. 내가 제안했던 반대의 견해는 인간의 삶과 마음을 형성하고, 해석적 시스템에서 근본적이고 의도적인 상황을 정함으로써 행위에 의미를 부여하는 것은 생물학이 아니라 문화라는 것이다. 문화의 상징체계에 내재한 패턴들을 부여함으로써 이것을 행한다—문화의 상징체계란 언어와 담화 양식, 논리적이고 내러티브적인 설명의 형태, 그리고 상호 의존하는 공동사회의 삶의 패턴이다. 더욱이, 신경과학자와 자연인류학자들은 문화적인 요구사항과 기회가 인간 진화에서 신경 특징을 선별하는 데 있어 결정적인 역할을 했다는 관점에 점점 다가가고 있다. 이 관점은 신경해부 분야에서 Gerald Edelman에 의해, 물리인류학 증거에 기초한 Vernon Reynolds에 의해, 영장류 동물의 진화 데이터에 관련지어 Roger Lewin과 Nicholas에 의해 가장 최근에 지지받고 있는 관점이다.[1]

④ 일상심리학의 출현

그것들은 내가 "문화적인" 심리학이라고 불렀던 것을 지지하는 주장들이다―인지 혁명이 생겨나도록 한 계기뿐만 아니라 한 세기 전 Dilthey가 정신과학(Geisteswissenschaften)[1]이라고 불렀던 프로그램까지 상기하기 위한 노력이다.[2] 이 장에서는 문화심리학의 한가지 중요한 특징에 근본적으로 관심을 가질 것이다. 나는 그것을 "일상심리학(folk psychology)"이라고 명명하였다. 여러분은 "일상적인 사회과학(folk social science)" 아니면 단순히 "상식(commom sense)"이라는 용어로 나타내기를 더 좋아할지도 모른다. 모든 문화는 일상심리학의 가장 강력한 구성 도구 중 하나로서, 인간이 어떻게 "움직이고 기능하는지(tick)", 우리와 다른 사람의 마음이 어떤지, 어떤 상황에서 우리의 행동이 어떠할 것이라고 기대하는지, 삶의 가능한 양식은 무엇인지, 우리가 자신을 타인들에게 어떻게 위탁하는지 등에 관한 다소 관련 있고 표준적인 기술(description) 체계를 가진다. 우리는 일찍이 우리가 획득한 바로 그 언어를 사용하는 것을, 그리고 공동생활

---

1) 정신과학(精神科學, Geisteswissenschaften)은 역사·문화·사회 등 인간의 정신활동의 사상(事象)을 연구하는 학문으로 경험적 실질과학 중 자연과학에 대비되는 개념이다. 독일에서 주로 19세기 이후에 고대 그리스 이래의 여러 학설과 독일 관념론 또는 정신철학의 전통이 상호 결부됨으로써 학술어로 형성, 사용된 용어이다. W. Wundt의 분류에 따르면, 정신과학은 정신과정의 학, 즉 현상론적 과학, 정신 소산의 학, 즉 조직론적 과학, 그리고 발생론적 과학 등으로 나뉜다. 한편 정신과학의 개념을 명확히 하고 그 방법론적 기초를 확립한 사람은 W. Dilthey였다. 그는 정신과학을 '역사적·사회적 현실을 대상으로 하는 과학' '정신적인 여러 현상의 경험과학'이라고 규정하고, 자연과학이 물리적 현상을 인과적·가설적으로 설명하는 데 반하여 정신과학은 독자의 고유한 방법에 의해 정신적 세계를 인식한다고 했다. 즉 정신과학의 과제는 체험을 기술·분석하고, 정신적 생(生)의 객관태(客觀態)인 '표현'을 보편적으로 이해·해석함으로써 생의 구조연관·의미연관을 개념적으로 파악하는 것이라고 하였다.(역자 발췌 주)

에서 요구된 사람 간의 거래를 수행하는 것을 학습했을 때, 문화에 관한 일상심리학에 대해 배웠다고 할 수 있다.

⑤ 일상심리학의 조직 원리인 내러티브와 의미 만들기

내가 전개해 나가려고 하는 주장의 요점을 제시하고자 한다. 우선 사람들이 사회적 세계와의 교섭, 사회적 세계에 대한 지식, 사회적 세계에서의 경험을 조직하는 시스템으로서의 "일상심리학"에 대해 내가 의미하고자 하는 것이 무엇인지를 설명하고 싶다. 문화심리학에서의 역할을 분명히 하기 위한 역사의 아이디어에 대해 말하고 싶은 것이 있다. 그래서 일상심리학의 중요한 구성요소들의 일부분을 다루고자 한다. 그리고 그것은 결국 어떤 종류의 인지체계가 일상심리학인지를 내가 고려하도록 해줄 것이다. 일상심리학의 조직 원리는 개념적이기보다는 오히려 내러티브적이기 때문에, 나는 내러티브의 성질을 고려할 것이고, 내러티브가 어떻게 확립되고 규범적인 기대 사이에서 만들어지며, 그러한 기대로부터의 일탈의 정신적 관리는 어떻게 이루어지는지를 고려할 것이다. 보강해 보면, 예를 들어 인간의 메모리를 사용함으로써, 우리는 내러티브가 어떻게 경험을 조직하는지에 대해 더욱 자세히 알 수 있을 것이다. 결국은 앞서 말한 것에 비추어 "의미 만들기" 과정을 명백히 하려고 한다.

2. 일상심리학이 등장하기까지의 역사

① 일상심리학의 역사 스케치

신념, 욕망, 의미와 같은 의도적인 상태에 대한 폭넓은 수용 때문에 새로운 인지과학자들의 비웃음 속에 그 말이 만들어졌지만, "일상심리학"이란 표현은 내가 그것을 사용하고자 했던 것에 대해 가장 적절한 표현이었다.[3] 일상심리학은 상황들을 더 넓은 맥락에 두는 것을 도울 것이기 때문에, 간단히 그 지적 역사에 대해 간단히 설명해 보기로 한다.

② 민족식물학이나 민족항법에 대한 연구 사례

오늘날의 관례나 습관은 "미개한 마음"에 대한 흥미의 부활로 시작되었고 특히 고유한 분류 시스템의 구조로 시작되었다. C. O. Frake는 필리핀 남부 Mindanao섬의 Subanun족 사이의 피부병을 분류하기 위한 시스템에 관한 유명한 연구결과를 출판하였다. 그리고 민속식물학, 민속항법, 기타 다른 학자들에 의한 자세한 연구들이 이어져 나왔다. 민속항법 연구는 별자리의 사용, 수면의 표시, 부유하는 식물, 통나무 조각, 그리고 기괴한 예언의 형식을 사용함으로써 마샬군도 사람들이 어떻게 현외장치(outrigger)가 부착된 카누를 타고 Puluwat 산호섬에 왔다 갔다 했는지에 대해 자세히 설명하고 있다. 그것은 Puluwat 항해사가 관찰하고 이해한 것으로서 항행 선박을 자세히 보았다.[4]

③ 사람들 사이의 경험 조직에 대한 연구에 몰두했었던 인류학자들

접두사 ethno-가 이러한 노력에 첨부되기 전에 이미 인류학자들은 문자 사용 이전 사람들 사이에서의 경험의 조직에 흥미가 있었다ㅡ 1930년대에 Meyer Fortes에 의해 연구되었던 Talensee족 사람들은 왜 시간제한 위기정의를 가지지 않았는가. 사건들(things)은 그것이 준비되었 때 일어났다. 그리고 훨씬 이전의 연구들이 있었다. 예를 들어 사춘기 같은 삶의 단계가 사모아 제도의 사람들 사이에서 왜 그토록 다르게 정의되었는가와 같은 질문을 제시한 Margaret Mead처럼 말이다.[5]

④ 문화에 기초한 인류학자들의 연구 사례

대부분은 인류학자들이 객관적, 실증주의 과학의 이상에 (몇몇 눈
에 띄는 예외가 있었지만) 결코 매료되지 않았기 때문에, 그들은 곧 다
음과 같은 질문에 이끌렸다. 그 질문은 서로 다른 문화의 사람들의 의
식과 경험의 형태가 크게 다른가 하는 것이었으며 어떤 의미로는 그것
이 주요한 해석(translation)의 문제를 만들었다. Puluwat 항해사들의
경험을 서구 인류학자들의 언어와 사고로 표현할 수 있는가? 혹은 서
구 인류학자들의 경험을 나일강의 Nuer족의 종교를 연구했던 Edward
Evans-Pritchard의 언어와 사고로 표현할 수 있는가?(Evans-Pritchard
가 그들의 종교적 신념에 관하여 인터뷰를 마쳤을 때, 그들에게 자기
에 관해 질문이 있는지를 정중하게 물었다. 그들 중 한 사람이 Evans
가 손목에 차고서, 그가 중요한 의사결정을 하는 것처럼 보일 때마다
들여다보는 신에 대해 수줍게 물었다. 독실한 가톨릭 신자인 Evans-
Pritchard는 그들이 한 첫 번째 질문만큼 대담자에게 손목시계가 신이
아니라는 점을 설명하는 데 어려워서 놀랐다.[6]

⑤ "민속방법론"으로 접근하는 민족사회학의 등장

얼마 후에 그러한 이슈들을 제시한 인식론에서의 문제들을 염두에
둔, Harold Garfinkel이 이끄는 한 무리의 젊은 사회학자들은 사람들이
매일의 삶 속에서 만들어가는 사회적이고 정치적이며 인간 구별 짓기
에 관한 참조에 의해 사회과학을 창조함으로써, 고전적인 사회학상의
방법을 대신해서—사회 계급, 역할, 기타 등등의 가설(ex hypothesi)을
가정하면서—사회과학이 "민속방법론(ethnomethodology)[2)]"의 규칙

---

2) ethnomethodology는 Garfinkle(1970)에 의해 최초로 사용된 것으로 사회구조에 대
한 일반인의 상식적 이해를 다룬다. 즉 사람들이 사회를 이해하는 방식에 대한 연구
로서 우리가 일상생활에서 당면하게 되는 타인과의 관계를 규정 짓는 기본 원칙에 대

들에 의해 계속 진척될지도 모른다는 급진적인 제안을 내놓았다. 사실상, Garfinkel과 그의 동료들은 민속사회학을 제안하고 있었다. 동시에, 심리학자 Fritz Heider는 인간이 (소위, 심리학자의 심리보다는) 자신만의 심리로 서로서로 반응하기 때문에, 우리의 경험에 의미를 주는 "솔직하고 순진한(naive)" 심리의 본성과 기원을 더욱 잘 연구할지도 모른다고 설득력 있게 주장하기 시작했다. 사실상, Garfinkel의 제안도 Heider의 제안도 그다지 새로운 것은 아니다. Garfinkel은 유명한 경제사회학자 Alfred Schutz를 믿었다. 그의 계통적인 글쓰기는 대륙현상학의 영감을 받아 인간과학의 반실증주의적 개혁으로서 Garfinkel과 Heider의 프로그램의 전조가 되었다.[7]

⑥ 사회적 실재를 구성하는 문화적 제도

Schutz주의자들의 주장(만약 내가 우리가 고려하고 있는 입장을 그렇게 부른다면)에는 강력한 제도적인(institutional) 주장이 있다. 인간 행동에 관한 상식적인 믿음을 나타내기 위해 문화적인 제도들이 구성되었다. B. F. Skinner의 집단 무신론(the village atheism)이 인간 자유와 존엄성에 대해 잘 설명하려고 시도했음에도 불구하고, 불법행위에 대한 법의 실재(reality), 자유롭게 동의하는 계약의 원리, 그리고 감옥의 완강한 견고함, 법원, 사유재산 표지, 기타 등등이 존재한다. 일상심리학의 가장 급진적 비평가인 Stich는 욕망, 의도, 신념과 같은 상식

한 연구방법이다. 민속방법론 혹은 일상생활 방법론은 연구대상의 사회나 사회적 상황을 있는 그대로 관찰하고 기술하는 과정을 통해서 이루어지는 것이다. 사람들이 사회적 현상에 대한 의미를 어떻게 구성하고, 사회적 현상을 어떻게 정의하며, 또 그러한 정의에 따라 어떻게 행동하느냐에 주된 관심이 있다. 즉, 민속방법론에 따르면 인간은 사회적 현상을 단지 수동적으로 받아들이기만 하는 기계적 존재가 아니라 실제의 의미를 상호주관적으로 구성하는 능동적 해석능력을 소유한 존재라는 것이다.(역자 발췌 주).

적인 용어를 설명하기 위해 Skinner를 비판하였다. 그의 주장에 따르면, 그것들은 무시되어야 하며 의도적인 상태 없이 심리학을 확립하려는 웅대한 과제로부터 우리를 전환시켜서도 안 된다.[8] 그러나 인간 행위에 부여된 제도적 의미를 무시하는 것은 차창 옆에 차분하게 서서 시속 90마일로 무모하게 운전했다는 사실을 우리에게 알리며 면허증을 보여줄 것을 요구하는 주 경찰을 무시하는 것만큼 효과적인 것이다. "무모한", "면허증", "(미국) 주 경찰관" ─이런 말들은 사회가 무엇이 실재를 구성하는지에 관한 특별한 견해를 시행하기 위해 구성하는 제도적인 매트릭스(matrix)로부터 나온다. 제도적인 매트릭스로부터 나오는 모든 것은 우리의 개인 행동을 안내하고 통제하는 문화적인 의미이다.

3. 일상심리학의 구성요소 및 내러티브적 재구성과 능동적 자아

① 일상심리학의 구성요소와 내러티브가 구성되는 상황

나는 일상심리학이 문화심리학의 기초가 되어야 한다고 주장한다. 그래서 마음 속에 담아둔 것을 보여주기 위해 "참여 관찰자"로서 우리의 일상심리학의 주요 구성요소들을 표본으로 제시한다. 이것들은 단순히 구성요소(constituent)들이다. 즉, 일상심리학이 구성하는 인간의 곤경(plights)에 대한 내러티브로 들어가는 초보적인 신념이나 가정(premise)이다. 예를 들어 일상심리학의 분명한 전제(premise)는 사람들이 신념과 욕망을 가진다는 것이다: 우리는 세계가 일정한 방식으로 조직되고, 우리는 일정한 것들을 원하고 있고 몇몇의 것들은 다른 것

들보다 중요하다고 믿고 있다. 우리는 사람들이 현재에 대한 신념뿐
아니라 과거와 미래에 관한 신념, 즉 특별한 방식으로 생각해 내는 시
간과 관련한 믿음을 가진다고 믿는다―Fortes의 Talensee족이나 Mead
의 Samoans의 방식이 아닌, 우리의 특별한 방식을 말한다. 우리는 더
욱이 우리의 신념이 어떤 점에서는 일관적이라고 믿고 있고, 사람들이
겉으로 보기에 모순되는 사건들을 믿거나 원하지 말아야 한다고 믿는
다. 비록 일관성의 원리가 약간은 불명확할지라도 말이다. 실제로, 우
리는 사람들의 신념과 욕망이 충분하게 일관적이고 "삶의 방식"이나
"헌신(commitments)"으로 불리는 가치에 대해 잘 조직된 것으로 믿고
있다. 그러한 일관성은 사람을 특성 짓는 "성향(dispositions)"으로 보
인다: 성실한 아내, 헌신적인 아버지, 신의 있는 친구. 개성(person-
hood)은 그 자체로 일상심리학의 구성 개념이다. 그리고 Charles Tay-
lor가 지적하였듯이, 그것은 선택적으로 귀착되는 것이고, 종종 외집
단에서 억제된다.[9]

　일상심리학에서 구성적인 믿음이 위반되었을 때 내러티브가 조직
된다는 점을 주목할 필요가 있다―내가 머지않아 더욱 자세히 언급하
고 싶은 점이다. 나는 여기에서 일상심리학의 규범적인 지위나 신분에
대해 독자들의 주의를 환기시키기 위해 언급한 것이다. 단순히 일들이
어떤지(how things are)가 아니라 (종종 함축적으로) 그 일들이 어떠
해야 하는지(how they should be)에 관해 말해 주고 있다. 일들이 "어
떠해야 하는지(as they should be)대로라면", 일상심리학의 내러티브
는 불필요한 것이다.

② 일상심리학의 내러티브적 재구성

　일상심리학은 우리의 욕망과 신념의 표현을 수정하는 우리들 바깥
의 세상을 받아들인다. 이 세상은 우리의 행위가 위치해 있는 맥락이

고, 세상의 상황은 우리의 욕망과 신념을 위한 이유를 제공할지도 모른다—에베레스트산이 거기 있기 때문에 오른다는 Hillary의 말처럼 말이다. 이것은 수요를 창출하는 공급의 극단적인 예이다. 그러나 우리는 욕망이 우리를 맥락 속에서 의미를 발견하도록 이끌지도 모른다는 것을 역시 알고 있다. 어떤 사람들은 걸어서 사하라사막을 횡단하기를 좋아하고, 어떤 사람들은 작은 보트를 타고 대서양을 건너기를 좋아한다—그것은 특별한 것이지만 설명할 수 있는 것이다. 세상의 지각되고 이해된 상황과 자신의 욕망 사이의 이러한 상호 호혜적인 관계는 서로에게 영향을 미치고, 일상심리학의 내러티브적인 구조를 알려주는 인간 행위에 대해 영리한 각색가를 만들어낸다. 어떤 사람이 정말로 근거 없는 행동을 하고, 세상을 고려하는 데 실패한 방식으로 믿고 바라고 행동하는 것으로 보였을 때, 만약 그가 능동적 자아로서 참담한 상황이나 곤경을 감소하려고 할 때, 내러티브적으로 재구성될 수 없다면, 그는 일상심리학적으로 비정상적인 사람으로 판단된다. 그것은 그러한 재구성을 효과적으로 하기 위해 실제 삶이나 전체 소설에서 철저하고 면밀한 비판적인 시도를 가질지도 모른다(André Gide의 「Lafcadio' s Adventure」에서처럼).[10] 그러나 일상심리학은 그러한 재구성의 여지를 가진다: "진실은 소설보다 더욱 낯설고 미지의 것이다." 일상심리학에서 사람들은 신념의 형태를 가지고 있는 세계 지식을 가진다고 가정한다. 그리고 욕망이나 행위의 프로그램을 수행할 때 그러한 세계 지식을 사용한다고 가정한다.

③ 경험의 영역

경험의 "내부" 세계와 "외부" 세계 사이의 구분은 세 가지 영역을 만들어내는 경험의 자율성이다. 이들 각각의 영역은 서로 다른 해석의 형태를 요구한다.[11] 첫째는 의도적인 상황의 통제하에 있는 영역이다:

능동적 주체자로서의 자아가 맥락과 신념을 가지고 조화된 방식에서 표현되는 세계 지식과 욕망으로 작용하는 영역이다. 사건들의 세 번째 종류(class)는 우리의 자기 조절의 방식이 아닌 "외부로부터" 생산된 것이다. 그것이 "본성(nature)"에 관한 영역이다. 첫 번째 영역에서 우리는 어떤 면에서 사건들의 과정에 대해 "책임질" 수 있지만 세번째 영역에서는 그렇지 않다.

④ 경험의 두 번째 영역

사건들의 두 번째 종류는 첫 번째와 세 번째의 불명확한 혼합을 구성할 때 의문시되는 것이다. 그리고 그것은 개별적인 능동적인 주체 행위와 "본성"에 적절한 인과적인 역할을 할당하기 위해 더욱 정교한 형태의 해석을 요구한다. 만약 일상심리학이 첫 번째 영역과 일상 물리학 (따라오는) 생물학의 세 번째 영역의 해석적인 원리를 구체적으로 나타낸다면, 두 번째는 대개 동시대의 서구문화나 마술의 형태에 의해 혹은 물리학자의 과학주의, 환원주의 심리학, 인공지능에 의해 제어되는 것으로 이해된다. Puluwat의 항해사들 사이에서, 인류학자들이 선물한 나침반(그들이 흥미 있는 것이라고는 했지만 불필요한 것으로 거절했다)의 소개는 그들을 두 번째 영역에서 잠시 살아가도록 만들었다.[12]

⑤ 능동적인 자아의 개념을 포함하는 일상심리학

핵심적으로, 모든 일상심리학은 놀랍게도 능동적인 자아의 복잡한 개념을 포함한다. 드러나는 그러나 별코 부정형(不定型)이 아닌 예가 Michelle Rosaldo와 Renato Rosaldo에 의해 연구된 문자를 모르는 Ilongot 부족에게서 발견된다. 무엇이 복잡성을 만드는지는 개인적인 요구의 문화에 의해 형성되는 것이다. 예를 들어, 완전히 능동적이고 주체적인 Ilongot 남성의 자아성(selfhood)은 "적"의 머리가 적절한 분노의 상태에서 제거되었을 때만 성취될 수 있었다. 그리고 완전한 자아성은 열정과 지식의 정확한 혼합을 포함한다. 마지막 보고서 중 하나에서 그녀는, 그 분야에서의 연구에서 자신의 때 이른 죽음 전에, "자아와 감정의 인류학을 향하여"라는 타이틀이 붙여진 책을 저술하였다. Michelle Rosaldo에 의하면 "자아"나 "감동시키다"와 같은 개념은 사회적 세계의 비교적 독립된 "내부의" 본질로부터가 아니라, 모든 사람들이 불가피하게 연관되는 의미와 이미지, 그리고 사회적 구속력의 세계에서의 경험으로부터 성장한다고 주장한다.[13]

⑥ 가능한 자아

특히 미국인의 자아에 대한 통찰력 있는 논문에서, Hazel Markus와 Paula Nurius는 자아가 아니라 지금의 자아(self)와 함께 가능한 자아(possible self)에 대해 생각해야 한다고 주장한다. "가능한 자아"는 그들이 될지도 모르는 그 무엇, 그들이 되려고 하는 그 무엇, 그들이 되고 싶지 않은 그 무엇에 관한 개인의 생각을 나타낸다. 비록 그렇게 하기 위해 특별히 의도되지는 않았지만, 그들의 분석은 미국인의 자아가 "여러분이 선택한 것을 공개하도록 하는" 것에 기초하여 미국인의 문화 속에 위치한 가치를 반영하는 정도와 범위를 강조한다. 동시에, 성(gender)과 연결된, 근본적으로 미국인의 병리학으로서 다중인격장애의 놀라운 증가에 대한 임상 연구보고서들이 등장하기 시작했다.

Nicholas Humphrey와 Daniel Dennett에 의해 최근 검토된 현상은 그 병리가 치료사로부터 발생했다는 것을 제안하고 있다. 그 임상 치료사들은 자아가 나누어질 수 있다는 견해를 받아들이고, 치료과정에서 그들의 갈등을 억누르고 경감시키는 수단으로서 환자들에게 이러한 자아 모델을 고의가 아니게 제공한 사람들이다. Freud는 "시와 백

일몽의 관계"에서 우리들 각자는 등장인물의 배역을 맡고 있다고 언급하였다. 그러나 Freud는 그 등장인물들을 단일 무대에서 노이로제[3]의 드라마를 상연할 수 있는 연극이나 소설 속에 가두었다.[14]

⑦ 일상심리학에서의 능동적인 자아에 관한 사례

나는 여기에서 다소 확장된 두 가지 사례를 제시했다. 이것은 논리적이거나 단언적인 것보다 오히려 본성에서 내러티브로서 일상심리학의 원리를 조직하는 것이며, 비평적인 관점을 재강조하기 위해 전혀 다른 두 가지 문화 속에서의 일상심리학에서 자아를 고려할 수 있는 방식의 사례이다. 일상심리학은 신념과 욕망에 기초하여 일하고, 목표를 향해 노력하고, 그들이 능가하거나 그들을 능가하는 장애물을 만나는 능동적인 자아(human agents)에 관한 것이다. 그것은 Ilongot족의 젊은이들이 (적의) 머리를 치기 위해 자신 안의 충분한 분노를 발견하고 그 노력에서 어떻게 살아남는가 하는 것이다. 또한 의사소통으로 돌아가려는 노력과 싸움에 관해 자아와 변형된 자아(alter)로 변화함으로써 결국 딜레마를 해결하는 정체성에 대한 모순되고 범죄를 양산해내는 요구를 가진 젊은 미국 여자들에 관한 것이다.

4. 내러티브의 속성과 인간의 모방적 기능

① 내러티브의 중요성

우리는 내러티브에 더욱 직접적으로 집중해야 한다. 즉, 그것이 무

---

3) Neurosis(신경증, 노이로제)는 불안감·강박 관념 등이 인격을 지배하는 기능적 이상을 의미한다.

엇인지, 그것이 담화의 다른 형태들과 경험을 조직하는 다른 양식들과 어떻게 서로 다른지, 내러티브의 어떤 기능들이 제공될 수 있는지, 왜 인간의 상상력에 대해 이해해야 하는지 등이다. 우리가 이러한 문제들을 더욱 자세히 이해할 필요가 있기 때문에, 우리는 일상심리학의 성격과 힘을 이해해야한다. 우선, 내러티브의 속성(properties)에 대해 설명해 보려고 한다.

② 내러티브의 속성 – 계열성

아마도 내러티브의 주요한 특성은 고유의 계열성일 것이다(sequentiality): 내러티브는 사건들(events), 정신적인 상태, 배우나 개인으로서의 인간을 포함하는 우연한 사건들(happenings)의 독특한 계열로 구성된다. 이것들은 내러티브의 구성요소이다. 그러나 이러한 구성요소들은 생기나 그 자체 의미를 가지지는 않는다. 그것들의 의미는 전체로서의 계열의 일반적인 배열이나 형태(configuration)에서의 그것들의 위치(place)에 의해 주어지는 것이다—플롯이나 fabula[4]. 내러티브를 이해하는 행위는 이중적인 것이다: 그 해석은 그가 플롯에 관련되어 있는 구성요소들을 이해하기 위해서 형성되고 배열된 플롯을 파악하는 것이다. 그러나 플롯의 형성과 배열은 그 자체로서 사건들의 계승으로부터 끌어내야만 한다. 영국의 역사가이자 철학자인 W. B. Gallie의 말을 쉽게 바꾸어 표현한 Paul Ricoeur는 그 문제에 대해 간결하게 언급하고 있다.

스토리는 진실이건 상상이건 수많은 인물(character)들의 연속되

---

4) fable(우화)의 원어인 라틴어 fabula는 일반적으로 '만든 이야기' '꾸며낸 이야기' 라는 뜻이므로, fable도 넓게 해석하면 신화부터 동화에 이르기까지 거의 모든 영역을 포함한다. (역자 발췌 주)

는 행동과 경험을 기술한다. 이러한 인물(character)들은 변화하는 ··· 그들이 반응하는 상황에서 표현된다. 이러한 변화들은 사고나 행위 혹은 둘 다를 요구하는 새로운 곤경(predicament)을 발생시키는 상황과 인물들의 숨겨진 양상을 드러낸다. 이러한 곤경에 대한 반응이 그 스토리를 결론으로 이끈다.[15]

나는 이러한 변화들과 곤경(predicament)들, 그 나머지에 대해 나중에 더욱 자세히 논할 것이다. 지금은 이것으로 충분하다.

③ 내러티브의 속성 – 예외적인 관계를 포함

내러티브의 두 번째 특징은 스토리로서의 힘을 잃지 않고 진실이거나 상상의 것일 수 있다는 것이다. 즉, 스토리의 의미와 참조는 서로에게 예외적인 관계를 포함하는 것이다. 언어 외적 실재에 대한 스토리의 무관심(indifference)은 그것이 담화 내부에 존재하는 구조를 가지고 있다는 사실을 강조한다. 다른 말로 하면, 다른 것에서의 문장들의 진실이나 거짓보다, 스토리에서의 문장들의 연속이 전반적인 구성이나 플롯을 결정하는 그 무엇이다. 그것은 그것이 파악되는 것에서 정신 조직의 형태와 스토리의 중요성에 필수적인 독특한 연속성이다. 내러티브의 특징으로서 이러한 "연속의 규칙"을 퇴위시키려는 노력은 다른 목표에 그것의 유일한 진귀함을 희생시키려는 내러티브의 설명을 양산해냈다. Carl Hempel의 유명한 에세이인 "역사에서의 일반적인 법의 기능"은 전형적인 예이다. 공시적인(synchronic)[5] "사회-과

---

5) synchronic은 주로 '언어'에서 공시(共時)적이라는 뜻으로 한 시점의 언어 구조를 그 역사적 배경은 배제한 채 있는 그대로 기술하는 것을 의미한다. (역자 발췌 주)

6) diachronic은 통시(通時)적으로 언어 사실을 역사적으로 연구·기술하는 입장을 의미한다. (역자 발췌 주)

학"의 제안들 속에서 통시적인(diachronic)[6] 역사적 설명을 "연대순으로 배열시키지 않으려는" 시도 때문에 Hempel은 개별성을 잃고, 해석과 설명을 혼동하고, "객관성"의 영역에서 내레이터의 수사적인 목소리를 까닭 없이 추방하는 데만 성공하였다.[16]

④ 관습과 전통에 기초한 내러티브 형식

소설가들의 상상력 있는 스토리와 역사가들의 "경험주의적인" 설명이 내러티브 형식을 공유한다는 사실은, 곰곰히 생각해 보면 다소 깜짝 놀랄 일이다. 그것은 아리스토텔레스 이후 사고가 깊은 학생들에게 역사와 상상력 있는 문학 둘 다를 요구했었다. 왜 사실과 소설(허구)은 비슷한 형태를 가지는가? 전자는 후자를 모방하는가? 그 반대는? 내러티브는 어떻게 이러한 형태를 획득하는가? 물론 한 가지 대답은 "전통"이다. 모든 내러티브가 고대로부터 스토리텔링(storytelling)의 전승에 기초하고 있다는 Albert Lord의 명제처럼, 내러티브의 형태가 전통적인 말하기 방식의 침전작용에 의한 잔존물이라는 것을 부정하기는 어렵다. 관련해 보면, Northrop Frye은 문학이 우리의 전통에 의해 형성된다고 주장했다. 문학의 혁신이 전통의 뿌리로부터 생겨나도록 말이다. Paul Ricoeur는 무수히 많은 연속들이 내러티브를 만들기 위해 서로 묶여 있는 것을 통해서 전통이라는 것이 그가 "내러티브 구조의 불가능한 논리"라고 부르는 것을 제공하는 것으로 이해한다.[17]

⑤ 인간의 준비도(readiness)

그러나 관습과 전통이 내러티브에 구조를 제공하는 데 있어 중요한 역할을 했다고 해도, 나는 모든 철저하고 완전한 전통주의에 어떤 문제가 있다고 생각한다. 우선 Kant의 말에서 "인간 영혼에 숨겨진 예술"로서, 언어 능력의 특징으로서, 세계의 시각적인 투입을 형태(figure)와 밑바탕(ground)으로 변환하는 준비도 같은 심리적인 능력으로서 그러한 보수적이고 정교한 전통을 책임지고 신뢰할 수 있는 내러티브를 위해 인간의 "준비도"를 가정하는 것은 불합리한 것인가? 이것으로 나는 우리가 C. G. Jung이 제안했던 것처럼, 특별하고 전형적인 스토리나 신화를 "저장"한다고 얘기하려는 것은 아니다.[18] 그것은 거짓을 진실로 착각하는 것과 같은 것이다. 게다가 나는 경험을 내러티브의 형태나 플롯구조 등으로 조직하려는 준비도나 경향을 의미하는 것이다. 나는 다음 장에서 그러한 가설을 위한 몇 가지 증거를 제시할 것이다. 그러한 견해는 저항할 수 없는 것처럼 보인다. 그리고 내러티브의 이슈를 언급한 다른 학자들도 이러한 입장을 따라오려고 하였다.

⑥ 모방의 개념

그러한 "준비도"를 발견하려는 대부분의 노력은 아리스토텔레스의 모방(mimesis) 개념으로부터 나온 것이다. 아리스토텔레스는 「시론(Poetics)」에서 드라마가 "삶"을 모방하는 방식을 기술하기 위해 이 아이디어를 사용하였다. 이는 어쨌든 내러티브란 삶의 사건들이 일어나는 순서대로 보고하도록 구성되어 있고, 따라서 내러티브의 순서는 삶에서 일어나는 사건의 순서에 의해 결정된다는 것을 의미한다. 그러나 시론을 더욱 자세히 읽어보면 그가 다른 것을 또한 의미하고 있다는 것을 알 수 있다. 모방은 발생한 그 무엇에 대해 정교함과 개선, 즉 "행위 속의 삶(life in action)"을 파악하는 것이다. 가장 깊이 있고 끈기 있게 내러티브를 연구한 현대 학자인 Paul Ricoeur조차도 그 아이디어를 이해하는 데 어려웠다. Ricoeur는 "역사 속에 존재하는 것"과 "그것에 관해 이야기하는 것" 사이의 관계에 대해 지적하기를 좋아했다. 그 두 가지가 "상호간의 소속"을 가진다는 것을 언급하면서 말이다. "내러티브적인 담화가 속해 있는 삶의 형태는 역사적인 조건 그 자체이다." 그러나 그는 자신의 말을 유지하는 데 또한 어려움을 겪었다. 그가 우리에게 말하기를, "모방은 실재에 대한 일종의 은유다." 그것은 실재를 복사하기 위해서가 아니라 실재에 새로운 읽기를 제공하기 위해서 실재를 언급하는 것이다." 그가 주장하기를, 은유적인 관계에 의해, 내러티브는 "보통의 언어와 관련된 주장에 매달리기"로 시작할 수 있다는 것이다. 즉, 언어 외의 실재의 세계에 "적합하게 하기 위한" 의무감 없이 말이다.[19]

⑦ 모방적 기능과 관련된 해석항의 의미

만약 모방적 기능이 "행위 속에서의 삶"에 대해 해석적이라면, 그것은 C. S. Peirce[7]가 오래전에 "interpretant(해석항)[8]"이라고 불렀던 매우 복잡한 형태가 된다. 해석항은 기호와 "세계" 사이를 중재하고 조정하기 위한 상징적인 스키마(schema)인데 단어나 문장보다 담화 그 자체의 영역에서 더 높은 수준에 존재한다.[20] 우리는 여전히 그러한 복잡한 상징적 해석항을 창조해 내는 능력이 어디로부터 오는지 고려

---

7) Peirce는 기호의 삼원론적인 분석을 한 언어학자이다.

  (1) 일차성
- 다른 어떤 것과 상관없이 있는 바대로 존재하는 방식
- 그것 자체로서, 순수한 것에 속하지만, 반드시 실현되는 것은 아닌, 그것 자체의 특성을 지님.

  (2) 이차성
- 제 삼자와 관계없이 두 번째 항목과 관련하여 있는 바대로 존재하는 방식
- 이것은 존재, 현상, 개별성에 대한 범주이다.
- 이것은 일차성을 내포하고, 그것을 노력, 대항, 대립 안에서 현실화시키는데, 왜냐하면 존재란 것은 다른 것과의 대립 안에서만 존재하는 양태이기 때문이다.

  (3) 삼차성
- 두 번째 항과 세 번째 항을 관련지으면서 있는 바대로 존재하는 방식
- 삼차성은 그것이 관계를 맺는 첫 번째와 두 번째를 내포한다.
- 이것은 전형적인 매개 이론이다.

해야 한다. 만약 그것이 삶을 복사하는 단순한 기술이 아니라면 말이다. 그리고 그것은 우리가 다음 장에서 관심을 가져야 할 문제이다. 우리가 관여해야 할 다른 문제들을 알아보자.

5. 맥락의 적절성에 맞게 행위하는 인간의 속성

① 규범성과 예외성을 동시에 다루는 내러티브

앞에서 이미 논의된 것처럼, 내러티브의 다른 중요한 특징은 내러티브가 예외적인 것과 일상적인 것 사이를 연결하는 데 있어 전문화되어 있다는 것이다. 이제 이 문제에 대해 논의해 보자. 나는 표면적인 딜레마로 시작할 것이다. 일상심리학은 규범성에서 투자되고 노력을 들인다. 그것은 인간 조건에서 기대될 수 있거나 일반적인 것에 초점을 맞춘다. 그것은 적법성이나 권위를 부여한다.[21] 그러나 이것은 예외적이고 유별난 것을 이해할 수 있는 형태로 바꾸기 위한 의도된 강력한 수단들을 가진다. 내가 1장에서 주장한 것처럼, 문화의 실행가능성

기호의 삼원론적 개념: 표상체, 대상, 해석항

표상체는 삼원론적 관계의 주체이고, 그것의 토대이다. 그것은 몇몇 사물들을 표상한다. 그것이 한 단어에 관련된다면, 그것은 단어에 대한 유성의 혹은 시각적 이미지이고, 소쉬르의 기호의 음성적 이미지와 혼동되어서는 안 된다. 그것은 정신적 이미지이다.

대상은 기호가 표상하는 것이다. 이것은 지각할 수 있는 대상 혹은 단지 상상할 수 있거나 혹은 심지어 상상할 수 없는 존재일 수 있다.

해석항은 표상체와 대상 사이의 매개이다. 기호를 구성하고, 그것 자체가 하나의 기호이며, 해석항과 기호를 해석하는 사람인 해석자를 혼동해서는 안 된다. 사실상 해석자는 해석항의 조작자에 불과하다.

8) interpretant(해석항(項))은 어떤 기호의 의미에 대한 해석이 되는 다른 기호를 의미한다.

은 갈등을 해결하고, 차이점을 설명하며 공동의 의미를 재교섭하기 위
한 능력을 본래 타고난 것이다.

사회인류학자나 문화 비평가들에 의해 문화의 수행에 필수적인 것
으로 논의되었던 "교섭된 의미"는 규범성과 예외성을 동시에 다루기
위한 내러티브의 장치에 의해 가능해진다. 문화가 일련의 규준들을 포
함해야만 하는 반면에, 문화는 역시 확립된 신념의 패턴들에서 의미
있는 규준들로부터 이탈(departure)을 제공하기 위한 일련의 해석적인
절차들을 포함해야만 한다. 일상심리학이 이러한 의미를 획득하기 위
해 의존하고 있는 것은 내러티브와 내러티브의 해석이다. 스토리들은
이해할 수 있는 형태에서 일상적인 것으로부터 유래와 기원을 설명함
으로써 그것들의 의미를 획득한다—이전의 섹션에서 토의했던 "불가
능한 논리"를 제공함으로써 스토리는 의미를 획득한다. 이 문제에 대
해 더욱 자세히 조사해 보자.

② 상황에 따라 행동하도록 기대되는 사람들

사람들이 주위에서 일어나는 행동에 대해 당연하게 여기는 "일상
적인" 것으로 시작해 보자. 모든 문화에서, 예를 들어, 우리는 사람들
이 처해진 상황에서 적절한 방식으로 행동하는 것을 당연하게 생각한
다. 더욱이, Roger Barker는 겉으로는 진부해 보이는 사회적 규범의 힘
을 증명하고자 통찰력 있는 연구를 위해 20년이나 전념하였다.[22] 사람
들은 그들의 "역할"이 무엇이든지 간에, 그들이 내향적이든 외향적이
든지 간에, 그들의 MMPI[9)에서의 점수가 얼마이든지 간에, 그들의 정
책이 무엇이든지 간에, 상황에 따라 행동할 것을 기대한다. Barker가
언급했듯이, 사람들이 우체국에 들어갈 때 그들은 "우체국"에 적합한

---

9) MMPI는 Minnesota Multiphasic Personality Inventory의 약자이다.

행동을 한다.

③ 상황적 역할과 대화 속의 함의

"상황적 역할"은 행위뿐만 아니라 말할 때에도 포함된다. Paul Grice의 협조의 원리(Cooperative Principle)[10]는 그 아이디어를 잘 포착한다. Grice는 대화를 어떻게 주고받는지 그리고 어떻게 주고받아야 하는지에 관해 4가지 규칙[11], 즉 질의 규칙, 양의 규칙, 관련성의 규칙, 방식의 규칙을 제안하였다: 우리는 간략하고, 명료하며, 적절하고, 진실되게 서로에게 응답해야 한다. 이러한 원리로부터의 출발은, 보통의 습관으로부터 출발하려는 성질을 타고난 의미를 위해, 예외적인 "의미"를 위해, 조사를 시작하려는 계기나 동기가 되는 것으로, Grice가

---

10) 정상적인 인간은 대화를 할 때 이성적인 사고에 기초하여 상대방과 협조하는 방식으로 언어를 효과적이고 효율적으로 사용하여 대화의 방향을 이끌어 목적을 이루려고 한다. 이러한 협조적인 언어 사용의 과정에서 여러 가지 규칙을 따르게 된다. 이러한 원리를 Grice는 협조의 원리라고 하였다.

11) 4가지 규칙
  ① 질의 규칙
    - 거짓이라고 생각하는 것을 말하지 않는다.
    - 적절한 증거가 없는 것을 말하지 않는다.
  ② 양의 규칙
    - 대화의 목적에 필요한 양만큼의 정보를 전달한다.
    - 필요 이상의 정보를 전달하지 않는다.
  ③ 관련성의 규칙
    - 대화와 관련 있는 말을 한다.
  ④ 방식의 규칙
    - 불분명함을 피한다. 모호함을 피한다. 간단하게 말한다. 정돈된 말을 한다.

하지만 실제 대화를 관찰해 보면 항상 이러한 협조의 원칙이 지켜지지 않는다는 것을 알게 된다. 어느 누구도 이런 규칙들을 지켜가면서 이야기하지 않는다. 그러나 이러한 이견은 Grice 이론의 표면적인 해석에 불과하다. 그의 이론의 초점은 규칙

"대화상의 함축적 의미 혹은 대화함축" 이라고 불렀던 것을 생산해 냄으로써 과잉의 의미를 만들어 낸다.[23]

④ 맥락의 적절성에 따라 말하고 행위하는 사람들

사람들이 Barker의 어떤 상황 속에 처해 있음(situatedness)의 원리나 Grice의 교섭적 대화(conversational exchange)의 격언에 따라 행동할 때, 우리는 "왜"라고 묻지 않는다: 그러한 행동은 자세한 설명이 필요 없이 당연하게 받아들여진다. 왜냐하면 그것은 일상적인 것이기 때문에, 규범적인 것으로, 자아-설명적인 것으로 경험된다. 우리는 만약 여러분들이 누군가에게 Macy's 백화점이 어디에 있느냐고 묻는다면, 그들이 당신에게 적절하고, 정확하며, 명료하고 간결하게 방향을 가르쳐 줄 것이라는 사실은 당연한 것이다; 그러한 반응은 더 이상의 설명을 필요로 하지 않는다. 우체국에서는 "우체국"에 적합한 방식으로 대답하기, 방향을 묻는 데 대해서는 간결하고, 명료하며, 적절하게, 그리고 진지하게 대답하기. 이러한 것에 대해 만약 당신이 왜 사람들이 이러한 방식으로 행동하고 있는지를 질문한다면 사람들은 그것을 몹시 이상하게 생각할 것이다. 이미 자아-설명적인 것으로 설명하도록 강요받음으로써, 대담자들은 수량적이거나(모든 사람들이 그렇게 하듯이) 혹은 의무적인 양식으로(그것이 바로 여러분이 하려고 의도했었던 바로 그것이다) 대답할 것이다. 그들이 말하는 주력(brunt)은 질문

을 지키는 데 있는 것이 아니라 규칙을 어기는 데 있다. 자세히 설명하면 이성적인 대화는 위의 협조의 원칙과 그에 대한 4가지 규칙을 따른다는 전제 아래 말하는 사람이 표면적으로 그 원칙과 규칙을 어겼을 때 듣는 사람은 그의 말이 좀 더 깊은 수준에서 그 원칙을 따른다고 생각하는 것이다.

이와 같이 대화상의 함축적 의미는 표면적으로 협조의 원칙이 지켜지지 않았을 때 빈 공간을 채우는 추론(inference)이라고 볼 수 있다. 이것은 논리적인 함축적 의미(entailment, logical implication, logical consequence)와 구별된다.

속의 행위를 위한 위치로서 맥락의 적절성을 나타내려는 것이다.

　대조적으로, 우리가 일상적인 것의 예외에 직면했을 때, 그리고 무슨 일이 일어나고 있는지 누군가에게 질문했을 때, 질문을 받은 그 사람은 항상 이유(reason)를 들면서 말할 것이다(혹은 의도적인 진술의 다른 구체화된 어떤 것으로). 더욱이, 우리가 직면하게 되는 예외들 속에서 그 이야기는 뜻이 만들어지거나 "의미"가 구성되는 가능한 세상을 변함없이 설명할 것이다. 만약 누군가가 우체국에 들어가서 성조기를 펼쳐 흔들기 시작한다면, 당신의 당황스러운 물음에 대한 대답으로, 당신의 일상심리학 대담자는 오늘은 아마도 그가 잊고 있던 국가기념일이거나, 지역 재향군인지부가 기금모금행사를 한다거나 단순히 그 깃발을 가진 사람이 오늘 아침의 타블로이드 신문의 어떤 기사를 읽고 감명을 받은 민족주의자의 한 명일 것이라고 말할 것이다.

　그러한 모든 이야기는 지도자의 의도적인 상태(신념이나 희망)와 문화에서의 규범적인 요소(국경일, 기금모금행사, 극단적인 민족주의자) 둘 다에 관련된 방법으로 예외적인 행동에 의미를 주기 위해서 의도된 듯하다. 의도적인 상태를 발견하기 위한 그 이야기의 기능은 규범적인 문화적 패턴으로부터 일탈을 완화하거나 최소한 이해 가능하게 만드는 것이다. 이러한 업적은 이야기에 있을 법함을 주는 것이다. 또한 그것은 평화를 유지하는 기능을 주는데, 그 문제는 다음 장에서 다룰 것이다.

6. 내러티브의 특성

　내러티브의 세 가지 특성—내러티브의 순차성, 사실적인 "중립성(indifference)", 그리고 규범적인 것으로부터 벗어나 있는 것들을 다루

는 유일한 방법—을 고려해 본 후, 우리는 내러티브의 드라마틱한 특성
으로 화제를 돌려야 한다. "극화주의(dramatism)"에 대한 Kenneth
Burke의 고전적 논의는, 소위 반세기 전에 그가 명명했던 것처럼, 아직
도 출발점으로서 이바지하고 있다.[24] Burke가 제안한 잘 짜여진 이야
기는 행위자(배우), 행위(연기), 목적, 장면, 도구 이렇게 다섯 가지에
트러블(trouble)을 추가하여 구성된다. 트러블은 그 다섯 개의 요소 사
이에서의 불균형으로 이루어져 있다: 기사도적인 결말을 추구하는
Don Quixote의 익살스러운 책략에서처럼 어떤 특정한 장면에서 목적
에 대한 행위(연기)의 부적절; Jerusalem에서의 Portnoy나 혹은 「A
Doll's House」에 나오는 Nora처럼 장면에 맞지 않는 배우; 혹은 스파
이 스릴러처럼 두 개의 장면이 있거나 혹은 Emma Bovary처럼 목적의
혼동이 있다.

  Burke의 의미에서 극화주의는 도덕적인 결과—적법성, 도덕적인
약속, 가치들과 관련된 일탈(derivation)—를 가지는 규범들로부터의
일탈(derivation)에 초점을 두고 있다. 스토리는 무엇이 도덕적으로 가
치 있고, 도덕적으로 불분명한지와 관련시키는 것이 필요하다. 트러블
에 관한 바로 이러한 견해는 연기가 목적에 적합하게 맞아야 하고, 장
면은 도구들과 어울려야 하며, 그리고 기타 등등을 전제로 하고 있다.
스토리가 완결되기 위해서는 Hayden White가 지적한 것처럼, 합법성
의 한계에서 탐구되어야 한다.[25] 트러블이 균형을 되찾지 못했다는 것
이 도덕적으로 명백해질 때 스토리는 "삶과 유사한 것처럼(lifelike)"
나타난다. 그리고 불균형이 포스트모던 소설에서 이루어지는 것처럼
모호하게 지속된다면, 그것은 내레이터들이 스토리가 가지고 있는 도
덕적인 태도를 통해서 전통적인 의미를 뒤엎고자 하기 때문이다. 하나
의 스토리를 말한다는 것은 비록 그것이 다른 도덕적인 입장과 반대되
는 도덕적인 입장이라도 불가피하게 도덕적 입장을 취한다.

　　정형화된 내러티브의 또 다른 특징은 소위 "이원적인 풍경(dual landscape)"이라고 불리는 것이다.[26] 말하자면 그것은 추정되는 "실제 세상"에서의 사건과 행위들이 주인공의 의식속의 정신적 사건과 동시에 일어난다. Burke의 다섯 가지 요소에서 트러블과 같이, 두 가지 사이에서 조화되지 않는 결합은 Pyramis와 Thisbe[12], 로미오와 줄리엣, Oedipus[13]와 그의 아내이자 어머니인 Jocasta처럼 내러티브에 강력한 동기를 부여하게 된다. 스토리는 어떻게 주인공이 그것을 이해하는가, 그것이 그들에게 어떤 의미를 주는가와 관련된다. 이것은 문화적인 관습과 개인의 의도적인 상태의 관점으로 설명될 수 있는 일탈 모두를 포함하는 스토리의 상황으로 만들어진다. 이것은 스토리에 도덕적인 입장뿐만 아니라 인식적인 입장을 제공한다.

　　Erich Kahler의 말에서 사용한 모더니스트 문학의 내러티브는 "실제로 있었던" 세상에 관한 것과 주인공이 만들어낸 세상 둘 다를 알고 있는 박식한 내레이터를 몰아냄으로써 "내부로 돌려" 놓았다.[27] 내레이터를 제거함으로써, 모던적인 소설은 상이한 관점으로 "바깥" 세상을 알고자 하는 두 사람 고유의 갈등에 대한 현대적인 민감성을 더욱 예민하게 했다. 두 가지 "배경" 사이의 관련성에서 상이한 역사적인 문화의 범위를 설명하는 것은 충분히 가치 있다. 「Mimesis」에서 서구 문학의 리얼리티 표현의 역사를 구명한 Erich Auerbach는 「Odyssey」의 어떤 실재(realities)를 내레이터적으로 시작하여 「To the Light House」에서 Virginia Woolf[14]의 약화된 현상학으로 끝을 맺는다.[28]

---

12) Pyramis와 서로 사랑한 여자; Thisbe가 사자에게 잡혀 먹힌 것으로 알고 자살한 Pyramis의 뒤를 따라 자살함.

13) Sphinx의 수수께끼를 풀고, 숙명 때문에 아버지를 죽이고 어머니를 아내로 삼은 Thebes의 왕

14) 영국 작가. 소설 형식에 독창적인 공헌을 했으며, 당대의 가장 뛰어난 비평가 가운

이것은 Flaubert와 Conrad부터 현재까지의 일시적 사고 그 이상의 가
치가 있다. 즉 문학 내러티브를 도출하는 트러블은 더욱 인식론적이
고, 대안적 의미를 도출하며, 행위의 배경에서 안정된 실재를 포함하
는 것을 회피한다. 그리고 이것은 마찬가지로 세속적인(mundane) 내
러티브에서도 사실이다. 이것을 돌이켜보면, 삶은 현재까지 예술을 모
방해 왔음이 틀림없다. 왜 내러티브가 일상심리학을 위한 자연스러운
도구가 되는지가 명확해진다. 그것은 (우리가 다음 장에서 다루게 되
듯이, 아동의 최초 대화로부터) 인간 행위의 특성과 인간의 의도성을
다루고 있다. 그것은 문화의 규범적인 세상과 신념, 욕구, 그리고 희망
의 보다 특징적인 세상 사이를 중재한다. 그것은 예외적인 것을 이해
가능하게 만들고 초자연적인 것이 다가오지 못하게 해준다. 초자연적
인 것이 하나의 수사(trope)로서 요구되는 경우를 제외하고는 말이다.
그것은 설교적이지 않으면서 사회적인 규준을 되풀이하고 있다. 그리
고 현재 분명한 것은 내러티브가 서로 대립하지 않고 수사법의 기저를
제공해 준다. 그것은 심지어 기억을 가르치고 보존하며, 과거를 변화시
킬 수 있다.

데 한 사람이었다. 그녀는 경험의 끊임없는 흐름, 명확하게 표현하기 힘든 인물성
격, 의식을 자극하는 외부환경을 강조하고자 했다. 또한 시간을 본질적으로 다른 순
간순간의 연속인 동시에 수년, 수세기의 흐름으로 경험하는 방식에 흥미를 갖고 있
었다. 제이콥의 방(Jacob's Room, 1922) 이후 계속 자신의 경험 속에서 현재의 시간
과 지나가고 있는 시간의 느낌, 역사적 시간에 대한 등장인물의 자각의 느낌을 전하
려고 시도했다. 댈러웨이 부인(Mrs. Dalloway, 1925), 등대로(To the Lighthouse,
1927)에서는 한층 더 완숙한 기교를 보여주었다. (역자 발췌 주)

7. 스토리에서 가정법

나는 지금까지 구조적인 유사점이나 "소설적인" 그리고 "경험적인" 내러티브 간의 유사점에 관해서는 언급하지 않고, 지시에 대한 내러티브의 무관심을 고려하는 문제를 앞서 제기했다. 두 가지 대조를 이루는 데 있어 일상 언어의 특수화가 주어진다면 왜 그것들 중에서 어떤 것도 진실된 스토리와 상상의 스토리 사이에 단번의 날카로운 문법적 혹은 어휘적 특징을 부과하지 않았는가? 마치 그 특징을 조롱하는 것처럼, 소설은 상상력이 만들어 낸 있을 법함을 획득하기 위해 "현실(real)의 수사학"으로 자신을 단장한다. 그리고 우리는 허구적인 형식이 어떠한 "실제 삶(real lives)"이 조직되는지에 비추어 종종 구조적인 방향을 제공한다는 점을 특히 자서전적인 형식에 대한 연구를 통해 잘 알고 있다. 실제로, 대부분의 서구 언어들은 단어들을 사전(lexicon) 안에 간직하는데 이 사전은 Dichtung와 Wahrheit 사이의 특징을 그릇되게 타락시키는 듯하다: 이탈리아어로 storia, 프랑스어로 histoire, 영어로 story. 만약 진실과 가능성이 내러티브에서 빠져나갈 수 없다면, 이것은 마치 세상이 무엇인지 상상이 무엇인지에 관해서 청자를 곤혹스럽게 만들면서 일상심리학의 내러티브를 이상한 관점(light)으로 바꾸어 놓을 것이다. 그리고 실제로 특정한 내러티브 설명이 "훌륭한 스토리"인가 혹은 그것은 "실제 일"인가?—이러한 사례는 빈번하다. 나는 그것이 일상심리학에 관해서 어떤 중요한 점을 나타낸다고 생각하고 있기 때문에, 이러한 호기심이 흐려지지 않기를 바란다.

우리가 앞서 논의한 모방(mimesis)으로 돌아가 보자. "스토리"(사실적인 것이든 상상적인 것이든)는 일어난 일들의 재구조화를 초래한다는 Ricoeur의 요구를 회상해 보라. Wolfgang Iser는 허구의 특징이 가능성의 보다 넓은 "범위"에 사건들을 둔다는 것을 그가 언급했을 때

동일한 논지를 입증하였다.[29] 「Actual minds, Possible Worlds」에서,
나는 잘 만들어진 내러티브 언어가 "가정법 변형(subjunctivizing
transformations)"의 이용(employment)에서 능숙한 설명의 언어와 어
떻게 다른지를 보여주고자 노력했다. 주관적 상태, 빈약한 환경, 대안
적인 가능성을 돋보이게 하는 것은 사전적이고 문법적인 이용이다.
James Joyce에 의한 짧은 스토리는 읽어온 것에 대해서 독자가 이야
기하는 것에 있어서 그것들에 대해 독자의 편입뿐만 아니라 Penitente
의 형제에 대한 설명을 위해 이러한 "가정법화(subjunctifiers)"를 이용
하는 Martha Weigel에 의한 모범적 민족지적인 설명과 첨예하게 대립
된다. 그 "스토리"는 그것이 쓰여진 것보다도 훨씬 더 가정법화된 메모
리로 끝난다; 그 "설명(exposition)"은 텍스트에 주어진 것보다 많이 가
정법화되어서 끝난다. 훌륭한 스토리를 만들기 위해서는 스토리를 다
소 불확실하게 해야 하고, 다양한 독서에 개방적이어야 하며, 마음의
내부에 있는 의도적인 진술에 있어 오히려 예측불허여야 할 것 같다.

그렇게 요구되는 불확실성이나 가정법(subjunctivity)을 성취하는
데 성공한 스토리—러시아의 형식주의자 비평가들이 문학성(literari-
ness), 즉 훌륭한 문학성이나 문학자(literaturnost)로 간주되는 것을 성
취한 스토리—는 그것의 영향력하에 있는 사람들을 위해 다소 특별한
기능들을 제공해야 한다. 불행히도, 우리는 이러한 문제에 대해 매우
거의 알지 못하지만 나는 그것에 관해 순수하게 특별한 가정을 제공하
고자 한다. 회의적인 독자라도 나와 함께 견뎌낼 수 있을 것이다.

첫째, "가정법적"인 스토리는 더 쉽게 시작하고 더 쉽게 확인된다.
말하자면 그러한 이야기는 심리학적인 크기에 따라 시도될 수 있고,
스토리가 적절한 것이라면 채택될 것이며, 확정된 진술(commitment)
과 경쟁하거나 본질(identity)을 꼬집어 낸다면 거절될 수도 있을 것이
다. 내가 보기에 아이들의 "사고의 전능함(omnipotence)"은 그들이

어떠한 곤경에 처해 있더라도 그 어떤 가능한 사람이 되기 위하여 무대 전경을 통하여 도약하려는 성인기 동안에 충분히 원기왕성하게 될 것이 아닌가 하고 생각한다. 한마디로, 스토리는 대리 경험이고, 우리가 시작할 내러티브의 보고는 애매모호하게 "실제 경험의 보고(reports)"나 문화적으로 형성된 상상력을 제공하는 것을 포함한다.

두 번째 가정은 Yeats의 구절 "댄스로부터의 댄서"를 사용하기 위해 구별 짓는 학습과 관련이 있다. 스토리는 누군가의 이야기이다. 내레이터를 "전지전능한 나"로 양식화하려 했던 과거의 문학적 노력에도 불구하고, 스토리는 불가피하게 내레이터적인 목소리를 가진다: 사건은 일련의 개인적인 프리즘을 통해서 보여진다. 그리고 스토리가 종종 그렇듯이(우리가 다음 장에서 다루게 될 것이다), 스토리는 정당화나 "변명"의 형식을 가질 때, 그들의 수사학적인 목소리는 명확하다(plain). 스토리들은 "있는 그대로(as they are)" 그것들이 묘사되는 객관적으로 형식화된 설명(exposition)의 "갑작스러운 죽음" 특성을 가지지는 않는다. 우리가 교섭된 의미의 영역으로 어떤 것에 대한 설명을 유도할 때, 우리는 그것이 "훌륭한 스토리"라는 것을 아이러니컬하게 이야기한다. 그때 스토리는 사회적인 교섭을 위해 특별히 마련된 실용적인 도구이다. 그리고 그러한 입장이 "진실된" 스토리로서 엄습되었을 때, 실제와 상상 사이의 중간영역에 영원히 놓이게 된다. 역사학자의 영속적인 수정주의, "다큐드라마"의 출현, "실화소설(faction: fact+fiction)"의 문학적인 발명, 아이들의 행동을 새롭게 이해하고자 하는 부모들의 베개 토크, 이러한 모든 것들은 이야기의 인식론의 공허함을 증언한다. 실제로, 형식으로서의 스토리는 인류가 수락한 실재의 버전을 통하여 "메타로 가기(go meta)"가 된다는 것을 영속적으로 보장하고 있다. 왜 구술자들(dictators)이 문화의 소설가(novelists)에 대한 그러한 엄격한(draconian) 측정을 가지지 말아야 하는가?

그리고 마지막은 추측(speculation)이다. "과학적" 설명에서 대안적인 전제보다 스토리의 대안적인 관점으로 받아들이는 것이 더 쉽다는 것이다. 나는 비록 어렴풋이 알아채긴 하지만, 왜 이렇게 되어야 하는지 어떤 깊이 있는 심리학적인 관점에서 알지 못한다. 불가피하게 "인간"의 측면에서 만들어진 관점을 우리 자신에 관한 계열적인 스토리 말하기에서 우리는 우리 자신의 경험과 구별할 수 있다. 그리고 우리는 "유일한 인간"으로서 다른 관점을 수용할 준비가 되어 있다. 일찍이 언급한 Carl Hempel[15]이 이끌어낸 계몽운동 정신은, 역사가 시험 가능한 제안적인 형식으로 "축소되어야" 한다고 제안하기 위해서, 역사의 교섭적인 관점과 해석적인 관점을 상실하였다.

8. 일상심리학의 역할

나는 광범위하게 소위 "경험의 조직"으로 불리는 내러티브화된 일상심리학의 역할에 대해 논의하고자 한다. 특히 두 가지 문제는 나에게 흥미를 불러일으킨다. 그것들 중 하나는, 전통적으로, 보통 구조화(framing)나 도식화로 불리는 것이고, 다른 하나는 감정조절(affect regulation)이다. 구조화는 세상을 "구성하는" 도구를 제공하고, 그것의 흐름을 특징짓는 도구를 제공하며, 세상속의 사건들을 분리하는 도구를 제공한다. 만약 우리가 그러한 구조화를 할 수 없다면 우리는 혼

---

15) 원래 베를린 논리실증주의 학파의 구성원이었다. 베를린 학파는 논리학과 수학의 진술이 본래 물리세계를 기술하는 것이 아니라 언어의 기본 구조만을 드러내준다고 보았다. 독일에서 나치의 권력이 커짐에 따라 미국으로 이민하여 1948~55년 예일대학교에서 가르쳤으며, 1955년 이후에는 프린스턴대학교에서 가르쳤다. 이론과학의 성격을 탐구하는 한편 사회학 개념들을 정밀하게 다듬었다. (역자 발췌 주)

돈의 경험의 암흑기에 빠지게 되고 아마도 어떤 일이 있어도 종 (species)으로 살아남지 못할 것이다.

경험을 구조화하는 전형적인 형태(그리고 경험에 대한 우리의 기 억)는 내러티브 형태로 되어 있고, Jean Mandler는 내러티브적으로 구 조화되지 않은 것은 기억의 손실을 겪는다는 것을 보여준 증거 모두를 그려내는 수고를 우리에게 주었다.[30] 구조화는 경험을 기억으로 만들 어 주고, Bartlett의 고전적인 연구로부터 우리가 알고 있듯이, 그것은 사회적인 세상에 대한 우리의 규범적인 설명을 따르도록 체계적으로 변경되거나 혹은 만약 그렇게 변경될 수 없다면 예외적으로 잊혀지거 나 강조된다.

이것은 모두 친숙한 이야기이지만, 말하자면, 단순히 각 개인의 뇌 에서 흔적과 개요를 정하는 문제로서, 완전히 개별적인 현상인 것처럼 보이도록 하는 것에 의해서 하찮게 되어 버린다. 지금은 지난 일이지 만 Bartlett는 최근까지 스스로 보다 개인주의자적인 심리학적 관점을 지지하여 "문화적"인 관점을 유기했다는 비난을 받아 왔다. 1923년의 덜 알려진 기사로부터 1932년의 유명한 책에 이르는 입장의 변화는 John Shotter가 쓴 에세이에서 논의된다. Shotter는 구조화가 사회적이 라고 강하게 주장하였고, 단지 개인적인 저장을 보장하는 것이기보다 는 오히려 문화 내에서 기억을 공유하기 위해서 설계되어야 한다고 하 였다.[31] 그는 경외할 만한 사회비평가이자 인류학자인 Mary Douglas 의 말을 다음과 같이 인용한다: "기억에 관한 위대한 책의 저자는 첫 번째 신념을 잊어버리고, 캠브리지 대학 심리학의 제도적인 구조로 흡 수되고, 실험적인 연구소의 환경에 의해서 제약을 받는다."[32]

그러나 Bartlett는 분명히 그가 탐구하기 시작한 "문화적인" 부분을 잊어버리지 않았다. 그는 유명한 책의 마지막 부분에서 "기억의 사회 적인 심리학"을 다루면서 다음과 같이 말하였다.

모든 사회적인 집단은 외부 환경을 다루는 데 있어 그 집단에 편견 (bias)을 주는 특정한 심리학적 경향이나 여러 가지 경향들에 의해 조직되고 결합된다. 그러한 편견은 집단의 문화를 특별하게 지속 하는 특징을 구성한다. … [그리고 이것은] 즉시 개인이 환경에서 관찰하려고 하는 것과 그가 이러한 직접적인 반응을 가지고 과거 삶으로부터 관련시키고자 하는 것을 결정한다. 그것은 뚜렷하게 다음 두 가지 방식으로 그렇게 한다. 첫 번째는 흥미, 흥분 그리고 구체적인 이미지의 발전을 뒷받침하는 감정을 조절하는 것을 제공 하고, 구조적인 기억을 위한 도식의 기초로서 작용하는 제도와 관 습의 영속적인 구조를 제공한다.[33]

그가 언급한 제도의 "도식화"의 힘에 관해 내가 앞서 만든 관점을 재진술하고자 한다. 사회적인 세상의 경험과 기억은 일상심리학의 깊 이 내재되고 내러티브화된 개념에 의해서뿐만 아니라 문화가 만들어 낸 역사적으로 뿌리를 둔 제도에 의해 강력하게 구조화된다. Scott Fitzgerald가 부자들은 단지 그들이 돈이 있어서 다른 것은 아니다라고 말했을 때 그가 옳았다. 즉 부자들은 다르게 보이고 실제로 그에 알맞 게 행동하게 된다. 비록 "과학"이 이러한 지각과 그들의 기억의 변형 을 강화하더라도, 우리는 어떻게 성의 고정관념이 그것을 측정하는 연 구도구의 선별적인 선택에 의해 체계적으로 강조되거나 과장되는지를 증명하여 보여주는 Cynthia Fuchs Epstein의 「현혹시키는 구별 (deceptive distinctions)」과 같은 최근의 책을 통해서 알고 있다.[34] 비 록 그것이 우리에게 특별한 방법으로 인간의 사건을 암호화하도록 하 지 않더라도, 우리의 어휘사전(lexicon)의 바로 그러한 구조는 분명하 게 우리를 문화적으로 표준이 되게 한다.

Bartlett가 언급한 문화적 응집(cohesion)의 이점에서 직접적이고 규칙적으로 영향을 주는 문화적으로 부여된 방식이라는 것을 생각해 보자. 그는 「기억하기(Remembering)」에서 정서적인 "태도"의 제어 하에 그것들을 인식하는 것으로서 "기억의 도식(schemata)"의 가장 큰 특징이 무엇인지 주장하고 있다. 더욱이, 그는 개인적인 입장을 붕괴하거나 사회적인 삶을 위협할 것 같은 "대립하는 경향"이란 기억의 조직 또한 불안정하게 만들기 쉽다고 언급하였다. 그것은 정서의 통합은 ("대립하는" 것과 대조적으로) 기억의 경제적인 도식화를 위한 조건이다.

실제로 Bartlett는 그것보다도 훨씬 더 앞서가고 있다. 어떤 것을 기억하기 위한 실제적인 노력에 있어서, 그는 마음에 처음으로 다가오는 것의 대부분은 영향을 미치거나 반론을 일으킬 만한 "태도(attitude)"라고 지적하였는데, 그 "태도"란 즐겁지 않은 것, 당황스러운 것을 유도하는 것, 흥분시키는 그러한 것이다. 감정(affect)은 오히려 재구조되기 위한 도식의 일반적인 특질과 같은 것이다. "회상(recall)은 이러한 태도를 기초하여 광범위하게 만들어진 구조이고 그것의 일반화된 결과는 그 태도의 정당화에 기초로 하여 만들어진 구조이다." 이러한 관점에서, 기억은 감정과 태도를 정당화하기 위해서 제공된다. 회상의 행위는 장전되어서 과거를 재구조화하는 과정에서 "수사학적인" 기능을 실행한다. 그것은 정당화를 위해서 설계되는 재구조이다. 말하자면, 수사학은 우리가 과거를 재구조화하는 데에 흡입되는 "창작"의 형태를 결정한다: "확신적인 주제는 스스로 정당화한다―말하자면 합리화를 획득한다. 실제적으로 현재 있는 것보다 더 상세하게 규정함으로써; 비록 조심스럽고 주저하는 주제가 그 반대의 방식으로 반응한다 할지라도 말이다. [실험에서] 상세하게 제시된 것들을 증가시키기 보다는 오히려 감소시킴으로써 정당화를 발견한다.[35]

그러나 나는 Bartlett의 설명에 인간 상호적인 측면이나 문화적인

측면을 추가하고자 한다. 우리는 기억의 재구성(memory reconstruc-
tions)을 통해 우리 자신을 확신하려고 시도하지만은 않았다. 과거를
회상하는 것은 또한 대화체 기능을 제공한다. 기억하는 자의 대화상대
(참조 그룹의 추상적인 형태로 존재하거나 실물로 존재하는)는 미묘하
지만 지속적인 압력을 발휘한다. 그것은 연속적인 재현에서 Bartlett 자
신의 놀라운 실험의 예봉(brunt)임이 분명하다. 초기에 문화적으로 이
질적인 미국 인디언의 이야기는 한 캠브리지 학부에서부터 다른 데로
계승되어 오면서 문화적으로 양식화된다. Bartlett의 말에서, 우리는
"마음에 맞는 동정적인 분위기(sympathetic weather)"를 우리의 기억
재구조화에서 만들었다. 그러나 동정적인 분위기는 단지 우리 자신뿐
만 아니라 우리의 대화상대를 위한 것이다.

　한마디로 말하자면, 경험을 "가지고 소유하는 것"과 관련된 바로 그
과정은 이 세상의 일상심리학적 개념들에 담긴 도식에 의해 형성된
다―잠정적인 구성이나 윤곽에 그것들을 담는 구성적인 신념과 대규모
의 내러티브 혹은 앞에서 어떤 참조체제가 만들어지는가에 대한 플롯.

9. 언어를 사용하는 한 방법으로서 내러티브

　그러나 내러티브는 단지 줄거리의 구조나 극적인 것이 아니다. 단
지 "역사성"이나 통시성도 아니다. 그것은 언어를 사용하는 한 방법이
다. "가정법"의 논의에서 내가 이미 지적했듯이, 매일의 이야기를 차
례대로 나열하는 것조차 내러티브는 그것의 효과성, 즉 "문학성(liter-
ariness)"에 달려있는 듯하다. 내러티브는 은유, 환유, 제유, 함축 등과
같은 비유의 힘에 달려 있다. 그런 것들이 없다면, 내러티브는 예외적
인 것과 일상적인 것을 관련시킬 수 있는 충분한 영역을 탐구하기 위

해서, "가능성의 지평을 확장"하기 위한 힘을 잃어버리게 된다.[36] 실제로, Ricoeur가 "실재의 은유"로서 모방을 이야기한 것을 회상해 보자.

내러티브는 구체적인 것이 되어야 한다: 그것은 Karl Marx가 한 번쯤 이야기한 것으로 "상세한 것으로 거슬러 올라가는"것이어야 한다.[37] 일단 내러티브가 구체성을 획득한다면, 내러티브는 구체성을 수사적 비유(tropes)로 전환한다: 내러티브의 행위 주체자, 행위, 장면, 목적, 그리고 도구(그리고 문젯거리)는 상징(emblem)으로 전환된다. Schweitzer에게는 "동정"이 어울리고, Talleyrand에게는 "예민한" 것이 어울리고, Napoleon의 러시아 침공은 지배적인 야망의 비극에, 비엔나 협정은 목적을 위해 수단을 가리지 않는 제국주의의 권력행사에 어울린다.

모든 그러한 "상징들"이 공유하는 결정적인 특성은 상징들을 논리적인 제안으로부터 차이 나게 하는 것이다. 추론(inference)과 귀납(induction) 둘 다를 받아들이지 않고, 상징들은 그것들이 의미하는 바를 확립하기 위해 논리적인 절차에 저항한다. 우리가 말하는 것처럼, 그것들은 해석되어야 한다. Ibsen의 연극 세 편을 읽어보라: The Wild Duck, A Doll' s House, Hedda Gabler. 그들의 "진실한 조건"에 논리적으로 도달하는 방법은 없다. 그들은 논리적인 작용의 적용이 허용되는 일련의 원자적인 제안으로 나누어질 수 없다. 그들의 "요점(gists)"은 명백하게 받아들여질 수 없다. The Wild Duck에서 돌아온 아들은 질투, 이상주의를 상징하는가 아니면 마지막 부분에서 은밀하게 암시하고 있듯이, "저녁에 13번째 손님이 되는 것으로 예정된" 그 모든 것들을 상징하는가? A Doll' s House에서 Nora는 조급한 페미니스트일까, 좌절한 나르시스트일까, 아니면 품위를 위해 높은 값어치를 지불하는 여인인가? 그리고 Hedda, 이것은 자기기만에의 불가피한 연주에 대한 이야기인가, 완벽을 바라는 암시적인 죽음에 대한 이야기인가, 유명한 아버지의 망가진 아들에 관한 이야기인가? 우리가 제시하는 해석 (interpretation)은 우리가 이미 언급했듯이, 역사적이거나 문학적이거나 혹은 사법적인 것이든 간에 항상 규범적인 것이다. 당신은 도덕적인 입장과 수사학적인 태도를 가지지 않고서 이러한 이해에 대한 논의를 할 수 없을 것이다. 당신은 미국의 대법원에서 헌법 수정 제 1항[16])의 두 측면에 대한 "논쟁"과 가족의 분쟁에 대한 두 측면에서 이 스토리를 동일하게 해석할 것이다. 실로, 삶이든지 상상이든지 간에 "스토리를 말하는" 것에 함축된 바로 그 발화의 행위는 구경꾼에게 그것의 의미가 의미나 참조와 관련된 Frege-Russell 규칙에 의해 확립될 수 없다는 것을 경고하였다.[38] 우리는 정말 같고 있을 법하게(verisimilitude), 진실 같게(truth likeness) 혹은 더 정확하게 "실제로 똑같게(life like-ness)"으로 스토리를 해석한다.

우리가 생각하는 종류의 해석적인 의미는 맥락에 대해 은유적이고, 암시적이며, 매우 민감하다. 그러나 그것들은 문화와 그것의 내러티브 화된 일상심리학의 일면이다. 이러한 점에서 의미는 유력한 Anglo-American의 전통에서 철학자들이 "의미"에 의해 의미를 가져왔던 것과는 근본적으로 차이가 있다. 이것은 "문화적 의미"가 총체적으로 인상주의적이거나 문학적인 범주여야 한다는 것을 함의하는 것인가? 만약 이것이 그러하다면, 이러한 전조들은 중심의 의미에서 다소 "흐트러진(looser)" 개념을 가지는 문화적 심리학에는 좋지 않을 것이다. 그러나 나는 이것이 그렇다고 생각하지 않고, 지금 설명하고자 한다.

이 세기의 초에, Anglo-American의 철학은 전통적으로 "심리주의" 라고 불렀던 것으로 거슬러 올라간다. 그것의 한 면인 사고의 과정과

---

16) First Amendment(미 헌법 수정 제1항)은 언론, 신문, 종교의 자유를 보장한 조항이 다. (역자 발췌 주)

다른 면인 "순수한 사고" 사이에는 어떠한 혼란도 없었음이 틀림없다. 전자는 그것의 철학적인 의미에서 의미의 영역과는 전체적으로 관련이 없다. 그것은 주관적이고, 사적이며, 맥락에 민감하고, 개성적인 반면에, 순수한 사고는 명제로 구체화되고 공유되며 공적이고 엄격한 조사에 수정가능하다. 일찍이 Anglo-American의 철학자들(Gottlob Frege는 이러한 움직임에 영감을 불어넣어주었기 때문에, 그들 가운데에 그를 포함시킨다)은 자연적인 언어에 대해서 깊은 의심으로 바라보고 형식적 논리의 탈맥락화된 수단에서 그들의 계획을 수행하는 것을 선택하였다.[39] 그 누구도 어떻게 개인적인 마음이 특정한 의미의 차이를 가져오는지에 관해 진정한 문제가 있다는 것을 의심하지는 않았지만 그것이 중요한 철학적 문제는 아니었다. 오히려 철학적인 문제는 쓰여진 제안이나 문장의 의미를 결정하는 것이었다: 이것은 그들의 지시(reference)와 의미(sense)를 수립함으로써 수행되었다: 지시는 문장의 진실성을 위한 조건을 결정함으로써, 의미는 그것과 관련된 다른 문장을 만들어 냄으로써 수립된다. 진실성은 객관적이다: 우리가 문장을 그렇게 간주하든 안 하든 진실 아니면 거짓이다. 일반적으로 의미(sense)는 특별하거나 개인적인 의미에 있어 독립적인 것이었다—발전될 수 없기 때문에 결코 발전되지 않았던 문제. 이러한 체제하에 의미는 철학자의 도구, 논리적인 분석의 형식적인 도구가 된다.

　형식적인 논리 전통에서 탈맥락화된 문장은 어느 누구에 의해서도 아무 데서도 말하여지지 않는 것 같다—"지지되지 않는(unsponsored)" 그들 자신의 텍스트.[40] 그러한 텍스트의 의미를 수립하는 것은 고도의 추상적인 형식적 조작을 포함한다. 많은 심리학자, 언어학자, 인류학자, 그리고 증가하는 많은 철학자들은 사실상 언급되지 않은 것의 이용과 관련된 것으로 "검증"의 조건에 의미가 의존하는 것은 의미에 대한 폭넓은 인간 개념에 놓여진다는 불평을 늘어놓았다.

직접적으로 John Austin과 간접적으로 Wittgenstein에 의해 영감을 받은 발화 행위 이론가[17]들에 의해 지배됨으로써, 학생들의 마음은 지난 30년 동안 의사소통적인 맥락을 의미의 논의로 복원하는 데 집중적으로 노력하였다.[41] 발화(utterances)는 고전적 전통에서 탈맥락적이거나 지지되지 않는(unsponsored) 말투로 취급되었던 반면, 발화는 화자의 의사소통적인 의도를 표현하는 원리화된 방식으로 취급된다. 그리고, 동일한 정신으로, 청자에 의해 화자의 의미가 파악되거나 처리되었는지 그리고 무엇이 그 이해를 결정했는지 물어볼 수 있다. 우리가 알고 있는 것과 마찬가지로, 이해력(uptake)은 의미의 서로 다른 의사소

---

17) 발화 행위 이론(Speech Act Theory) 혹은 언어 행동 이론

20세기 초만 해도 모든 문장은 참과 거짓의 가치로 판단되었다. 심지어 1930년대의 논리적 실증주의(logical positivism)의 관점에서는 참과 거짓으로 판별할 수 없는 (unverified) 문장은 엄격히 말해서 의미가 없다고 했다. 그리고 평서문(declarative sentences)은 항상 참 아니면 거짓이라고 여겨졌다.

이러한 관점은 Austin에 의해 무너졌다. 그는 다음과 같은 평서문 문장들은 참과 거짓으로 판단될 수 없다고 하였다. (1) 그 애가 여기에 온다는 것에 만원 건다. (2) 프랑스와의 전쟁을 선포한다. (3) 사과할게. (4) 그 의견에 반대합니다. (6) 피고에게 무기징역을 선고한다. (7) 그대를 기사로 임명한다. (8) 나는 너랑 이혼하겠다. (참고: 아랍권 국가에서 이 말을 세 번 반복하면 법적 효력을 가진다. 그래도 이혼율은 아주 낮다)

Austin은 이러한 문장들이 진실 또는 거짓의 정보를 전달하는 것이 아니고 어떠한 행동을 수행한다고 말했다. 그리고 이런 종류의 문장들을 수행문(performatives)이라고 했다. 또한 수행문의 판단 기준은 진실 조건(truth conditions)이 될 수가 없고 대신 문장이 수행하는 행동이 적절한지를 따지는 적절 조건(felicity condition)이 되어야 한다고 했다. 이 조건에서는 수행문을 말하는 (또는 쓰는) 과정, 환경, 사람, 사람의 마음가짐 등이 적절한가를 따진다.

예를 들어서 전쟁 선포는 국가 최고 원수가 하고 집행 선고는 법정에서 해야 하는 것 등이 있다. 또한 예제 (1)에서도 만원을 건다고 하는 사람이 농담이었다면 그 문장은 적절하지 않아 효력이 없다. 하지만 Austin은 여기서 끝나지 않고 대화에서 모든 문장은 어떤 행동을 수행한다고 했다. 예를 들어서 어떤 교수가 자신의 사무실에서 무언가를 하고 있는데 어떤 학생이 와서 (9) "교수님 또 저예요."라는 말을 했다고 가정해 보자. 이 말은 '교수님 또 저예요'라는 말 그대로의 의미 이외에 '자꾸

통적 유형을 위한 일련의 관습을 화자와 청자가 공유하는 것에 달려 있다. 그리고 이러한 의미는 참조와 진실의 문제에 제한받지 않는다.

발화는 단순히 언급하는 것보다 더 많은 의도를 구체화한다: 요청하기 위해, 약속하기 위해, 경고하기 위해 그리고 때로는 세례하는 행위처럼 종교적·문화적 기능을 수행하기 위해. 발화를 사용하는 경우에 화자의 발화를 적합하게 하는 공유된 관습은 진실한 조건이 아니라 적절한 조건(felicity conditions)이다: 발화의 제안적인 내용에 관한 규칙뿐만 아니라 획득된 맥락적인 전제조건, 소통(transaction)의 성실

와서 귀찮게 해서 죄송하다'는 사과의 행동을 하고 있다는 것을 알 수 있다. 다른 예를 생각해 보자. (10) 여기는 좀 춥네요. 이 문장은 '이 장소의 온도가 낮다'라는 표면적인 의미와 함께 '난방을 해주세요' 혹은 '덜 추운 곳으로 가요'라는 요청 혹은 제안이라는 행동을 수행하고 있는 것이다. 심지어 Austin의 '모든 문장은 행동을 수행한다.'라는 주장은 다음의 예까지 포함시킨다. (11) 내일 비가 올 것입니다. (12) 사자는 동물입니다. 문장 (11)은 '나는 내일 비가 올 것이라고 추측합니다.'와 같은 의미이므로 추측이라는 행동을 수행하고 있고 문장 (12)는 나는 사자가 동물이라는 사실을 진술한다와 같은 문장이므로 진술이라는 행동을 수행한다고 주장한다. 이러한 Austin의 이론을 언어 행동 이론(speech act theory)이라고 한다.

이 이론에 따르면 문장은 다음과 같은 세 가지 행동을 수행한다.

1. Locutionary act: 문장을 말하는 행동
2. Illocutionary act: 문장을 말하는 과정에서 수행하는 행동
3. Perlocutionary act: 말한 문장이 수행한 행동에서 오는 효과 (Levinson, 1983)

직접 예를 들어서 설명해 보면,

(13) 펜 좀 빌릴 수 있을까요?
Locutionary Act: 펜을 빌릴 수 있는 가능성을 묻는 질문을 하는 행동
Illocutionary Act: 펜을 빌려달라는 요청을 하는 행동
Perlocutionary Act: 듣는 사람이 질문자에게 펜을 빌려주는 효과

(14) 그를 쏴!
Locutionary Act: '그를 향해 (총을) 쏘라'는 말을 하는 행동
Illocutionary Act: 그를 향해 총을 쏘라고 명령하는 행동
Perlocutionary Act: 명령을 받은 사람이 총을 쏘도록 명령을 받거나 위협을 받은 효과, 또는 (상황에 따라서) 총을 맞을 사람이 두려워하는 효과 (역자 발췌 주)

성, 언어행위의 본질을 정의하는 필수적인 규칙에 관한 것이다(예를 들어, "약속하기"위해 당신은 전달할 수 있어야 한다). 후에, Paul Grice는 내가 앞서 시사한 협동학습의 원리—대화를 주고받는 데 필요한 간결성, 적절성, 명료성, 성실성에 대한 일련의 격언들—에 의해, 이러한 모든 관습들이 더욱 강요되어 왔다는 것을 언급함으로써 이 설명을 더 강화하였다.[42] 그리고 관습화된 방법으로 이러한 격언들을 위반함으로써 또한 의미가 생겨났다는 강력한 아이디어가 성장했다.

적절한 조건과 Paul Grice의 격언을 도입하면서, 논리학자의 칠판 위에 있는 "지원되지 않는 텍스트"는 발화자의 의도에 대한 발화내[18] 영향력을 행사하는 상황적 발화(situated speech)를 위한 공간을 만든다. 상황적 발화에서 의미는 문화적이고 관습적이었다. 그리고 그것의 분석은 단지 직관적인 것이기보다는 경험적으로 기초하여 원리가 되었다. 이러한 정신에서 나는 문화심리학, 인지 혁명을 새롭게 하는 중심적인 변화과정으로서 의미 생성의 부활을 제안하였다. 나는 이러한 원리에 따른 "의미"의 개념이 언어학적인 관습과 문화를 구성하는 관습의 조직망을 다시 연결한다고 생각한다.

의미에 관한 하나의 마지막 단어, 그것은 특히 전체를 형성하는 어떤 내러티브의 파악에 달려 있게 된다. 나는 문화적인 현상을 이해하는 것에 있어서, 사람들이 사건으로 세상사건을 다루거나 텍스트로 다루지 않는다는 분명한 사실을 존중하여 내러티브의 개념을 도입하였다. Bartlett의 기억 이론의 도식, Schank과 Abelson의 "계획", 혹은 Van Dijk에 의해 제안된 "구조" 그 무엇이든지 간에, 그것들은 더 큰 구조(structures)로 사건(events)과 문장(sentences)을 조직한다.[43] 이

---

18) 발화내의(illocutionary): 오스틴의 언어행동이론(speech act theory)에서 '문장을 말하는 과정에서 수행하는 행동'. 즉 화자가 말하는 것으로 알 수 있는 언어행동에 대해 말한다. (역자 발췌 주)

렇게 커진 구조는 그들이 포함하고 있는 요소들을 위한 해석적인 맥락을 제공한다. 그래서, 예를 들면, Elizabeth Bruss와 Wolfgang Iser는 소설적인 스토리를 만드는 "super" – 언어 – 행동의 원론적인 기술(description)을 제시하였고, 혹은 Philippe Lejeune는 그가 "자서전적인 협약(the autobiographical pact)"이라고 명명해 왔던 것을 채택하는 데 있어 독자나 작가로서 떠맡아야 할 것을 체계적으로 기술하였다.[44] 혹은 "기도합시다"라는 최초의 진술 뒤에 따라오는 특정한 말의 의미에 관한 조건들을 구체화하는 것을 상상할 수 있다. 이러한 율법(dispensation)아래 "우리에게 매일 일용할 양식을 주옵시고"라는 말은 요청으로서 이루어지는 것이 아니라, 존경이나 진실의 행위로서 말한다. 그리고 만약 그것이 그러한 맥락에서 이해된다면, 그것은 수사(trope: (가톨릭) 미사의 한 부분에 수식으로 넣은 시구)로서 해석되어야 한다.

나는 우리가 구조와 더 큰 맥락의 일관성을 구체화할 수 있는 정도까지, 구체적인 의미를 창안하고 전달하는 정도에서 원칙적인 방식으로 의미와 의미 만들기를 해석할 수 있을 것이라고 생각한다. 그리고 그것은 내가 이 장에서 의미에 관한 논쟁을 명확하게 끝내고자 선택한 이유이다. 그것이 "모호한" 것이라는 이유 때문에 심리학에 대한 의미의 이론적 중요성을 거절하기 위하여 단순히 선택하지는 않을 것이다. 그것의 모호성은 어제의 형식주의자적인 논리학자의 견해였었다. 우리는 지금 그 범위를 넘어서 있다.

ACTS OF MEANING

제3장

의미로 들어가기

1. 도입: 내러티브 해석의 중요성

2장에서 내가 "일상심리학(folk psychology)"이라고 불렀던 것을 설명하는 데 특히 관심을 가졌다—아마도 "일상 인간 과학(folk human science)"이 더 적절한 용어라고 여겨진다. 인간이 다른 사람과 상호작용할 때 어떻게 "정상적인" 인간 상태로부터의 일탈과 정상적인 상태에서의 위반을 해석하고 내러티브 의미를 부여하는 것과는 반대되는 배경으로 규준적이고 일상적인 감각을 형성하는지를 보여주고자 한다. 그러한 내러티브 설명은 협상을 촉진시킬 수 있고 직면하는 혼란과 분쟁을 피할 수 있도록 하는 "진짜 같은" 방법으로 개인의 특질을 형성하는 효과를 가진다. 마침내 나는 감각과 참조만이 아니라 "적절 조건(felicity conditions)[1]"에 관심을 가지는 체계로서 문화적 의미 만들기의 관점에 대한 사례를 제시했다. 그 "적절 조건"에 의해 의미의 차이는 "실재(reality)"의 다양한 해석을 설명하는 상황을 야기함으로써 설명될 수 있다.

내러티브 해석의 중재에 의해 의미를 교섭하고 재교섭하는 이러한 방법은 나에게 그러한 표현의 개체적, 문화적, 계통 발생학적 의미에서 인간 발달의 최고의 성취 중의 하나인 것처럼 보인다. 물론 그것은 문화적으로, 공동체의 축적된 내러티브 자원과 다양한 내러티브를 찾아내고 설명하기 위한 전통뿐만 아니라 신화, 인간 상황의 유형학 같은 해석적인 기술의 소중한 문화 도구 상자로부터 많은 도움을 받았다. 그리고 그것은 잠시 뒤 보게 될 것처럼 개체 발생적으로 David Premark가 최초로 "마음의 이론"이라고 불렀던 인지 능력인 같은 종의 믿음과 욕구를 인식하고 개발하기 위한 최초의 인지 능력을 가진

---

1) 2장에서 말한 언어 행동 이론(speech act theory)을 참조할 것

고등 영장류(심지어 인간 이전) 출현에 의한 진화에서 입증된다.[1]

이 장에서 나는 어린이들이 내러티브의 힘을 성취하는(혹은 인식하는) 방법 몇 가지를 조사해 볼 것을 제안한다. 그러한 능력은 문화적으로 규준적인 것을 나타낼 뿐만 아니라 내러티브에 포함될 수 있는 일탈을 설명하는 것이다. 내가 보여주려고 노력하는 것처럼 이러한 기능을 성취하는 것은 단순히 정신적 성취가 아니라 어린이의 사회 생활에 안정을 주는 사회적 실제(practice)를 성취하는 것이다. Lévi-Strauss가 우리의 주목을 끌었던 잘 알려진 교환 체계와 나란히 사회적 안정성의 가장 강력한 형태 중의 한 가지는 인간의 다양성에 대한 이야기를 공유하고 모든 문화에 퍼져 있는 다양한 도덕적, 제도적 책임과 조화되는 해석을 만들고자 하는 인간의 성향이다.[2]

2. 상호작용 도구로서의 언어

하지만 우리는 그러한 거대한 보편성을 다루기 전에 해야 할 일이 있다. 나는 어린이들이 어떻게 "의미로 들어가는가" 어떻게 그들 주변의 세계에 대해 특히 내러티브적 의미를 만드는 것을 배우는가에 대한 토론을 제안한다. 우리가 말하는 신생아는 "의미"를 이해할 수 없다. 하지만 곧(언어 사용의 시작을 말한다) "의미"를 이해할 수 있다. 그래서 나는 더 좋은 용어가 없어서 "의미의 생물학"이라고 불러야 하는 것으로 잠깐 화제를 돌려 이 설명을 시작하고자 한다.

의미 그 자체는 공유된 상징체계 이전 존재에 의존하는 문화적으로 중재된 현상이기 때문에 처음에 그 표현은 모순어법인 것처럼 보인다. 그러면 어떻게 의미의 "생물학"이 있을 수 있을까? C. S. Peirce 이래로 우리는 의미가 기호와 지시 대상에 의존할 뿐만 아니라 기호-지시 대상을 매개시키는 수단이 되는 세상에 대한 표상인 해석항(interpretant)[2])에도 의존한다고 생각한다.[3] Peirce가 아이콘(icon), 인덱스(index), 상징(symbol)을 구분했던 것을 회상해 보라.[3]) 아이콘은 그림과 관련된 지시대상과 유사관계를 가지고, 인덱스는 연기와 불 사이의 관계에서처럼 부수적이고, 상징은 기호의 체계(system)에 의해 의존하는데 그러한 기호 체계는 기호와 그 지시 대상의 관계가 임의적이고 그것이 무엇을 "상징하는지를" 정의하는 기호의 체계 내에서 그 위치에 의해 지배된다. 이런 의미에서 상징은 질서 있고 규칙에 지배되는 기호체계를 가지는 "언어"의 존재에 달려 있다.

그래서 상징적 의미는 다소 비평적인 방식에서 그러한 언어를 내면화하고 "상징하는" 관계에서 해석항으로 기호의 체계를 사용하는 인간의 능력에 달려 있다. 이런 관점에서 인간이 의미의 생물학을 이해하는 유일한 방법은 일종의 언어 습득 이후 체계, 언어로 소통하기 위해 언어 이전의 유기체를 준비하는 일종의 선구적 체계에 대해 알아보

---

2) 2장에서 논의된 Peirce의 해석항을 참조할 것

3) 생각을 전달하는 수단으로서 손짓, 눈짓, 몸짓, 봉화, 언어 등을 아울러 모두 기호라고 할 수 있다. C. S. Pierce(1931~1935)는 기호의 유형을 지표(index)성과 도상(icon)성, 상징(symbol)성으로 구분하여 다음과 같이 설명했다.

① 지표성 기호: 자연적인 기호를 이용하여 지시 대상을 가리키거나 연상시킴(예: 연기, 콧물, 먹구름 등). 먹구름은 비가 오기 전에 나타나는 자연 현상으로, 비를 가리키는 기호가 된다. 따라서 지표성 기호의 청각적 영상(signifiant)과 심리적 개념(signifie)은 먹구름과 비처럼 '관련성'에 기초함.

② 도상성 기호: 인위적인 기호를 이용하여 지시대상을 가리키거나 연상시킴(예: 화장실의 남녀 표시, 제품 사용 설명서의 안내 그림 등). 도상성 기호의 청각적 영상과 심리적 개념은 동그라미와 보름달처럼 '유사성'에 기초함.

③ 상징적 기호: 인위적인 기호를 이용하여 지시대상을 가리킴. 이 기호는 도상성 기호와 달리 사회적인 약속을 전제로 하기 때문에 연상보다는 기억을 환기시킴(예: 지도 위의 각종 표시나 문자 언어 등). 상징성 기호의 청각적 영상과 심리적 개념은 '자의성'에 기초함.

는 것이다. 문제를 그렇게 인식하는 것은 생득성(innateness)을 불러일으킬 것이고, 우리가 언어에 대한 타고난 재능을 가지고 있다는 것을 주장하는 것이다.

생득성에 대한 그러한 호소는 새로운 것이 아니고 그것들은 다른 많은 형태를 가질 수 있다. 예를 들어 한 세대 전에 Noam Chomsky는 생득적인 "언어 습득 장치"를 제안했는데, 그것은 모든 인간 언어의 심층 구조 특징에 순응하는 어린이의 현재 환경에 단지 그러한 언어적 투입을 받아들임으로써 작동하는 것이었다.[4] 심층 구조에 대한 그의 개념은 전적으로 구문론적이고 "의미"와 전혀 관련이 없고 심지어 언어의 실제 사용과도 관련이 없다. 그것은 전적으로 언어학적인 능력(capacity), 즉 언어에 대한 능력(competence)이었다. 그의 사례는 전적으로 언어상의 증거에 노출되는 것에 기초하여 문장 형성과 변형의 규칙을 파악하는 아동의 능력에 달려 있다. 그 증거는 심지어 그렇게 하는 데 충분하지 않았고, 퇴보되어 변질되거나 반(半)문법적이기도 하였다. 그 문장이 무엇을 의미하는지 혹은 어떻게 사용되었는지는 중요하지 않았다.

그 이후 수년 동안, 생득적 구문론적 준비성에 대한 Chomsky의 주장에 대해 많은 견해들이 넘쳐 흘렀다. 우리는 이런 논쟁의 역사를 반복할 필요가 없다. 왜냐하면 그것은 단지 우리와 간접적인 관계이기 때문이다. 적어도 그의 주장은 Augustine 이후 언어 습득에 대한 지배적인 생각이었던 고루한 경험론으로부터 우리 모두를 각성시키는 효과는 있었다. 게다가 그것은 모국어를 습득하는 어린이의 주변 환경에 대한 엄청나게 많은 경험적 연구를 촉발시켰다.[5] 이런 방대한 연구 문헌으로부터 초기 습득에 대한 세 가지 주장이 나타났는데, 그것들은 의미의 생물학에 대한 우리의 연구에서 우리를 안내할 수 있다.

첫 번째는 어린이의 언어 습득에는 Chomsky(그리고 다른 많은 학자들)가 생각했던 것보다 더 많이 어린이를 돌보는 사람과의 상호 작용과 보모의 도움이 필요하다는 것이다. 언어는 방관자의 역할에서가 아니라 사용을 통해서 습득된다. 언어의 흐름에 "노출"되는 것은 무언가를 하는 가운데 언어를 사용하는 것만큼 그리 중요하지는 않다. 언어를 배우는 것은, John Austin의 유명한 말을 빌리자면, "단어로 어떻게 하는지를" 배우는 것이라고 한다. 어린이는 단지 무엇을 말하는지를 배우는 것이 아니라 어떻게, 어디서, 누구에게, 그리고 어떤 상황에서 말하는지를 배우게 된다.[6] 언어학자들이 어린이가 매주 말하는 것을 특징짓는 구문분석 규칙을 조사하는 것은 틀림없이 타당한 일이다. 하지만 그것이 언어 습득이 의존하는 상황에 대한 설명을 제공하는 것은 결코 아니다.

두 번째 결론은 매우 중요하고 간단하게 진술될 수 있다. 어떤 대화적 기능 혹은 의도는 어린이가 언어적으로 표현하기 위해 형식적 언어를 습득하기 전에 준비되어 있다. 적어도 이런 것들은 지시하기, 라벨 붙이기, 요구하기, 잘못 인도하기와 같은 것들을 포함한다. 자연주의적 시각에서 보면 어린이들이 이런 기능을 체내에서 더 잘 수행하기 위해서 언어를 습득하도록 부분적으로 동기화되는 것처럼 보일지도 모른다. 실제로 언어에 중요한 일반화된 의사소통 기능이 있는데, 그 기능은 적절한 언어가 시작되기 전에 적절한 것처럼 보여서 나중에 아이의 말로 통합된다: 가장 두드러진 것을 언급하면 추정상의 지시대상에 대한 공동관심, 교대로 하기, 상호교환이다.

세 번째 결론은 실제로 앞에 나온 두 가지를 압축시킨 것이다. 즉 첫 번째 언어의 습득은 맥락에 매우 민감하다. 그 말은 어린이들이 그 말해지고 있는 이야기의 중요성과 그 이야기가 일어나고 있는 상황의 중요성을 어떤 언어 습득 이전(prelinguistic)의 방법으로 이미 파악할 때 언어 습득이 훨씬 더 잘 진행된다는 뜻이다. 어린이들은 맥락에 대한 인식을 가지고 어휘(lexicon)뿐만 아니라 언어 문법의 적절한 상 (aspect)[4]을 더 잘 이해할 수 있다.

이런 것들은 우리를 첫 번째 질문으로 되돌아가도록 한다. 즉, 어린 이들이 상황(혹은 맥락)에 적합한 어휘 목록이나 문법을 습득할 수 있 도록 도울 수 있는 방법과 어린이들이 상황의 "중요성을 어떻게 이해" 하는가? 어떤 종류의 Peirce의 해석항(interpretant)이 그러한 이해를 가능하게 하는 데 작동할 수 있을까? 나는 내가 성취하고자 바라는 것 을 명확하게 만들어 주기 위해서 잠시 이 문제에 대한 답을 미루고자 한다.

지난 20년간의 연구(특히 이 연구가 이끌어 온 세 가지 일반화에 대 해서)의 견지에서 나는 인간의 언어 습득 준비성을 다루는 데 있어서 Chomsky와 매우 다른 접근을 제안하고자 한다. 언어에서 구문론적 형 태의 중요성을 과소평가하려는 의도 없이 나는 내가 이미 맥락의 이해 라고 불렀던 것과 기능(function)에 거의 한정시켜 집중하려고 한다. 구문론적 규칙의 복잡성과 미묘함은 그러한 규칙이 어떤 사전의 작동 적인 기능과 목표를 수행하기 위한 도구로서 단지 수단적으로(instru- mentally) 습득될 수 있다는 것을 믿도록 하였다. 더 고차원적인 동물 왕국의 어느 곳에서도 고도로 기능적이고 재결합할 수 있는 행동이 "자동적으로" 혹은 외워서 학습된 적은 없고, 심지어 그들이―성적인 행동, 방목, 공격적이거나 도전적인 행동, 심지어 멍하게 있는 것이 아 닌―극도로 발달된 생물학적 경향에 의해 길러졌을 때조차도 그렇다.[7] 그들의 완전한 발달을 위해서 그들은 연습되고 사용에 의해 형성되는 것에 전적으로 의존한다.

---

4) 문법에서 동사의 상(相)을 말함. 러시아어 등의 동사의 뜻이 계속·완료·기동(起動)·종지·반복 등의 구별을 나타내는 문법 형식

그리고 나서 나는 우리가 "언어에 어떻게 입문" 하는지에 관한 사례를 생각해 보았는데, 그것은 일련의 선택적인 언어 습득 이전의 "의미에 대한 준비성" 에 달려 있어야 한다는 것이다. 즉 다시 말해서 인간이 선천적으로 조화되고 그들이 활동적으로 추구하는 의미에 대해 어떤 종류(class)가 있다는 것이다. 언어에 우선해서 이런 것들은 완전한 실현이 언어라는 문화적 도구에 달려 있는 세상에 대한 원시 언어적 표상으로서 원시적인 형태로 존재한다. 더 분명하게 말하자면 이것은 우리에게 어떤 구문론적 구조를 환기시킨 Derek Bickerton이 Chomsky의 뒤를 이어 "bioprogram" 이라고 부르는 것이 있을지도 모른다는 주장을 거부하는 것이 결코 아니다.[8] 그러한 bioprogram이 있다면, 그것의 계기는 아동의 언어적 환경에서의 적절한 모범들의 존재에 의존할 뿐만 아니라, 아동의 "맥락 민감성" 에도 의존한다. 맥락 의존성이란 내가 제안하고 있는 문화적으로 적절한 의미 준비성과 같은 종류로부터 오는 것이다. 누군가가 "방관자" 로서 언어를 더 많이 습득할 수 있는 것은 오로지 형식적 의미에서 일부 언어가 획득된 다음이다. 이러한 최초의 숙달(mastery)은 의사소통의 도구로서 언어에 참여할 때만이다.

그러면 의미의 선택적 부류(class)를 위한 전(pre)언어적 준비성은 무엇인가? 우리는 그것을 정신적 표상의 형태로 특징지었다. 하지만 무엇에 대한 표상인가? 나는 그것이 인간이 상호작용하고 있는 어떤 기본적인 사회적 맥락과 다른 사람에 대한 표현, 행동에 의해 동기화되는 매우 융통성이 있는 그러나 선천적인 표상이라고 믿는다. 한마디로 우리가, 마음의 "이론" 이 없다면, 특별한 방식으로 사회적 세계를 해석하고 우리가 해석한 것에 비추어서 행위하는 성향(predispositions)의 체계를 처음부터 갖추고 있다. 이 말은 우리가 일상심리학의 초기 형태를 이미 가지고 세상에 온다는 뜻이다. 우리는 그것을 구성하는 성향의 본질에 대한 논의로 곧 돌아갈 것이다.

나는 그러한 사회적 "의미 준비성"이 우리의 진화적 과거의 산물이라는 것을 제안한 최초의 사람이 아니다. Nicholas Humphrey는 문화에 대한 인간의 준비성은 어떤 그러한 구별이 되는 다른 사람에 대한 "조율성(tunedness)"에 달려 있을지도 모른다고 제안했다. 그리고 Roger Lewin은 과거 몇 십 년의 영장류 문학 작품을 검토하면서 고등 영장류에서 진화적 선택을 위한 준거를 제공하는 것은 그룹에서의 삶에 대한 필요요소에 대한 민감성일지도 모른다고 결론을 내린다.[9] 확실히 변하고 기회주의적인 영장류 사회적 연합과 이런 연합을 늘리고 유지하는 데 있어서의 "사기"와 "오보"의 사용을 검토하는 것은 내가 제안하고 있는 일종의 일상심리학적 표상의 인간 이전의 원천을 말하는 것이다.[10]

나는 일상심리학에 대한 언어 조어(助語)적(protolinguistic)[5] 이해는 어린이가 언어에 의해서 똑같은 의미를 표현하거나 이해할 수 있기 전에 습관(praxis)의 형태로서 적절하다고 설명하고자 한다. 실제적 (practical) 이해는 사회적 상호작용에 대한 어린이의 규칙에서 먼저 그 자체를 표현한다. 나는 나의 설명적 자료를 Michael Chandler와 그의 동료들에 의해 최근에 보고된 잘 논의된 증명 실험으로부터 먼저 이끌어 낸다.

그들이 언급하는 "'마음의 이론'을 유지하는 것"은 "행동의 어떤 분류(class)가 그러한 행동이 의문이 되는 것으로 증명되는 특정한 믿음이나 바람에 근거를 둔 것으로 이해되며, 따라서 대부분의 평범한 성인의 일상심리학에 대한 보편성, 일종의 특별한 설명적 틀구조에 동

---

5) 하나의 언어가 시간이 흐름에 따라 분열, 장기간에 걸쳐 둘 이상의 서로 다른 언어로 분화되었을 때 그 근원이 되는 언어를 이르는 말

의하는 것으로 해석된다."[11] 어린이가 네 살이 되기 전에 그러한 이론을 가지는지 아닌지에 대해 "마음의 이론을 발달시키는 데"에 관한 문학에서 생생한 토론이 있어 왔다.[12] 그리고 어린이 발달에 대한 연구 사례에서 보듯이, 논쟁의 많은 부분은 "당신이 그것을 어떻게 측정하는가"에 중점을 두었다. 만약 아이들이 어떤 것이 그 경우였다는 점을 거짓으로 믿었기 때문에 그 어떤 사람이 어떤 것을 했다는 것을 아동이 설명하도록 요구한다면, 그리고 특히 아동이 문제가 되는 그 행동에 관여되지 않는다면, 어린이는 네 살이 될 때 가지는 그 과제에서 실패한다. 그 나이 이전에 어린이들은 다른 사람의 잘못된 믿음에 기초를 둔 적당한 행동을 묘사할 수 없는 것처럼 보인다.[13]

　하지만 만약 어린이들이 그들 스스로가 숨긴 것을 다른 누군가가 찾는 것을 막아야 하는 상황에 있다면 심지어 두 살이나 세 살짜리 어린이도 그 찾는 사람에게 적절한 정보를 주지 않을 것이고 심지어 그 숨겨진 보물로부터 멀어지게 하는 잘못된 발자국 같은 가짜 정보를 만들어내서 공급한다는 새로운 증거를 Chandler와 그의 동료가 밝혔다. 그들이 언급하는 숨바꼭질 과제는 "그 과제에 대한 자신의 이익에 분명히 몰입하고 다른 실제 사람의 이익과 경쟁"하고 "그들이 직접적으로 다른 사람의 잘못된 믿음에 대해 말하기보다는 행위 속에서 직접 증거를 드러내도록 한다."[14] 어느 누구도 네 살이나 여섯 살 먹은 아이들이 그들과 연관되지 않은 다른 사람들이 생각하고 바라는 것을 완수할 수 있는 더욱더 성숙한 마음의 이론을 가지고 있다는 것을 의심하지 않는다. 요점은 언어가 상호작용의 도구로서 인계받기 이전에 사람들은 어떤 언어조어적인 "마음의 이론" 없이 다른 사람과 인간적으로 상호작용할 수 없다는 것이다. 그것은 인간의 사회적 행동에서 고유한 것이고 심지어 성숙의 낮은 수준에 적당한 하나의 형태로 그 자체를 표현할 것이다. 예를 들어 태어난 지 아홉 달밖에 안 된 아기가 성인의

"초점"의 궤도에 따라 보고, 거기서 아무것도 찾지 못하고, 성인의 초점의 방향뿐만 아니라 시각적인 주목을 체크하기 위해 다시 돌아올 때처럼 말이다. 그리고 이런 일상심리학적인 앞선 사례로부터 지시사, 이름 붙이기와 같은 그러한 언어적 성취가 결국 나타나게 된다.[15] 일단 어린이가 상호작용을 통해서 명시적인 참조를 관리하기 위한 적절한 전언어적 형태를 마스터하게 되면 그들은 언어 적절성의 한계 내에서 그것들을 초월할 수 있게 된다.

3. 담화 형태로서 내러티브의 특징

이것은 언어적 형식이 전(pre)언어적 실제에서 생긴다고 말하는 것이 아니다. 내가 생각하기에 초기의 "말 이전(preverbal)"과 후에 기능적으로 "유사 혹은 등가(equivalent)" 언어적 형식 사이에 모든 형식적 연속을 확립하고자 하는 것은 원리적으로 불가능하다. 예를 들어, 어떤 점에서 영어의 어순도치 요청 구문("내가 사과를 먹을 수 있는가?"에서처럼)이 그것보다 앞서는 확장된 매뉴얼 요구 제스처와 "연관되어" 있는가? 우리가 이 사례에서 가장 잘 말할 수 있는 것은 제스처와 도치된 구문론적 구조 두 가지는 "요구하는 것"과 같은 기능을 실행한다는 것이다. 확실히 대명사와 동사의 자의적인 도치는 본래의 권리로는 "요구적"이지 않다. 구문론적 규칙은 그들이 수행하는 기능에 자의적인 관계를 가지고 있다. 그리고 다른 언어에서 똑같은 기능을 수행하기 위한 다른 많은 구문론적 규칙이 있다.

하지만 그것이 전체 이야기가 아니다. 정말로 그것은 단지 이야기의 반일 뿐이다. 심지어 문법이 특별한 기능을 수행하는 방법에 관해서 문법적 규칙을 부여하는 것은 문법적 형식의 습득순서가 우선성을

가진다는 것을 반영하는 사례가 아닐 것이다. 의사소통적 요구에서 우
선권이 고차원적 의사소통의 요구조건을 반영하듯이 말이다. 유사
(analogy)는 언어 음운론의 숙달이다. 언어의 음소는 언어의 어휘 항
목의 기본원칙을 구성하기 때문에 혼자 힘으로 습득되지 않는다. 언어
의 음소는 어휘 요소를 습득하는 과정에서 습득된다. 나는 문법적인
형식과 구분이 그 자체를 위해서 숙달되거나 아니면 "더 효율적인 의
사소통"을 위해서 숙달되는 것이 아니라는 유사한 논의를 하고 싶다.
형식적 문법가의 숭배대상인 문법적 실체로서 문장은 대화의 "자연
적" 단위가 아니다. Halliday[6]의 말을 사용하자면 자연적 형태는 "화
용적(fragmatic)" 혹은 "탐구적(mathetic)" 담화 기능을 수행하는 담화
단위(dicourse units)이다.[16] 화용적 기능은 전형적으로 다른 사람을 우
리의 편에서 행동하도록 개입시키는 것이다. 탐구적인 기능은 John
Dewey의 오래된 표현을 빌려서 말하자면 "세상에 대한 자신의 사고
를 분명하게 하는 것"과 관련이 있어야 한다. 이 두 가지 기능은 문장
을 사용하지만 어느 것도 문장의 경계 내에 제한되지 않는다. 하지만

---

6) Halliday가 말하는 의사소통 기능의 발달 단계

가. 1단계 : 10~18개월
① 도구적 기능(Instrumental Function)
② 조정적 기능(Regulatory Function)
③ 상호작용적 기능(Interactional Function)
　　– 인사하기, 타인을 공통적인 관심이나 활동에 끌어들이기 등의 기능
　　– '너와 나'의 의사를 내포하며 '주고받기 기능'이라고도 불린다.
④ 개인적 기능(Personal Function)
　　– 자신을 표현하고자 하는 의사소통 행위로서, 자신의 감정, 태도, 흥미 등을 표
　　　현한다.
　　– '나'의 존재에 대해 인식시키고자 하는 의미를 내포
　　– '평가하기', '의견 말하기', 또는 '정보 제공하기' 등의 기능들로 확대
⑤ 발견적 기능(Heuristic Function)
　　– 환경을 탐구하고 정리하려는 의사소통 행위로 '정보 요청하기' 기능

담화 기능은 어휘 목록에 있는 "단어"가 그것의 사용을 위해 임의의 음운론적 차이가 적소에 있는 것에 의존하는 것처럼 담화의 실현을 위해 접근할 수 있는 어떤 문법적 형식을 필요로 한다.

나는 인간 의사소통에서 도처에 가장 많이 존재하는 강력한 담화형 태 중의 하나가 내러티브라는 것을 주장하는 데 애써 왔다. 내러티브 구조는 심지어 그것이 언어적 표현을 성취하기 전에 사회적 상호작용의 실제(praxis)에 내재해 있다. 나는 그것이 어린 아이가 습득하는 문법적 형식에서 우선성을 결정하고 내러티브를 구성하기 위한 "돌진 (push)"이라는 더욱더 근본적인 주장을 하고 싶다.[17]

- 언어는 개인이 자기 주변의 환경을 탐색하고 이해하며 나아가서는 학습하기 위한 수단으로서의 기능을 한다.

⑥ 가상적 기능(Imaginative Function)
- 가상적 상황을 만드는 의사소통 행위로 '우리 --척 해요'와 같은 의사를 내포
- 언어는 개인이 상상의 세계에 몰입하도록 도와주며 창의적인 활동을 하도록 하는 기능

나. 2단계: 18~24개월

① 화용적 기능(Fragmatic Function)
- 도구적 기능과 제어적 기능이 발전한 형태로 물건, 행동, 활동을 요구하는 기능

② 탐구적 기능(Mathetic Function)
- 개인적 기능과 발견적 기능이 발전한 형태로 환경을 배우려는 목적으로 언어 를 사용

③ 정보제공적 기능(Informative Function)
- 다른 사람에게 새로운 정보를 제공하는 기능으로 다른 기능보다 늦게 발달

다. 3단계: 24개월 이후

① 관념형성적 기능(Ideation Function)
- 언어로 개념 및 관념을 표현하려고 하는 기능으로 탐구적 기능이 발전한 형태

② 대인/상호 작용적 기능(Interpersonal Function)
- 화용적/실용적 기능이 좀 더 발전한 형태로 세상일에 관여하거나 영향을 주기 위한 기능

③ 언어구문화기능(Textual Function)
- 문장으로 표현하는 기능

앞 장에서 언급했듯이 내러티브가 효과적으로 수행되려면 네 가지 중요한 문법적 구성요소를 필요로 한다. 첫째, 내러티브는 인간 행동 혹은 "능동적 주체성(agentivity)"을 강조하기 위한 수단을 필요로 한다. 행동은 주체자(agent)에 의해 제어되는 목적을 향하도록 인도된다. 둘째, 내러티브는 사건과 상태가 표준적인 방법으로 "선형화"되는, 즉 계열적인 순서가 세워지고 유지되는 것을 필요로 한다. 셋째, 내러티브는 인간 상호작용에서 규준적인 것과 규준적인 것을 깨트리는 것에 대한 민감성을 필요로 한다. 끝으로 내러티브는 말하는 사람의 관점에 가까워지는 어떤 것을 필요로 한다. 즉, 내러티브론(narratology)의 전문용어로 그것은 "소리 없는" 것이 될 수 없다.

만약 내러티브로의 돌진이 담화적 수준에서 작용한다면 문법적 형식의 습득 순서는 이런 네 가지 필요 요소를 반영해야 한다. 그것이 어떻게 그렇게 잘 될까? 다행히 우리의 탐구를 위해 초기 언어 습득에 대한 많은 연구가 문법에 대한 의미를 함유하고, 의미를 가진 관계에서 설명되고 있다. 이러한 것은 우리가 어린이에게 최초로 가장 민감한 의미 영역의 종류를 평가하도록 허락한다.

일단 어린이가 어떤 언어의 사용을 위해 필요한 참조의 기본적인 아이디어를 이해하게 되면 그들은 이름을 지을 수 있고, 반복을 메모할 수 있고, 존재의 결과, 즉 인간의 행동과 그 성과 특히 인간의 상호작용에 중심을 두는 중요한 언어적 관심을 기록할 수 있다. 주체자(agent)와 행동(action), 행동과 목표 혹은 대상(object), 주체자와 목표, 행동과 위치(location), 소유자와 소유는 말의 첫 번째 단계에서 나타나는 의미론적 관계의 중요한 부분을 구성한다.[18] 이런 형식은 행동을 언급할 때뿐만 아니라 다른 사람과의 상호 작용에 대해 의견을 말하고, 의견을 주고 소유에서 교환을 가져오고 부탁할 때에도 나타난다. 게다가 어린 아이는 그들의 성취와 "목적"에―그리고 완성에 대해

"all gone", 미완성에 대해 "uh oh" 같은 표현을 사용한다. 사람들과 그들의 행동은 아이의 흥미와 관심을 지배한다. 이것은 내러티브의 첫 번째 필요 요소이다.[19]

두 번째 필요 요소는 비범한 것을 표시하고 평범한 것은 표시하지 않는, 즉 보통과 다른 것에 대한 정보를 가지고 집중을 하는 초기 준비성이다. 정말로 어린 아이들은 특이한 것에 너무나도 쉽게 사로잡혀서 아이들을 대상으로 연구를 수행하는 우리들도 거기에 의존하게 된다. 그것의 힘은 가능한 "습관화 실험(habituation experiment)"을 만든다. 어린 아이들은 평범하지 않은 것이 있을 때 활발해진다. 즉 그들은 꼼짝 않고 지켜보고, 젖을 먹는 것을 멈추고, 심장 박동수의 감소 등등을 보인다.[20] 그래서 어린 아이들이 언어를 습득하기 시작할 때 그들의 세상에서 평범하지 않은 것에 그들의 언어적 노력을 쏟아 붓는 것은 놀랄 만한 것이 아니다. 그들은 평범하지 않은 것이 있을 때 활발해질 뿐만 아니라 손짓으로 가리키고, 목소리를 내고, 마침내는 평범하지 않은 것에 대해 말을 한다. Roman Jacobson이 우리에게 수년 전에 말했듯이 말을 하는 바로 그 행동은 평범한 것으로부터 평범하지 않은 것을 표시하는 행위이다. Particia Greenfeild와 Joshua Smith는 이런 중요한 점을 경험적으로 설명한 최초의 사람들이다.[21]

세 번째 필요 요소는 문장을 표준화되게 유지하는 것과 "선형화" 시키는 것인데, 이것은 알려진 모든 문법 구조에서 구성된다.[22] 심지어 세상의 알려진 자연적 문법의 많은 부분은 직설법의 문장에 대해 현상학적으로 SVO(주어-동사-목적어, 즉 "어떤 사람이 어떤 것을 한다") 순서를 사용함으로써 선형화하는 일을 쉬운 상태가 되도록 한다는 것 또한 언급되어야 한다. 게다가 언어에서 SVO 형식은 대부분의 사례에서 첫 번째 습득되는 것이다. 어린이가 "그러면", "후에"와 같은 시제와 관련된 말이나 인과 관계를 나타내는 말을 사용하여 문장을 결속시켜 자세한 설명을 하기 위해 문법적이고 어휘적인 형식을 일찍 습득하기 시작한다. 우리는 그 문제에 곧 맞닥뜨리게 될 것이다.

내러티브의 네 번째 특성인 목소리나 "관점"에 대해 나는 그것이 어휘적 문법적 의미에 의해서라기보다 울기나 다른 감정적 표현, 스트레스 수준과 유사한 운율학적 특징 때문에 생겨나는 것이 아닌가 하고 생각한다. 하지만 Daniel Stern이 "첫 번째 관계"에 대한 그의 연구에서 풍부하게 설명하듯이 그것은 확실히 일찍이 다루어진다.[23]

이러한 네 가지 문법적/어휘적/운율적 특징은 어린이에게 내러티브 도구의 풍부함과 초기 장비를 제공한다. 나의 주장은 언어 습득 프로그램에서 이러한 특징에 우선권을 주는 것은 경험을 내러티브적으로 조직하는 인간 추진력이라는 것이다. 그렇게 하는 것이 너무 자명할지라도 결과적으로 아동들은 언어적 형태로 될 수 있는 가장 근본적인 피아제식의 논리적 명제를 다룰 수 있기 오래전부터 스토리를 만들고 스토리를 이해하며, 그 스토리들로 인하여 위안을 삼고 경각심을 느낀다. 정말로 어린이들은 진행되는 이야기에 둘러싸여 있을 때 논리적 가정을 가장 잘 쉽게 이해한다는 사실을 A. R. Luria와 Magaret Donaldson의 선구적인 연구로부터 우리는 알 수 있다. 훌륭한 러시아 민속 신화 형태론자인 Vladmir Propp는 그가 제안한 것처럼 이야기의 중요 "부분(parts)"은 자율적인 "테마" 혹은 "요소"라기보다는 이야기의 기능이라는 것을 언급한 최초의 사람들 중의 한 명이다. 그래서 우리는(Luria와 Donaldson의 그러한 연구에 근거해서) 어린이가 성인이 되어서야 생기는 나중에 발달하는 그런 논리적 계산법에 의해서 그것들을 다룰 수 있는 정신적 준비가 되기 전에 내러티브가 논리적 명제에 대한 초기 해석항(interpretants)[7]으로서 또한 기여하지 않을 수도

---

7) 해석항(項)은 Peirce의 기회 이론에서 등장함. 본서 2장 76쪽 참조. 그리고 철학에서는 기호가 해석자에게 미치는 영향 또는 해석자의 기호에 대한 반응 경향을 의미함.

있는 것인지에 대해 질문하도록 유혹을 받는다.[24]

하지만 나는 내러티브 조직과 담화에 대한 "초기 언어" 준비성이
문법적 습득의 순서에서 우선한다는 것을 주장하는 반면, 어린이가 처
음에 제시하는 문화의 내러티브 형식은 어린이의 내러티브적 담화에
권한을 부여하지 않는다는 것을 말하는 것이 아니다. 오히려 나의 주
장과 이 장의 나머지 부분에서 여러 번 설명할 수 있기를 바라는 것은
우리가 내러티브 조직에 대해 "선천적"이고 근본적인 성향을 가지고
있다는 것이다. 그 내러티브 조직은 우리가 빨리 그리고 쉽게 그것을
이해하고 사용하도록 하며, 문화는 우리가 곧 참여하게 되는 말하기와
해석하기의 전통과 문화 도구 상자를 통한 내러티브의 새로운 힘을 갖
추도록 한다.

4. 내러티브 실제의 사회화

다음으로 나는 아동의 후기 내러티브 실제의 사회화에 대한 몇 가
지 다른 관점을 다루고 싶다. 먼저 프로그램 정보를 제공하고자 한다.
우선 존재 증거로서 꽤 나이 어린 아동들에게서도 내러티브화를 유발
하는 일반적이지 않은 사건들의 힘을 논증하고 싶다. "모형" 내러티브
들이 아동의 인접한 환경에 얼마나 조밀하게 모든 곳에 존재하는지를
매우 간략히 보여주고 싶다. 그런 다음, 아동에게 있어서의 두 가지 두
드러진 내러티브 사회화의 사례―Chandler와 그의 동료들이 실험적인
연구에서 생체조건 밖에서(in vitro) 증명한 것을 생체조건 안에서(in
vivo) 내러티브적으로 보여주는 것―를 검토하고 싶다.[25] 아동들은 이
들 사례가 보여주게 될 것에 관하여 매우 빠르게 인식하게 되고, 그들
이 이미 했거나 하기로 계획한 것은 행위 그 자체에 의해서뿐만 아니

라 아동들이 그것을 어떻게 말하는지에 따라 해석될 것이다. 이성 (logos)과 습관(praxis)은 문화적으로 분리할 수 없다. 인간 자신의 행위에 대한 문화적 환경은 인간을 이야기하는 존재(narrator)가 되도록 강요한다. 연습의 목적은 내러티브에서 아동의 관여를 검토하는 것이고, 이 관여가 문화 속에서 얼마만큼 삶에 중요한지를 보여주려는 것이다.

시범연구(demonstration study)는 Joan Lucariello에 의해 수행된 유치원 아이들과의 매우 단순하고 잘 구성된 실험이다.[26] 그것의 유일한 목적은 어떤 종류의 행위가 너댓 살의 아동들이 내러티브 활동을 하게 하는지를 발견하는 것이었다. Lucariello는 아동들에게 이야기를 했다. 이야기는 선물을 주고받고 촛불을 끄는 보통 아이들의 생일 파티나 같은 또래의 사촌을 방문해 함께 놀이하는 것에 관한 것이다. 몇몇 생일 이야기는 정전(正典, canonicality)을 위반하였다—생일을 맞은 소녀는 불행했다거나 혹은 양초를 끄지 않고 초에 물을 쏟아 붓는 것 등. 그 위반은 이전 장에서 논의한 Burke의 다섯 요소의 불균형을 소개하기 위해 설계되었다: 행위자와 막 사이 또는 행위자와 장 사이. 어린 사촌 이야기와 견줄 만한 변형도 있었지만, 그와 같은 이야기를 위한 규범적인 버전이 없기 때문에 그 변형은 약간 색다르게 보이지만 "위반"의 실제 모습으로는 부족했다. 이야기 뒤에, 실험자는 아동들에게 그들이 들은 이야기에서 일어난 일에 대하여 몇 가지 질문을 하였다. 처음으로 반규범적인 이야기가 규범적인 이야기와 비교해 열 배나 더 정교한 다수의 내러티브를 만들어낸 것을 발견하였다. 어떤 어린 피실험자는 소녀가 생일을 잊었고 입을 만한 적당한 옷이 없다고 말하면서 생일을 맞은 소녀의 불행을 설명하였고, 다른 아이는 엄마와 다툰 것 등으로 설명하였다. 소녀가 규범적인 버전에서는 왜 행복했는지를 노골적으로 물었을 때, 그 아이들은 오히려 어찌할 바를 몰랐다. 그

들이 말하려고 생각한 모든 것은 소녀의 생일이었고, 마치 성인의 거
짓 순수함에 당황한 것처럼, 어떤 경우 그들은 그냥 어깨를 으쓱할 뿐
이었다. 약간 색다른 버전의 비규범적인 "사촌 놀이" 이야기는 진부한
이야기보다 오히려 네 배나 더 내러티브 정교화를 재현하였다. 정교화
는 전형적으로 이전 장에서 논의한 형태를 택하였다: 문화적으로 주어
진(파티를 위해 좋은 옷을 입고자 하는 요구) 병치(juxtaposition)에서
의도적인 진술(소녀가 생일 날짜를 혼동한 것처럼)을 바랐다. 내러티
브는 이야기 주인공의 주관적인 진술에 호소하여 문화적 탈선의 의미
를 만듦으로써 목표에 부합되었다.

나는 여러분을 놀라게 하기 위해 이러한 발견에 대해 언급한 것이
아니다. 내 흥미를 끄는 것은 그것의 명백함이다. 4세의 아동들은 문화
에 관하여 많이 알지 못하지만, 무엇이 규범적인가를 알고 규범적이지
않은 것을 설명하는 이야기를 하기를 갈망한다. Piggy Miller의 연구가
증명한 것처럼, 아동이 행한 것만큼 많이 알고 있다는 것은 놀라운 일
이 아니다.[27]

그것은 볼티모어의 노동자층의 나이 어린 아동들의 내러티브 환경
과도 관계가 있다. Miller는 취학 전 아동이 어머니와 가정에서 하는 대
화를 기록하였고, 아동이 쉽게 들을 수 있는 범위 내에서 어머니와 다
른 성인이 하는 대화도 기록하였다. 친숙한 환경에서, 매일의 경험을
재현하는 이야기의 흐름은 그것을 바꾸어 쓰는 Miller에게는 "냉혹"한
것이었다. 평균적으로 매시간 기록된 대화는 8.5 내러티브였고, 하나
는 매 7분이었는데, 그중 4분의 3이 엄마의 이야기였다. 그것들은 미국
인들의 대화에서 매일 폭넓게 사용되는 단순한 내러티브이다. 그것은
보통 세 살 먹은 아동의 말에서 발견되는 형태이다. 그것은 단순한 관
심이나 직선적 묘사를 갑작스러운 사건, 결심, 그리고 가끔씩 종결부
와 연루시킨다.[28] 이미 언급한 것처럼, 그것들은 이해될 수 있다. 그것

들의 4분의 1은 아동 자신의 행동에 관한 것이다.

상당수가 폭력, 공격, 협박을 다루고, 적지 않은 수가 죽음, 아동학대, 아내 구타, 심지어 총격을 분명히 다룬다. 이러한 검열의 부족, "가혹한 실제"에 대한 연속적인 기술은 낮은 계층 흑인 문화의 계획적인 강조로 많은 부분 아이들을 "강화"하고 인생을 일찍 준비하게 하기 위해서다. Shirley Brice Heath는 시골의 조그마한 마을에 사는 흑인 아동들의 연구에서 이와 동일한 현상을 보고해 왔다.[29]

게다가, 이야기는 거의 언제나 이야기하는 사람을 밝은 쪽으로 묘사한다. 이야기하는 사람의 승리는 빈번히 대화에서 누군가를 이기는 형태를 취하고, 이것은 보고된 언어의 사용에 의해 예증되는데, 보고된 언어는 단편적으로 직접적이고 자기 표시적이기 때문에 극적일 뿐만 아니라 수사적으로도 적절하다: 그녀는 "큰 코의 BITCH(여자)를 보시오."라고 말한다. 나는 "어, 나에게 말하는군요."라고 한다. 나는 "나에게 말하는 것인가요?"라고 말하였다. 나는 "자, 만일 당신이 나를 엉망으로 만들면, 당신은 살찐 굼벵이고, 당신을 냄비에 넣고 보통 크기로 만들기 위해 벌거벗기겠다."고 말한다."[30] 언어자료(corpus)는 "자신을 이야기하는 것"의 몇몇 사례를 포함한다. 그 강조점은 모진 세상에서 행위자의 주체성(agentivity)을 위험에 빠뜨리는 것이고, 행위자는 행위와 말을 통해 세계를 어떻게 대처하는가이다. Miller는 성인 버전에서 초기에 기록되었던 이야기를 다시 말하는 아동들을 기록하기에 충분할 만큼 운이 따른 드문 사례였고, 아동들은 드라마와 원작의 준언어학적 특징을 각색하는 것을 과장하였다.

나는 특별한 내러티브 환경으로서 볼티모어의 노동자 아동들을 가려내는 것을 의미한 것이 아니다. 모든 내러티브 환경은 문화적인 요구를 위해 특수화되고, 모든 것은 자기(self)의 형태로서 이야기하는 사람을 틀에 박히게 하고, 이야기하는 사람과 대화자 사이의 온갖 종류의 관련을 정의한다. 나는 Shirley Brice Heath의 글자 그대로의 설명을 사용했고, White 작은 읍 Roadville 이야기에서 불온한 부분을 삭제하였다.[31] 그와 같은 내러티브 환경을 밀접하게 검토한 어떤 사례는 아동의 세계(그리고 성인의 세계, 그 문제에 대해)에서 어디에나 있는 내러티브의 동일한 이야기를 많이 할 것이고, 아동들을 문화로 데리고 가는 데 있어서 기능의 중요성을 이야기할 것이다.

5. 내러티브의 활용

이제 우리는 아동들의 내러티브 활용에 돌릴 수 있게 되었고, Judy Dunn의 저서 「사회적인 이해의 시초(The Beginning of Social Understanding)」보다 시작하기에 더 나은 요소는 없다. Dunn은 다음과 같이 말한다. "아동들은 이러한 발달이 일어나는 세계에서, 우리가 그들의 사회적 이해의 세밀한 구분에 민감할 수 있는 맥락에서 거의 연구되지 못했다." 그러나 그녀가 말한 것은 단순히 심리학적인 연구에서 "생태학적 상황조건과 처지"에 대한 자연주의자의 간청은 아니다. 오히려 그녀의 요점은 사회적인 이해이다. 결국 그것이 아무리 추상적이 될지라도 사회적인 이해는 늘 아동이 주인공—행위자, 희생자, 공범자—인 특별한 맥락의 프락시스로서 시작한다. 아동은 어떤 이야기를 하거나, 정당화를 하거나, 변명을 하기 전에 일상의 가족 "드라마" 속에서 나름의 역할을 공부한다. 허용되는 것과 그렇지 않은 것, 어떤 것이 어떤 결과를 가져오는지 이러한 것들이 먼저 행위에서 학습된다. 그러한 규정된 지식의 언어로의 변환은 나중에 이루어지고, 이미 이전의 논의에서 알 수 있었던 것처럼, 아동은 행위에 따라 붙는 "지시적 목표(referential target)"에 언어적으로 민감하다. 그러나 자신들과 연관된 상호

작용에 대해 말하는 어린이들의 담화행위를 특징짓는 다른 어떤 것이 있다. 그것은 Dunn이 우리의 주의를 환기시킨 어떤 것으로 특별히 중요하다.

어린 아동들은 손위 형제자매나 부모에게서 그들 자신의 상호작용의 설명을 듣고, 그 설명은 유사한 Burke의 펜타드(pentad)[8], 즉 이야기의 5가지 요소에 의해 구성된다: 특정 강요 장면에서 어떤 도움에 의한 목표를 향한 행위자의 행위.[33] 그러나 그 설명은 자신의 해석과 관심을 거스르는 형태로 주어진다. 그것은 "발생한 것"에 대한 아동들 자신의 버전과 충돌하는, 또는 "문제점"에 대한 버전과 모순되는 다른 주인공의 목표의 관점이다. 이러한 상황에서 내러티브 설명은 더 이상 중립적이지 않다. 그것들은 단순히 설명적이라기보다는 오히려 당파적인 수사적 목적이나 발화내의 의도를 가지고, 비록 특별한 해석을 위하여 적어도 설득력 있게 두 당사자가 적대적이지 않을지라도 그 경우를 두도록 설계된다. 그러한 초기 가족 갈등에서, 내러티브는 사건이 일어난 것뿐만 아니라 그것이 열거한 행위를 정당화하는 이유를 이야기하기 위한 도구가 된다. 일반적으로 내러티브로서, "사건의 발생"은 "그래서 어떻단 말인가"의 조건을 충족하기 위해 안성맞춤이다.

Dunn은 이것을 고차적인 프로이드적 드라마가 아니라 일용 필수품 정치인 "가족 정치"의 성찰로 본다. 사건의 본질에서 아동은 자신의 욕구를 갖지만 애정면에서 가족에 대한 의존을 고려해 볼 때, 이 욕구가 종종 부모나 형제자매의 그것과 충돌하게 될 때는 갈등이 일어난다. 갈등이 일어날 때 아동의 과업은 다른 가족들과 관련해서 자신의 욕구의 균형을 잡는 것이다. 그리고 곧바로 행위가 목표를 성취하는

---

8) 비유를 설명해주는 도구로서, 담화 수사학에서 장면, 인물, 수단, 행위, 그리고 목적으로 구성된다.

데 충분한 것이 아니라는 것을 배우게 된다. 옳은(right) 이야기를 하는 것과 이치에 맞는 행동을 하고 목표를 실행하는 것은 중요하다. 당신이 원하는 것을 갖는 것은 옳은 이야기를 이해하는 것을 의미하기도 한다. John Austin이 오래전에 자신의 유명한 에세이 "사죄의 기도(A Plea for Excuses)"에서 말했던 것처럼, 의인(義認)은 상황을 완화시키는 이야기에 의존한다.[34] 그러나 이야기를 올바로 이해하고 동생과 성공적으로 겨루기 위해서는 규범적으로 수용 가능한 버전이 무엇으로 구성되었는지를 아는 것이 필요하다. "옳은" 이야기는 규범적인 버전의 완화를 통해서 당신의 버전과 연결되는 이야기이다.

정말로, 볼티모어에 사는 아동들은 "일상적인" 내러티브를 자세히 말하는 형태뿐만 아니라, 수사적인 형태로 이해하게 되는 것이다. 서너 살쯤에, 그들은 사랑하는 사람들과 대결하지 않고 그들이 할 수 있는 것을 얻기 위해, 정당화하기 위해, 추켜세우기 하기 위해, 속이기 위해, 부추기기 위해 내러티브를 활용하는 방법을 학습한다. 더구나 그들은 여러 가지 장르의 이야기의 감식가(connoisseurs)가 되고 있는 중이다. 언어-행위 이론이란 점에서 그 문제를 보면, 내러티브의 생성 구조를 아는 것은 광범위한 발화의도의 필요 조건을 적합하게 하기 위한 화법의 구성을 가능하게 해준다. 동일한 일련의 기능 역시 어린 아동들로 하여금 보다 통찰력 있는 공감을 갖추게 한다. 그들은 종종 부모를 위해 스스로를 옹호하려고 노력하고 있는—특별히 뒤얽힌 관심사에 대한 다툼이 없을 때—동생들의 의미와 의도를 해석할 수 있다.

그러므로 나날의 "가족 드라마"를 파악하는 힘을 요약하는 것은 먼저 실습이나 연습(praxis)의 형태로 온다. 우리가 이미 알고 있듯이, 아동은 곧 행위 및 결론과 관련된 언어 형태들을 습득한다. 아동은 당신의 행위가 당신이 하고 있는 것과 할 예정인 것, 혹은 이미 해 버린 것을 얼마만큼 자세히 말하느냐에 의해 철저히 영향을 받는다는 것을 곧 배우게 된다. 이야기하기는 설명적인 행위이면서 동시에 수사적인 행위이다. 당신의 사례를 설득력 있게 만드는 방식으로 이야기를 하기 위해서는 인간의 행위가 상황의 완화에 의해 변형된 규범적인 형태를 확장하는 것처럼 보이도록 만들어야 하기 때문에, 언어가 필요하지만 규범적인 형태의 숙달도 필요하다. 이 기능을 성취하는 과정에서 아동은 별로 추상적이지 않은 수사적인 거래—기만, 감언이설, 그리고 그 밖의 것들—도구들을 활용하는 방법을 배운다. 또한 아동은 수많은 유용한 형태의 해석을 학습하고 그것에 의하여 통찰력 있는 공감을 발전시킨다. 그럼으로써 아동은 인간의 문화에 입문하게 된다.

6. 내러티브의 구성주의 기능 발달

이제 발달 시점(developmental time)에서 뒤로 돌아가 보자—18개월에서 3살 때까지 기록된 Emily의 독백은 「Narratives from the Crib」이라는 책의 주제가 되었다.[35] Emily는 어린 시절 내내 삶의 한가운데 있었다. 남동생인 Stephen이 태어났고, 그 남동생이 가족 내에서 Emily의 단독 역할을 대신했을 뿐만 아니라 그녀의 방과 유아용 침대를 빼앗았다. Vladimir Propp가 일전에 언급하였듯이, 민간 설화(folk-tales)가 부족(lack)과 배제(displacement)로 시작한다면, 이것은 Emily를 위한 "내러티브 생성적(narratogenic)" 시간이었을 것이다.[36] 그리고 남동생이 태어나자마자, Emily는 유아원의 떠들썩한 삶으로 안내되었다. 부모 둘 다 직업이 있기 때문에, 아기 돌봐주는 사람 또한 필요했다—이들 모두 함께 차를 타는 것이 조마조마하고 일정이 자주 바뀌는 잘못 계획된 도시의 배경에 저항한다. "삶의 한가운데에(In the midst of life)"라는 표현이 과장된 것이 아니다.

Emily가 이러한 모든 중요한 사건들이 발생하는 동안에도 꾸준히 모국어의 사용을 향상시켜 나간 것은 행운이었다. 바쁜 일상이 경험될 때, Emily의 언어적 성장은 의사소통적 도구뿐만 아니라 크게 반향하기 위한 수단으로 관찰되었다. Emily의 독백은 풍부하였다. 더욱이, "확립된" 비고츠키식 이론에 대조적으로, Emily의 독백은 대화로 말하기보다 문법적으로 매우 복잡하였고, 발화의 길이 또한 매우 확장되었으나, "즉각적인 것"은 아니었다—아마도 자신에게 말할 때는 방해하는 대담자의 말 간격에 자신의 말을 맞출 필요가 없었기 때문이었을 것이다.

여러분은 왜 자신에게 이야기를 하나요? 비록 다소 조숙한 어린이일 경우이기는 하나, 왜 특히 어린이들이 자신에게 이야기를 할까요? John Dewey는 언어가 세상에 대한 사고를 분류하는 방식을 제공한다고 제안했다. 그리고 그의 추측을 확인해 볼 수 있는 장들이 「Narratives from the Crib」에 제시되어 있다. 우리는 지금 그 문제로 돌아가고자 한다. Emily는 독백으로 봉제 동물인형들과 얘기하고, 자신이 배웠던 노래나 읽었던 유명한 책의 주를 달면서 낭송하였다. 독백의 약 1/4은 솔직히 내러티브 설명이었다. 즉 Emily가 무엇을 해 왔었는지 혹은 그녀가 미래에 어떻게 할 것인지를 생각한 것에 관한 자서전적 내러티브였다. 우리는 반복적으로 테이프를 듣고 사본(transcript)을 읽으면서, Emily의 독백의 내러티브의 구성주의적 기능에 감명받았다. 그녀는 단지 기록만 한 것이 아니라 자신의 일상적 삶을 이해하려고 시도하였다. 그녀는 자신이 믿는 것과 느끼는 것, 그리고 수행한 것을 완전히 처리할 수 있는 통합적 구조를 찾고 있는 것 같았다.

대부분 어린이들의 어휘 목록-문법적 발화는 삶의 초창기 동안 꾸준히 향상하기 때문에, 우리는 언어 습득이 "자율적(autonomous)"인 것이라고 너무 쉽게 당연히 여긴다. 이러한 신조에 따라, Chomsky식

영향력의 일부는 일찍이 논의되어 왔고, 그에 따르면 언어 습득은 그 자체로 동기가 필요하지 않으며, 언어 습득을 향상하기 위해 특별히 구체적인 지원이 필요 없고, 일종의 스스로 감당해야 하는 "biopro-gram"을 제외하고 아무것도 없다. 그러나 사본을 자세히 들여다보고 테이프를 들어보면, Emily가 의미를 구성하는 데 필요하기 때문에 발화에서 더욱 향상된 도약을 노력했으며, 특히 내러티브적 의미를 구성하기 위해 힘썼다는 것에 깊은 감명을 받을 때가 한두 번이 아니다. 의미의 성취가 문법과 어휘 목록의 사용을 요구한다면, 이것에 대한 조사(search)는 가능하지 않을 것이다. 우리와 같이 Lois Bloom은 자신의 연구 중 하나에서 이와 같은 결론을 언급했는데, 예를 들어, 어린이들이 인과적 표현을 숙달하면 사람들이 왜 무엇인가를 했는지 그 이유에 흥미를 가지게 된다는 것이다. 이러한 의미에서, Emily가 더 나은 문법적 구성과 더 확장된 어휘 목록을 위해 노력한 것은 그것들을 적절한 연속적 질서(order) 속에서 조직할 필요가 있다고 생각했기 때문이다. 그리고 그것들을 특별히 표시하고, 그것들에 대해 일종의 입장을 취할 필요성에 대해 자극을 받았기 때문이다. 의심할 여지 없이, 어린이들은 거의 놀이의 형태로 필요한 때에 자신을 위해 언어에 흥미를 가지게 되었다. Ruth Weir의 Anthony처럼, Emily는 자신의 나중의 독백에서 "언어와 단지 놀이"하는 것 같았지만, 그 외에 다른 것 또한 있는 것 같았다.[37] 그렇다면 그것은 무엇일까?

발달 언어학에서 우리는 "기능이 형태를 앞선다"라고 말한다. 예를 들어, 이러한 기능을 표현하기 위한 어휘 목록-문법적 발화가 있기 전에 잘 요청하고 지시하기 위한 몸짓의 형태가 있으며, 요청하고 지시하기 위한 전언어적(prelinguistic) 의도들은 적절한 언어적 형태를 찾아서 숙달하는 데 도움을 줄 것 같다. 그리고 그것은 의미나 "구조(structure)"를 경험과 관련시키려는 어린이의 적극성과 함께 작용함이 틀림없다. Emily의 초기 습득의 대부분은 내러티브 구조를 표현하기 위해 그리고 집중시키기 위한 필요에 의해 자극받는 것 같았다. 내러티브 구조란 인간 사건들의 순서와 그 사건들이 어떠한 차이점으로 내레이터와 주인공을 만들었는가 하는 것이다. 나는 이것이 언어 습득의 표준 버전이 아니라는 것을 알지만, 더 자세히 써보려고 한다.

Emily의 내러티브적 독백에서 가장 주목할 만한 가장 빠른 성취 세 가지는 모두 언어 속으로 자신의 내러티브를 더욱 견고하게 집중시키려는 데 관심을 가졌다. 우선, "무엇이 발생했는지"에 관한 Emily의 설명에 있어 더욱 직선적이고 빈틈없는 배열을 성취하기 위해 언어적 형태를 꾸준히 숙달하는 것이다. Emily의 초기 설명은 간단한 접속사를 사용해 해프닝들을 함께 엮어주는 것으로 시작하여, and then과 같은 시제를 나타내는 말에 의존하는 것으로 옮겨갔으며, Emily가 항상 사용하는 because와 같은 인과관계를 나타내는 접속사를 마지막에 다루었다. Emily가 순서짓기(ordering)에 관해 몹시 까다로운 이유는 무엇인가? Who나 What이 먼저 오는지 Whom이나 What을 따라오는지에 관해 때때로 스스로 바로잡으려 할 정도로 까다로운 이유는 무엇인가? 결국 Emily는 오로지 스스로에게 말하고 있는 것이다. William Labov는 내러티브 구조에 관한 자신의 획기적인 논문에서 "어떤 일이 일어났는가"의 의미가 계열 속에서 순서와 형태에 의해 엄격하게 결정된다는 것을 말하였다.[38] 아마 Emily가 추구하려고 한 것처럼 보인 것은 바로 이 의미일 것이다.

둘째, 규범적이고 일상적인 것과 특별한 것을 구별하기 위한 형태에 대한 관심과 성취는 빠른 진전을 보여주었다. '가끔씩' 그리고 '늘' 같은 단어들이 그녀가 두 살 때 그녀의 독백에서 사용되었다. 그리고 그 단어들은 신중하게 강조하면서 사용되었다. Emily는 꾸준히, 신뢰할 만한 그리고 일상적으로 간주하는 것에 절실한 흥미를 보여주었고, 예외적인 것을 자세히 설명하기 위한 배경으로서 제공된 이러한 일상적인 일에 대한 지식을 보여주었다. Emily는 그런 문제들을 분명히 하기 위해 심사숙고하며 작업하였다. 이런 관점에서, Emily는 Dunn의 캠브리지 연구에서의 어린이들과 매우 흡사하다.

일단 Emily가 양적으로 신뢰할 만한 것을 확립하고 표현한다면, Emily는 의무적인 필요성을 소개하려고 시작할 것이다. "Got to"라는 표현이 그녀의 어휘 목록으로 들어가고, 말하자면 격식에 맞는 우아한 사건들을 표시하려고 하였다. 비행기 여행 후의 독백에서 비행기에 탑승하기 위해 "수하물을 맡겨야 한다"는 것을 할머니에게 말하였을 때처럼 말이다. 그리고 Emily가 종교적이고 규범적인 사건들을 표시하기 위해 시간을 초월한 현재 시제를 사용하기 시작한 것도 발달단계상 이 시점이다. 아빠가 Emmy를 위해 옥수수 빵을 만들었다처럼 일요일 아침을 자세히 말하는 것은 더 이상 충족되지 않았다. 일요일은 이제 특정 시간에 제한받지 않는 사건의 한 종류, 형식이었다. 당신이 잠에서 깨어났을 때, 하지만 일요일 아침마다 우리는 가끔 잠에서 깨어난다. … 언젠가 우리는 아침을 깨운다. 그러한 시간을 초월하는 이야기는 22개월에서 33개월 동안 빈도수가 두 배로 되었다. 그것들은 우리가 현재 되돌아가서 언급하려는 특수한 중요성을 나타낸다.

세 번째이자 마지막으로, 의식(consciousness)의 풍경을 내러티브에서의 행위(action)의 풍경에까지 첨가하는 표준적 방식인 Emily의 내러티브 설명 속으로 Emily의 개인적 관점과 평가에 대한 소개가 있었다. Emily는 이 기간동안 점차 이런 것을 증가시켰다. 우리가 Emily의 독백을 모니터링하고, Emily가 자세히 설명하는 것에 관해 자신의 감정을 표현하는 형태를 주로 모니터링하였다. 그러나 Emily 역시 인식론적 관점을 확립하였다. 예를 들어 Emily의 아버지가 지역 마라톤에서 왜 받아들여지지 않았는지를 설명할 수 없는 것처럼 말이다.

Emily는 나중의 독백에서 자신이 의심스러워하는 것(아마도 내 생각에는)과 세상에 대한 불확실성(Carl은 가끔 꾀병을 부린다)의 상태를 분명히 구별하는 것 같았다. 그 두 가지는 Emily의 독백 속에서 구분되는 의미를 지닌다: 한 가지는 행위자-내레이터(Actor-Narrator)의 마음 상태에 관한 것이고(즉, 자서전 작가) 다른 하나는 장면(Scene)에 관한 것이다. 그것들은 둘 다 관점주의적(perspectival) 성격을 띤다. 둘 다 자세히 설명된 해프닝에 관한 "그래서 어떻게 되었지(so what)"와 같은 문제를 다룬다.

이 모든 언어적 노력의 원동력은 비록 그것이 부재 중이라 하더라도 논리적 정합성(logical coherence)을 향한 돌진만은 아니다. 그것은 오히려 "스토리를 더 적합하게 하는 것"에 대한 요구이다: 누가 무엇을 누구와 어디서 했는가, "진실하고" 견실한 일인가? 혹은 포악한 해프닝인가? 그리고 내가 그것에 대해 어떻게 느꼈는가. Emily의 언어는 도움이 되었지만 이런 방식으로 생각하고 말하도록 요구되지는 않았다. Emily는 장르(genre)를 사용하고 있었고, 그것은 Emily에게 쉽고 자연스레 다가왔다. 그러나 Emily는 이미 다른 장르를 수중에 가지고 있었고, Emily는 그 장르를 사용하고 완전하게 이해하고 있었다. 마치 우리가 Emily의 문제-해결식 독백에 관한 Carol Feldman의 분석에서 배웠듯이 말이다.[39] 여기에서, Emily는 카테고리와 인과관계에 대해, 속성과 정체성에 대해, "왜 그런가 하는 이유"의 범주에서 변화하는 세계를 알아갔다. Feldman이 기술하였듯이, 이러한 장르는 "퍼즐의 잘 정돈되고 복잡한 패턴을 가지고, 고려할 점을 드러내며, 해결책을 얻게 해준다." 아버지가 그 마라톤에서 거절된 이유를 이해하려고 애쓰는 Emily의 노력을 보라.

오늘 아빠는 레이스에 참여하기 위해 나갔지만, 사람들이 안 된다고 해서 TV로 마라톤을 시청해야 한다. 나는 그 이유를 모르겠지만 아마도 너무 많은 사람들이 마라톤에 참가하기 때문인 것 같다. 나는 그것이 바로 아빠가 마라톤에 참가할 수 없었던 이유라고 생각한다. … 나는 마라톤에서 아빠를 볼 수 있기를 바랐다. 나는 마라톤에서 아빠를 볼 수 있었으면 하고 생각했다. 그러나 그들은 안된다고 말했다. 아빠는 TV로만 봐야 한다는 것이다.

물론, 궁극적으로, Emily(우리들처럼)는 각각을 명료하게 사용하면서 혹은 다른 상황에 맞게 윤곽을 드러내면서, 이러한 두 가지 기본적 장르를 서로 맞물리게 하는 것을 학습한다. 여기 다시 32개월 때의 놀라운 예가 있다. 내러티브 영역은 예외성보다는 오히려 규범성(canonicality)과 여전히 주로 관련된 것이지만, 규범성이 다소 문제를 일으키는 사건들에 부과되고 있다는 것을 주의하라: 비록 유아원에 있기는 하지만 부모로부터 떨어지는 것.

우리가 내일 잠에서 깨면, 우선 나와 아빠, 그리고 엄마와 너는 우리가 늘 해오듯이 아침을 먹고 놀이를 할 거야. 그리고 나서 아빠가 오면 바로 Carl이 들어올 것이고, 우리는 잠시 동안 함께 놀 거야. 그리고 나서 Carl과 Emily는 누군가와 함께 차로 가고, 우리는 유아원까지 차를 타고 갈 거야. 그리고 우리가 거기에 도착할 때 우리 모두는 차에서 내려서 유아원으로 들어갈 거야. 그리고 아빠는 우리에게 키스할 거야. 그리고는 우리에게 안녕이라고 말하지. 아빠는 일하러 가고, 우리는 유아원에서 놀지. 정말 재밌지 않니?

그리고 나서 즉각적으로 Emily는 자신의 퍼즐-해결 장르로 화제를 돌린다.

왜냐하면 때때로 유아원에 가는 날이기 때문에 나는 유아원에 간

다. 가끔 한 주 내내 Tanta와 머물기도 한다. 그리고 가끔 엄마 아
빠와 논다. 그러나 보통, 가끔, 유아원에 간다.

그래서 Emily는 3살 때까지 계열성, 규범성, 그리고 자신의 경험을
내러티브적으로 표현하는 방식을 제시하기 위한 형식을 숙달하였다.
이 장르는 삶과 같은, 스토리 같은 방식으로 인간의 상호작용에서의
경험을 조직하는 데 이바지하였다. 이런 방식에서, Emily의 내러티브
환경은 Baltimore에서의 흑인 빈민가(Black ghetto) 어린이들의 환경
만큼 특징적이다. 그녀의 경우에, 우리는 Emily와 아버지와의 사전-독
백 교환으로부터 배웠다. 거기에는 "일을 적합하게 처리하는 것," "이
유"를 제시할 수 있는 것, 그리고 Emily에게 개방된 선택들을 이해하
는 것에 관한 거대한 강조(stress)가 있다. 결국, Emily의 아버지는 비
실용적인 이론가였다. 더욱이, Dunn의 Cambridge에서의 어린이들처
럼, Emily는 수사적으로 생각하고 말하는 것을 배웠고, 자신의 입장을
표현하기 위해 발화를 더욱 설득력 있게 설계하는 것을 배웠다.

우리가 보았듯이, Emily는 조만간 자신의 내러티브 속으로 다른 장
르를 끌어들일 것이다―문제해결하기. 그리고 신속히 이러한 일반적
인 끌어들임은 Emily의 내러티브 속에서 반드시 수반되는 생략할 수
없는 것이 된다. 나는 일부러 obbligato라는 음악 용어를 사용하였다:
Oxford 사전에 쓰여 있듯이, obbligato는 "생략할 수 없는 … 악곡의
완전함을 위해 필수적인 부분"이다. 담화 융합(discourse fuse)의 내러
티브적이고 패러다임적 양식은 그것이 아니다. 왜냐하면 그것들은 생
략되지 않기 때문이다. 오히려 논리적이거나 패러다임적 양식이 내러
티브에서의 불협화음을 설명하는 일에 집중된다. 이러한 설명은 "이유
(reasons)"의 형식 속에 있고, 이러한 이유들이 시간에 구애받지 않는
시간을 초월하는 현재 시제로 종종 진술되고 과거의 사건의 과정으로

부터 그것들을 구별하는 것이 더 낫다는 것은 흥미 있는 일이다. 그러나 이유가 이런 식으로 사용될 때, 이유들은 논리적일 뿐만 아니라 진짜처럼 보이도록 만들어져야 한다. 왜냐하면 내러티브의 요구조건이 여전히 지배적이기 때문이다. 이것은 검증가능성과 있을 법함이 함께 다루어지는 중요한 교차점이다. 성공적인 수렴(convergence)을 성취하는 것은 훌륭한 수사(rhetoric)를 얻는 것이다. 언어 습득에 관한 우리의 이해에 있어 그 다음에 일어나는 큰 진보는 애매한 주제가 발달적 연구에 의해 밝혀질 때 이루어질 것이다.

7. 인간 과학과 해석주의: 문화와 내러티브

내가 지금까지 제안해 온 관점은 해석주의자(interpretivist)의 입장이다. 즉 인간 과학을 실천하는 사람들의 행동과 그들이 연구하는 사람들의 행동의 관점에서의 해석주의자이다. 무엇이 문화적 공동체를 만드는가 하는 것은 사람들의 인격과 세상살이가 어떠한지, 혹은 어떤 것이 가치로운지에 관한 공유된 신념들만은 아니라는 입장이다. 문명(civility)의 획득을 보장하기 위해 일종의 합의가 있었음에 틀림없다. 그러나 문화의 정합성(coherence)이 중요한 것은 다양한 사회 내에서는 불가피한 실재에 대한 다른 해석을 판결 내리기 위해 해석적 절차들이 존재한다는 것이다. Michelle Rosaldo는 스토리의 곤경과 스토리의 인물들에 관한 문화적 축적물에 의해 창조된 결속(solidarity)을 나타내는 데 적합한 인물이다.[40] 그러나 나는 그것이 충분하다고 생각하지 않는다. 더 자세한 설명을 해 보겠다.

인간은 영원히 관심사에 관해 갈등을 겪고, 부수적인 원한, 파벌, 연합 그리고 변화하는 동맹을 경험한다. 그러나 이러한 파벌적 현상에

대해 흥미 있는 것은 그것들이 얼마나 많이 우리를 분리시키느냐가 아
니라 그것들이 얼마나 자주 중립화되거나 용서되며 참아지느냐 하는
것이다. 영장류 동물학자 Frans de Waal은 행동 생물학자들이 인간을
포함한 영장류들이 평화를 유지하는 무수한 수단들은 과소평가하면서
이들의 공격성은 과장하려는 경향을 보인다고 경고하였다.[41] 놀라운
내러티브 재능을 가지고 있는 인간의 관점에서 보면, 평화 유지의 주
요한 형식들 중의 하나는 일상적인 삶 속에서 갈등을 일으키는 도덕위
반을 둘러싸는 완화하는 환경을 제시하고, 연기하고, 그리고 해명하는
인간 재능이다. 그러한 내러티브의 목표(objective)는 화해시키는 것도
아니고, 합법화시키는 것도 아니며, 용서하는 것도 물론 아니다. 오히
려 설명(explicate)하는 것이다. 그리고 그러한 내러티브의 일상적 말
하기에서 제공된 설명은 기술된 주인공에 대해 늘 용서하는 것은 아니
다. 오히려, 늘 최상인 것은 내러이터이다. 그러나 어쨌든 간에, 내러
티브화하는 것은 이러한 해프닝을 우리가 기본적 삶의 상태로 취급하
는 일상성의 배경에 맞서서 파악할 수 있게 한다―마치 파악할 수 있
었던 것이 결과로서 더 이상 매력적이지 않더라도 말이다. 실행가능한
문화 속에 있는 것은 스토리들을 관련짓는 것과 관계되고, 비록 스토
리들이 의견일치를 보이지 않을지라도 서로 연결된다.

문화 속에서 파손(breakdown)이 있을 때(가족과 같은 소집단 문화
에서조차도), 그것은 여러 개 중 하나로 규명될 수 있다. 우선 삶에서
무엇이 일상적이고 규범적인 것을 구성하는지 그리고 무엇이 예외적
이고 일탈적인 것을 만들어 내는지에 관한 심각한 불일치가 있다. 세
대간 분쟁에 의해 악화된 "생활양식(life-style)의 투쟁"이라고 부르는
것으로부터 우리는 이것을 안다. 두 번째 위협은 스토리가 너무 이념
적이고 이기적으로 동기 부여되어서 의혹이 해석을 대신하게 될 때,
그리고 "무엇이 발생했는지"가 조작된 것으로 도외시될 때, 내러티브

에 대해 수사적으로 지나치게 특수화하려는 것에서 나온다. 큰 의미에서 살펴보면, 이것은 전체주의 정권 아래에서 발생한 것이고, 중앙 유럽의 현대 소설가들은 절묘하게 상세히 기록하였다―Milan Kundera, Danilo Kis, 그리고 다른 많은 사람들이 있다.[42] 이와 동일한 현상은 현대 관료주의에서 표현되고 있는데 어떤 일이 일어났는지에 관한 공식적 이야기가 묵살되고 의도적으로 피해지는 곳을 제외한 모든 곳에서 표현된다. 그리고 마지막으로 내러티브 원천(resources)에 대한 피폐함(impoverishment)에서 야기되는 파국(breakdown)이 있다―도시 흑인 빈민가에서의 영구적인 최하층에서, 팔레스타인 난민 수용소의 2, 3세대에서, 사하라 사막 이남 아프리카에서 반영구적으로 가뭄으로 고통받고 굶주림으로 정신없는 마을에서. 그것은 스토리 양식을 경험에 위치시키는 데 있어 전체적 손실이 있다는 것이 아니라, "최악의 시나리오" 스토리가 일상적인 삶을 지배해서 다양함이 더 이상 가능하지 않다는 것이다.

이 장 대부분에서 고려되어 온 초기 내러티브화의 자세한 분석으로부터 너무 멀어지지 않기를 바란다. 나는 내러티브 관점에서 경험을 표현하려는 우리의 능력이 단지 어린이들의 놀이만이 아니라, 문화 속에서의 삶의 대부분을 지배하고 있는 의미를 만들기 위한 수단이라는 것을 분명히 하고자 하였다―잠자리에 들 때의 독백으로부터 우리의 법률 체계에서 증언을 신중하게 생각하는 것까지. 결국, Ronald Dworkin이 법적인 해석 과정을 문학적 해석에 비유하는 것은 그렇게 놀랄 만한 일은 아니다. 그리고 법률학을 배우는 많은 학생들이 이런 관점에서 그와 동일한 견해를 가진다는 것 또한 사실이다.[43] 규범성에 대한 우리의 감각은 내러티브 속에서 자라나지만, 위반과 예외성에 관한 우리의 감각도 그렇다. 스토리들은 "실재"를 완화된 실재로 만든다. 내가 보기에, 어린이들은 그러한 정신면에서 자연스럽고 환경에 의해 자신의 내러티브적 경험을 시작하는 경향을 보인다. 그리고 우리는 그들에게 그러한 기능들을 완전하게 하기 위해 모델과 절차적인 도구 상자(tool kits)를 갖추어 준다. 그러한 기능들이 없다면, 우리는 사회적 삶이 생성하는 갈등과 모순을 결코 견딜 수 없을 것이다. 우리는 문화의 삶을 위해 적당하지 않게 될 수도 있을 것이다.

제4장

자서전과 자아

1. 자아의 개념과 자아의 연구에 대한 역사: 내러티브 전회

내가 마지막 장에서 하고자 하는 것은, 내가 "문화심리학"이라고 불러온 것에 대해 설명하는 것이다. 나는 문화심리학적 사고방식을 심리학에서 고전적으로 중심이 되어 온 개념에 적용해 봄으로써, 문화심리학을 설명하고자 한다. 내가 이 과제를 위해 선택한 개념은 "자아"이다. "자아"는 우리의 개념 어휘 목록 안에 있는 어떠한 것 못지않게 중심이 되고 고전적이며 다루기 어려운 개념이다. 문화심리학이 "자아"라는 어려운 화제를 명백히 할 수 있을까?

자아는 "직접적인" 인간 경험의 특질로서 이상하게 곡해된 역사를 지니고 있다. 자아가 생성해 낸 이론적인 문제점 중 일부는 "본질주의(실재론)"에 있다고 생각할 수 있다. 본질주의는, 마치 우리가 자아를 기술하려고 노력하기 이전에 존재하는 본질인 것처럼, 그리고 마치 우리가 해야 할 일은 자아의 본질을 발견하기 위해 자아를 조사하는 것인 것처럼, 자아의 설명에 대한 탐구에 관심을 가진다. 그러나 이렇게 하려는 생각은 그 자체가 많은 이유들로 인해 탐탁지 않게 여겨진다. E. B. Titchener가 총애하는 그의 지적인 아들, Edwin G. Boring이 내성법적 기획안을 결국 포기한 것은 정확히 이것 때문이었다. 즉 그가 대학원생으로서 우리를 가르쳤을 때, 내성법은 기껏해야 "초기 회상" 정도였고, 기억의 또 다른 유형으로서 같은 종류의 선택성과 구성을 필요로 하였다.[1] 내성법은 기억처럼 "상의하달식" 도식화가 되기 쉽다.

직접적으로 관찰 가능한 자아에 대한 대안으로서 나타난 것이 개념적 자아에 대한 견해였다. 개념적 자아는 회상에 의해 만들어진 개념으로서의 자아이며, 우리가 다른 개념들을 만드는 만큼이나 많이 만들어지는 개념이다. 그러나 "자아 실재론"은 좀처럼 사라지지 않는다.[2]

왜냐하면 이렇게 구성된 자아라는 개념이 진정한 개념인지 여부, 그 자아 개념이 "실재적인" 또는 본질적인 자아를 반영하는지 여부가 자아 실재론의 문제가 되기 때문이다. 물론 실재론에서 가장 큰 잘못을 저지른 것은 정신분석학이었다. 정신분석학에서 보는 ego, superego, id에 대한 형세는 실재적인 것이었다. 그래서 정신분석학적 방법은 그런 것을 있는 그대로 드러내는 전자 현미경과 같은 것이었다.

"개념적인 자아"에 관한 존재론적인 문제들은 좀 더 흥미로운 관심사들에 의해 곧 대체되었다. 인간은 어떤 과정들에 의해 그리고 어떤 유형들의 경험과 관련하여 자신들이 지니고 있는 자아에 대한 개념을 명확히 하는가? "자아"에는(William James가 암시한 바와 같이) 가족, 친구, 소유물 등을 통합하는 "확장된 자아"가 포함되는가?[3] 또는 Hazel Markus와 Paula Nurius가 제시한 바와 같이, 우리는 두려움과 바람의 일부 대상들뿐만 아니라 현재의 자아를 점유하기 위해 군집하는 가능한 자아들의 식민지인가?[4]

나는 자아에 대한 우리들의 견해 중에서, 실재론이 붕괴되도록 이끈 지적인 풍조에서 훨씬 더 만연한 어떤 것이 있었다고 추측한다. 그것은 현대 물리학에서의 반실재론, 현대 철학에서의 회의적 관점, 사회학에서의 구성주의, 지적 역사에서의 "패러다임 변동"의 제안, 이러한 것들이 생겨나는 것을 목격한 반세기 동안 일어났다. 시대적 추세에서 점점 뒤처지는 형이상학에 대조되는 학문은 인식론이었다. 존재론적 아이디어들이 앎의 본질에 있어서의 문제들로 전환될 수 있기만 하면, 그것들은 적합한 것이다. 결국, 본질적 자아는 개념적 자아에게 거의 한 알의 총알도 발사하지 못한 채 물러나고 말았다.[5]

존재론적 실재론의 구속으로부터 자유로워졌기 때문에, 자아의 본질에 관한 일련의 새로운 관심사들, 오히려 좀 더 "교섭적인" 관심사들이 나타나기 시작하였다. 자아는 화자와 타자, 즉 일반화된 타자 사이의 교섭적인 관계가 아닌가?[6] 자아는 사람의 의식, 태도, 정체성, 다른 사람들에 대한 의무를 만드는 방법은 아닌가? 자아는 정신 내면의 목적들을 위해서처럼 대화 상대자를 위해 계획된 이런 제도에서 "대화 의존적"이 된다.[7] 그러나 문화심리학에서의 이러한 노력은 대체로 심리학에 있어 매우 제한적인 효과를 가졌다.

내가 생각하기에, 심리학이 이러한 전도유망한 경향에 따라 끊임없이 계속적으로 발전하지 못하는 것은 심리학이 지니는 엄격한 반철학적 입장 때문인 것 같다. 심리학의 반철학적 입장으로, 심리학은 인접 학문들의 최근 사조에서 소외되어 왔다. 심리학을 하는 우리들은 "마음"이나 "자아"와 같이 중심 되는 아이디어들을 정의할 때, 인접 학문들과의 공통된 근거를 찾아내기보다는 우리 "자신의" 개념들을 "정의하기" 위한 표준화된 연구 패러다임들에 의존하기를 선호하였다. 우리는, 우리가 연구하는 개념을 정의하는 조작 방법(검사, 실험 절차와 같은 것들)이 되는, 이러한 연구 패러다임들을 선택한다. 이러한 방법들은 독점적이 되고 "지능은 지능 검사가 측정한 것이다"라고 하는 것처럼, 당면 현상을 엄격히 규정한다. 그리고 자아에 대한 연구에서도 마찬가지로, "자아"란 자아 개념 검사에 의해 측정된 것이 된다. 자아에 대한 각각의 정의는 그 나름의 자체 검사를 통해서 그리고 실질적인 문제들보다 방법론적인 복잡성에 관심을 두고 있는 최근 두 권짜리 핸드북을 통해서 좁은 범위로 정의되었는데, 그런 일련의 자아 개념을 둘러싸고 무수히 많은 검사 연구들이 이루어져 왔다.[8] 이런 각각의 검사들은 연구에 대한 검사 자체의 불연속적인 모듈을 만들게 된다. 그 각각의 검사들은 명세화되지 않은 채 남아 있는 자아에 대한 좀 더 큰 개념의 한 가지 "양상(aspect)"으로서만 채택된다.

이런 연구들 중 가장 좋은 연구조차도, 그 연구 자체의 검증 패러다임에 얽매이게 됨으로써 그 연구에 손실을 가져온다. "포부 수준"에 대한 연구들에서 구체적으로 표현된 자아의 양상을 예로 들어보겠다. 그 연구들은 피험자들에게 이전 시도들에서 유사한 과제에 성공했거나 실패한 후에 자신들이 과제를 얼마나 잘 할 수 있을 것인지를 예측해 보도록 요구함으로써 포부 수준을 측정하였다. Kurt Lewin에 의해 맨 처음으로 체계화되었던 이 아이디어는 적어도 그의 사고 체계 내에 이론적으로 자리 잡고 있었다. 그 아이디어로 많은 연구가 이루어졌고, 그런 연구들 중 일부는 꽤나 흥미로웠다. 나는 그 아이디어가 단 하나의 실험 패러다임으로 인해 시들해졌다고 추측한다. 그 아이디어는 절차상 너무나 "굳어져"서 일반적인 "자아 존중" 이론 속으로 넓혀지지 않는다. 그리고 분명히 그것은 너무나 고립되어 있어서 좀 더 일반적인 자아 이론과 통합되지도 않는다.[9] 게다가 그것은, 다른 인간 학문들(반실증주의 철학, 교섭주의, 맥락 강조)에서는 이루어지고 있는, 좀 더 폭넓은 개념적 발달을 돕는 많은 의견들 없이 발전하였다.

지금은 이것이 변화되었다. 또는 적어도 그것은 변화의 과정 중에 있다. 그러나 그것은 우리가 이 변화를 높이 평가하는 데 도움이 될 것이다. 다시 말해 그것은 심리학의 다른 초기 개념, 즉 표면상 자아의 개념과는 상당히 분리된 것처럼 보일 수 있는 개념에서 일어나는 유사한 변화를 추적하는 데 도움이 될 것이다. 그것은 좀 더 폭넓은 지적 사회 내에서의 발전의 소산물이 어떻게, 우리의 표준적인 실험 패러다임이 항해하는 좁은 수로 속으로 애써 나아가는지를 보여줄지도 모른다. 실례로 "학습"이라는 개념의 최근 변천사를 들어 그 개념이 "지식의 습득"에 대한 연구로서 재정의될 때, 그 개념이 결국 어떻게 좀 더 폭넓은 아이디어들의 문화 속으로 흡수되었는지를 보여주겠다. 학습이라는 개념에는 자아라는 주제에 필적하는 매혹적인 사항들이 담겨 있다.

"동물 학습"으로 시작하여야만 한다. 왜냐하면 동물 학습은 패러다임적인 원형 극장과 같기 때문이다. 적어도 반세기 동안에는 이 패러다임적인 원형 극장 내에서 전투태세를 갖춘 학습 이론의 주요한 문제들이 발견되었다. 패러다임적인 원형 극장 범위 내에서, 경쟁하는 이론들은 학습을 연구하기 위한 특별한 패러다임 절차들에 대한 학습 과정 모형들을 만들어 냈는데, 심지어는 특별한 종을 가지고 연구하는 데 특별히 요구되는 조건을 충족시키는 모형들을 고안하는 정도였다. 예를 들어 Clark Hull과 그의 제자들은 그들이 선호했던 도구로 복합 T-미로를 선택하였다. T-미로는 쥐에 적합하였고, 실수를 줄이는 데 있어 정기적인 강화의 누적적인 영향을 측정하는 데 적합하였다. 결국 Hull의 이론은 이 연구 패러다임에 의해 생성된 연구 결과들을 수용하기 위해 고안되었다. 그 이론의 엄격한 행동주의에도 불구하고, "Yale 학습 이론"은 학습 중에 미로의 끝 부근(보상이 있는 곳)에서 실수가 제거되는 이유를 설명할 목적에 대한 역학적인 모습을 생성해 내야만 한다. 사람들은 자신들의 패러다임을 가지고 산다. Edward Tolman은 자신의 접근 방식에서 좀 더 인지적이고 "목적적"이었는데, 그 또한 (마치 그 게임을 Hull의 대학 마당 안으로 옮겨 놓은 듯한) 쥐와 미로를 사용하였다. 그러나 Tolman과 그의 제자들은 예일 대학의 Hull이 선호하였던 폐쇄되어 있으며 내부에 좁은 길로 이루어져 있는 미로보다는 오히려 시각 환경이 풍부한 개방형 미로를 선호하였다. 캘리포니아 대학의 사람들(Tolman과 그의 제자들)은 자신들이 사용한 동물들 특히 미로 바깥 공간의 동물들이 좀 더 넓은 범위의 단서에 접근하기를 원하였다. Tolman의 이론이 학습을 지도의 구성 즉 가능한 "수단-목적 관계들"의 세계를 나타내는 "인지 지도"에 비유하게 되는 것은 너무나도 당연하다. Hull의 이론은 결국 자극에 대한 반응을 강화할 때 강화의 누적적인 결과를 다루는 이론이다. 그 당시에 Tolman의 이론은 "지도 공간" 이론(map room theory), Hull의 이론은 "배전판" 이론

(switch-board theory)이라는 용어로 사용되었다.[10]

확실히, 무언가에 대한 연구는 관찰이나 측정을 위한 연구 절차들이 반영되는 결과물을 산출할 것이다. 과학은 항상 오직 그 방식으로만 순응적인 실재를 만들어 낸다. 우리가 "관측"에 의해 자신의 이론을 "견고히" 할 때, 우리는 그 이론의 그럴듯함을 지지해 줄 절차들을 고안한다. 우리의 이론에 반대하는 사람들은 누구든지 우리의 바로 그 절차에 대한 변형을 고안해 냄으로써 예외와 "반증"을 드러내 보여서 우리의 이론을 반박할 것이다. 그리고 그것은 학습 이론에 대한 격전이 이루어진 방법이기도 하다. 예를 들면, I. Krechevsky는 T-미로에서의 쥐들이 겉으로 보기에는 쥐들 스스로가 생성해 낸 듯한 많은 종류의 "가설들"(우회전이나 좌회전 가설들을 포함)에 의해 강제적으로 나아가게 되어 있다는 것을 증명함으로써, 예일 행동주의 이론이 잘못되었음에 틀림없다는 것과, 강화는 사용 중인 가설들에 의해 도출되는 반응에만 작용된다는 것을 보여 줄 수 있었다. 즉 강화는 정말로 "가설의 확정"이라는 것을 의미한다. 반응 강화 이론과 가설 순응 이론 사이의 차이점이 결코 사소한 것이 아니긴 하지만, 근본적인 전환은 그러한 내분으로부터는 거의 나오지 않는다. 되돌아보면, "가설 강화 대 우연 강화"에 대한 싸움은 심지어 인지 혁명의 전조처럼 보였을지도 모른다. 그러나 쥐의 미로, 개방형이나 폐쇄형이라는 글귀가 논쟁의 근거가 되는 한, 그 논쟁은 결론 없이 전조로만 머무르게 된다.

결국, "학습 이론"은 사라져 버렸다. 아니, 학습 이론은 중요한 전문 용어의 흔적들을 남긴 채 쇠퇴했다고 말하는 편이 더 나을 것이다. 지루함은 통상적으로 그것이 지니는 건전한 역할을 하였다. 그 논쟁은 너무나 전문화되어서 일반적인 흥미가 없다. 그러나 10, 20년 정도가 지나면 "고전적" 학습 이론을 학문 주류에서 몰아낼 두 가지 역사적인 운동이 이미 진행 중에 있었다. 하나는 인지 혁명이었고, 다른 하나는 교섭주의였다. 인지 혁명은 학습의 개념을 좀 더 넓은 개념인 "지식의 습득"으로 간단히 흡수하였다. 심지어 성격 이론을 학습 이론의 용어로 바꾸려고 시도함으로써 그 기저를 넓히려던 학습 이론의 노력은 정지되었다. 이것은 나중에 다시 우리가 중요하게 여기게 될 문제이기도 하다. 인지 혁명 이전에는 성격 이론들이 동기, 정서, 그리고 성격 이론들의 변형(학습 이론이 미치는 범위 내에 존재하는 것처럼 보였던 문제들)에만 거의 관심을 집중해 왔다. 그러한 학습 이론 번역이 거의 영세산업이었던 시기가 1940년대에 있었다.[11] 그러나 인지 혁명의 출현으로, 성격 이론에서의 강조점 또한 좀 더 인지적인 문제, 예를 들면 사람들이 자신들의 세계와 자기 자신을 알기 위해 어떤 종류의 "성격 구인들"을 사용했는가와 같은 문제들로 이동하였다.[12]

내가 위에서 언급한 두 번째 역사적 운동은 아직 심리학에까지 닿지 않았다. 그 운동은 사회학과 인류학 분야에서 "민속방법론"과 2장에서 언급되었던 발달의 다른 소산물들과 같은 학설로 표현되는 교섭적 맥락주의이다. 교섭적 맥락주의의 견해는 인간 행동이란 정신 내면적 성향, 특성, 학습 역량, 동기 등만을 참조하여서는 구석구석이 완전히 또는 적절히 설명되지 못한다. 행동은 정치되어야 하고, 문화적 세계와 연관된 것으로 여겨져야만 한다. 사람들이 구성하는 실재는 사회적인 실재이고, 다른 사람들과 교섭하고, 사람들 사이에 분배된다. 소위 우리가 살아가는 사회적 세계는 "머리 속에도" 있지 않고, 어떤 실증주의적인 원래의 형태로 "머리 밖에도" 있지 않다. 그리고 마음과 자아 모두는 사회적 세계의 한 부분이다. 인지 혁명이 1956년에 시작되었다고 한다면, (적어도 심리학에서는) 맥락 혁명이 오늘날 일어나고 있다.

맥락주의가 지식에 관한 아이디어에 어떻게 영향을 미치는지, 그리고 우리가 맥락주의를 어떻게 습득하는지를 먼저 생각해 보라. Roy

Pea, David Perkins 및 그 외의 사람들이 표현한 것처럼, "사람의" 지
식은 단지 그 사람 자신의 머리 즉 "인간 단독"에게만 있는 것이 아니
라, 사람이 이용할 수 있는 공책에 적어 놓은 메모 안에, 밑줄 친 문장
을 가진 채 책꽂이에 놓인 책에, 상담하는 방법을 배우는 안내서 안에,
컴퓨터에서 찾아낸 정보 원천 안에, "조언"을 구하기 위해 전화를 할
수 있는 친구들 안에, 그리고 그 밖에도 무수히 많은 것들에 있다.
Perkins가 지적한 바와 같이, 이러한 모든 것은 지식 흐름의 부분이 되
며, 지식도 그 지식의 흐름의 한 부분이 된다. 그리고 그 흐름에는 심
지어 우리가 하고 있는 것을 정당화하고 설명하기 위해서 사용하는 고
도로 인습화된 형태들의 수사법도 포함된다. 그런 수사법 각각은 사용
되는 경우에 맞추어지고, "비계 설정"된다. 무언가를 알게 된다는 의
미는 그것이 정치되고(Pea-Perkins의 용어를 사용하면) 분배되는 것이
다.[13] 이런 정치되고 분배되는 지식의 특징을 빠뜨리고 못 본다면, 그
것은 지식의 문화적 특징뿐만 아니라 지식 습득의 문화적 특징 또한
시야에서 놓쳐 버리게 되는 것이다.

　Ann Brown과 Joseph Campione은 분배에 대한 이러한 묘사에 또
다른 범위를 가미하였다. 그들이 언급하기를, 학교는 "학습이나 사고
의 공동체"라고 하였다. 그 안에는 절차, 모형, 피드백 통로, 그리고 무
엇을 어떻게 어느 정도로 어떤 형태로 아이가 배우는지를 결정하는 것
들이 있다. learn이라는 단어는 인용 부호를 붙일 만하다. 왜냐하면 학
습하는 아동이 하는 일은 자신이 하고 있는 일을 유지하고 구체화하는
일종의 문화지리학에 참여하는 것이기 때문이다. 따라서 문화지리학
없이는 학습이 일어나지 않을 것이다. David Perkins가 자신의 토론
끝 부분에서 학습을 표현한 것처럼, 아마도 "학습에 적합한 사람은 순
수하고 영원한 핵심으로서가 아니라 참여의 무리로서 좀 더 잘 표현될
것이다."[14] 1930년대의 "학습 이론들"은 새로운 분배 관점으로 단 한

번에 표현된다.[15]

　뒤따르는 경향은 자아에 대한 심리학적 탐구에 관한 것이었다.[16] 자아는 영속적이고 주관적인 핵심으로서 받아들여지는가, 아니면 "분산된" 것으로서 좀 더 잘 표현될지도 모르는가? 사실 자아에 대한 "분산" 개념은 심리학 외부에서는 그리 새로운 것이 아니었다. 그 개념은 역사와 인류학에서, 즉 해석적인 역사의 고대 전통에서 그리고 문화인류학에서의 좀 더 새롭지만 발전되는 해석주의적 전통에서 오랜 전통을 지니고 있다. 물론 나도 인간에 대한 Karl Joachim Weintraub의 역사적인 연구인 「The Value of the Individual」과, E. R. Dodd의 고전 「The Greeks and the Irrational」, 그리고 좀 더 최근엔 Michelle Rosaldo의 Ilongot 부족 사이에서의 "자아"에 대한 인류학적 연구, 그리고 Fred Myers의 Pintupi 부족의 "자아"에 대한 인류학적 연구와 같은 업적을 생각하게 된다. 그리고 사람들은 Brian Stock이 가졌던 의문, 즉 "묵독"의 도입이 자아에 대한 서구 개념이나 사생활사에 관한 프랑스 아날학파의 연구를 바꾸지 않았는가에 관한 의문과 같은 좀 더 역사적으로 특별한 질문들을 제기한 연구도 언급하여야만 한다. 나중에 우리는 후자에 해당되는 유명한 연구들에 관심을 가질지도 모른다. 후자에 해당되는 연구로는 서구 세계에서의 "사생활사"가 서구 자아의 출현을 이해하는 데 도움이 되지 않았는지에 대한 심오한 질문을 던지는 연구일 수도 있다.[17] 이러한 모든 연구들의 공통점은 자아를 찾는 목적이 개인의 직접적인 의식을 고정시키는 데 있지 않고 문화 역사적인 상황에서 자아를 찾는 데 있다는 것이다. 이미 언급한 바와 같이, 이 점에 있어서는 동시대의 사회철학자들이 뒤처져 있지 않다. 사회철학자들이 이전에 이미 용인된 사회과학자에 대한 실증주의자 검증주의가 지니는 영향력을 질문하기 시작하자마자, 자아는 안쪽에서 바깥으로뿐만 아니라 바깥에서 안으로, 마음에서 문화로뿐만 아니라 문화에서 마음으로 나아가는 구성체로 취급되어야만 한다는 것이 분명해졌다. 사회학에 대한 실증주의자 검증주의란 "객관적"이고 독자적인 실재가 있으며, 그 실재의 진상은 적절한 방법들에 의해 발견될 수 있다는 개념이다.

비록 이러한 진술한 해석인류학적 연구들과 역사 연구들이 실증주의 심리학자들의 완고한 의미로는 "검증될 수" 없다고 할지라도, 적어도 그 연구들이 그럴듯한지에 대해서는 세밀히 조사될 수 있었다. 그리고 Lee Cronbach처럼 심리학의 방법론적 정합성을 엄격히 지키려는 사람들에 의하면, "타당성은 객관적이라기보다는 주관적이다"라는 것이 상기된다. 연구 결론이 그럴듯해야 함은 중요하다. 그리고 그럴듯함은 진부한 표현을 쓰자면, 보는 사람의 귀에 달려 있다.[18] 요약하면, 타당성은 해석적 개념이지 연구 설계에서의 연습 과제가 아닌 것이다.

이런 새로운 견해가 어떻게 자아에 대한 동시대의 주류 개념이 되어 가는지 간단히 설명해 보겠다. 여기서 나는 그 새로운 견해를 있는 그대로 나타내지는 못할 것이다. 그러나 나는(적어도 나의 견해로) 왜 그것이 문화심리학에서 중요하게 여겨지는 새로운 전환에 주의를 기울이는지에 대해서는 충분히 말할 수 있다. 문화심리학은 내가 이 장의 후반부에서 좀 더 깊이 있게 설명할 수 있기를 바라는 것이기도 하다.

그 새로운 견해는 사회심리학과 성격 연구에서의 그럴듯한 객관주의에 대한 반발로 등장하였다. Kenneth Gergen은 심리적 현상에 대해 해석주의적, 구성주의적, "분산적" 견해를 채택함으로써 사회심리학이 어떻게 변화될 수 있는지를 감지했던 초기 사회심리학자들 중 한 명이었다. Gergen의 초기 연구 중 일부는 자아의 구성에 관한 것이었다. 그는 20년 전에 이루어졌던 그 연구에서 사람들의 자기 존중심과 자아 개념이 주변 사람들에게 단지 그냥 반응할 때 어떻게 변하였는지 그리고 주변 사람들이 자신들에게 했던 긍정적이거나 부정적인 말에 대해 반응할 때 어떻게 변하였는지를 보여주고자 연구를 설계하였다. 비록 자신들이 어떤 집단 내에서 단지 일반적 역할을 하도록 요구받는다 해도 종종 그들의 자아상은 그 역할에 알맞은 방식으로 변화되었다. 말할 것도 없이 그들보다 나이가 더 많거나 좀 더 권위가 있다고 보이는 사람들 앞에서는 자신들보다 어리거나 덜 존경받는 사람들 앞에서와는 사뭇 다른 방식으로 "자아"에 대해 보고할 것이다. 그리고 그들은 자기 본위의 사람들과의 상호작용을 통해 스스로를 바라보는 한 가지 방식을 배우게 되며, 자기를 내세우지 않는 사람들과의 상호작용을 통해서도 스스로를 바라보는 또 다른 방식을 배우게 된다.[19] Perkins는 분산적 의미에서의 자아는 활동하는 주변 위치, 즉 "자아가 참여하는 집단들"의 산물로서 간주될 수 있다고 말하였다.

  게다가 Gergen은 이러한 "결과들"은 그것들이 획득되는 역사적인 근거를 넘어서서는 일반화되지 못한다고 주장하였다. "이러한 연구 결과들 중 어떠한 것도 역사를 초월하여 믿을 만한 것으로 평가되는 것은 없다. 연구 결과들 각각은 대부분 조사자의 지식에 의존하게 되는데, 조사자는 주어진 역사적 맥락 내에서 개념적 전환이 변화되어야 한다는 지식을 지니고 있다."[20] 그러나 그는 덧붙이기를, 그럼에도 불구하고 이러한 연구 결과들을 해석할 때 고려될 필요가 있는 두 가지 통칙이 있다고 하였다. 그 두 가지 모두는 문화 지향적이고 과거 지향적인 인간 방식과 관계있는 일반적인 개념이다. 첫 번째 통칙은 인간의 자아 성찰성 혹은 역행성(reflexivity)이다. 그것은 과거를 되돌아보고 그것에 비추어 현재를 바꾸거나 현재에 비추어 과거를 바꿀 수 있는 인간의 능력이다. 이 성찰성에 직면하면 과거도 현재도 고정되어 있지 않다. 우리가 과거에 마주친 것들을 담고 있는 "거대한 창고"는 우리가 그것들을 성찰할 때 상이한 방식들로 뚜렷해질지도 모르며, 또는 재개념화에 의해 변화될지도 모른다.[21] 두 번째 통칙은 대안들을 생각해 내는 지적 능력, 즉 존재하는 다른 방법들, 행동하는 다른 방법들, 애써 노력하는 다른 방법들을 생각해 내는 "눈부신" 지적 능력이다. 어떤 의미로는 우리가 "역사의 산물"이 되는 반면에, 다른 의미로는 자율적인 대리인들인지도 모른다. 자아는, 인간 본성의 또 다른 측면처럼, 영속성의 수호자이며 지역 문화 기후에 반응하는 지표이기도 하다. 문화 또한 안정성과 변화 사이의 틈을 발견하기 위한 지침과 책략을 우리에게 제공해 준다. 문화는 자아가 정한 약속을 이행하도록 권유하기도 하고 금하기도 하며 유도하기도 하고 거부하기도 하며 보상을 주기도 한다. 그리고 자아는 회상할 수 있는 능력과 대안을 생각해 낼 수 있는 능력을 활용하여 문화가 제공하는 것을 회피하기도 하고 받아들이기도 하며 재평가하기도 하고 개량하기도 한다. 자아의 본성과 기원을 이해하려는 노력은 해석주의적 노력으로 어떤 "시대"나 어떤 "사람들"을 이해하려고 하는 역사학자나 인류학자의 노력과도 유사하다. 일단 공식적인 역사나 인류학이 어떤 문화 내에서 선언되어서 공개된 영역으로 들어가게 되면, 아이러니컬하게도 바로 그 사실이 자아 형성의 과정을 바꾸게 된다. Gergen의 첫 번째 에세이는 동시대의 사회심리학자들의 관심을 끌었는데, 그 에세이의 제목이 "역사로서의 사회심리학"이라는 것은 놀라운 일이 아니다.[22]

Garfinkel, Schutz, 그리고 우리가 2장에서 보았던 사회학과 인류학에서의 "민속(민족)-" 프로그램을 만든 사람들처럼, Gergen도 맨 처음에는 사회적 실재를 구성하고 교섭하게 하는 "규칙들"에 관심을 가졌다. 자아는 의사결정자, 책략자, 약속을 생각하며 이리저리 홍정하는 자로서 파악된다. 그리고 Erving Goffman의 말을 사용하면, 자아는 심지어 자아를 타인에게 어떻게 드러내는가도 포함한다. 이것은 자아에 대해 지나치게 타산적이고 이지적인 견해이기도 하였다. 그래서 그것은 초기 인지 혁명의 합리주의를 어느 정도 반영하였다고 나는 생각한다.[23] 논리적인 규칙에 의해 지배되는 행위자로서 그것을 보는 관점을 배제한다면, 아마도 그것은 사회학자들이 자아에 대해 생각하는 방법들을 자유롭게 탐색하도록 하는 입증주의적 인식론에 대한 반발로서 일어났을 것이다. 그러나 그것은 그 이야기의 다음 부분에 대해 고려해 보도록 한다.

1970년대 후반부터 1980년대 초반까지, 스토리텔러로서의 자아의 개념이 등장하였다. 즉 이야기를 말하는 자아로 이야기의 부분으로서의 자아에 대한 묘사를 포함한다. 나는 문학 이론과 내러티브 인지에 대한 새로운 이론들이 이러한 자아의 개념 전환을 불러일으켰다고 추측한다. 그러나 이것이 인간 학문에서의 흥미로운 변천에 대해 조사할 기회가 되지는 않는다.[24] 어쨌든 드디어 내러티브가 무대의 중심에 서게 되었다.

Donald Spence는 (이제 언급하게 될 Roy Schafer와 더불어) 스토리텔러로서의 자아의 개념이 처음 등장했을 때의 학자들 중 한 명이었다.[25] Spence는 정신분석학 범위 내에서 말하면서 정신분석 중에 있는 환자는 고고학자가 매장된 문명의 유물을 파헤쳐 낸다는 의미에서처럼 기억으로부터 과거를 복구하는 것인지, 아니면 내러티브가 단지 가려진 기억이거나 심지어 허구라고 하더라도 오히려 정신 분석을 통해 재구성적 과정이 진행되도록 할 만큼 실재에 매우 근접한 새로운 내러티브를 창조하는 것인지에 대한 문제를 언급하였다. 그는 계속하여 주장하기를, 중요한 "진실"은 역사적 진실이 아니라, 그가 내러티브적 진실이라고 부르기로 했던 것이라고 하였다. 그러한 내러티브적 진실 즉 가려진 기억이나 허구가 존재할지도 모른다. 하지만 그것이 환자의 "실재" 이야기에 맞는다면 즉 내러티브적 정보 내에서 환자의 실재 어려움을 어느 정도 포착해 낸다면, 그것은 성공적이 된다.[26]

Spence에게 있어서 자아는 스토리텔러, 즉 삶에 관한 내러티브를 구성하는 역할의 배우이다. 정신분석학자의 과제는 환자들이 이러한 내러티브, 즉 자아를 중심에 두는 내러티브를 구성하도록 도와주는 것이다. 여기에는 해결되지 않은 어려운 점이 있다. 왜냐하면 정신분석자와 정신분석을 받는 환자 모두 무엇이 "실재의" 어려움인지를 모를 수 있기 때문이라고 Spence는 말하였다. 그의 관점에서 그것은 있긴 하지만 설명할 수는 없다. "우리는 해석이 말로 정의되지 못하는 무언가에 그럴듯한 구실을 유용하게 제공한다고 말할지도 모른다."[27] 우물쭈물하는 실증주의에도 불구하고 (또는 아마 그것 때문에), Spence의 책은 정신분석학계 안팎에서 폭넓은 관심을 받게 되었다. 그 책은 널리 번역되었으며, 정신분석학과 "자아 기능"의 주요 과제는 환자의 현재 상황에 적합한 생활 이야기를 구성하는 것이며, 또한 그 구성이 "고고학적으로 기억에 딱 맞는" 것인지 아닌지에는 신경 쓰지 않는다는 내용을 담고 있다. 수년 후에, David Polonoff는 그 책 내용의 의미에서 그 논쟁을 다시 거론하면서 "생활에 대한 자아"는 자아의 지시물이 다소 고정되어 있지만 숨겨져 있는 "어떤 것"이라기보다는 내러티브의 산물이라고 주장하였다. 자아-내러티브의 목적은 숨겨진 "실재"에 맞추는 것이 아니라 "외적 그리고 내적 일관성, 적합성, 타당성"을 가지는 것이다. 자기 기만은 이러한 외적, 내적 일관성을 얻지 못하는 것이지, 일일이 열거할 수 없는 "실재"와 일치하지 못하는 것이 아니다.[28]

Roy Schafer는 Spence보다 좀 더 급진적인 입장을 취하였다. 왜냐하면 그는 구성된 생활 자아의 실질적인 내용에 관심을 가질 뿐만 아니라 자아의 구성 방식에도 관심을 두었다. 예를 들면, 그는 다음과 같이 말하였다.

우리는 우리 자신들에 관한 이야기들을 끊임없이 말하고 있다. 이러한 자아-이야기들을 타인들에게 말할 때, 우리는 대부분의 목적 때문에 내러티브적 행동들을 솔직하게 수행하고 있다는 말을 듣게 될지도 모른다. 그러나 우리가 스스로에게 자아-이야기들을 말한다고 한다면, 우리는 한 가지 이야기를 또 다른 이야기 안에 집어넣고 있는 것이다. 이것은 스스로가 청중이 되고 어떤 다른 누군가에게 무언가를 말하는 자아가 있다는 이야기이다. 우리가 자신들에 관해 타인들에게 말하는 그 이야기들이 이러한 우리들의 다른 자아들과 관련이 있다면, 즉 우리가 예를 들어 "나는 나 자신의 주인이 아니다"고 말한다면, 우리는 한 가지 이야기를 또 다른 이야기 안에 다시 집어넣고 있는 것이다. 이런 견해를 보면, 자아는 말하는 자아이다. 때때로 그리고 사람들마다 이런 말하는 자아는 통합적이고 안정적이며 학식 있는 관찰자들에게 신뢰롭고 타당하다고 용인되는 정도에 있어 매우 차이가 난다.[29]

그는 계속하여 언급하기를, 타인들도 내러티브적으로 되기 때문에, 우리가 우리 자신들에 관해 다른 사람에게 말했던 내러티브는 사실상 "이중 내러티브"가 된다고 하였다. "인간 발달 분야의 프로젝트로서 개인 분석은 사람이 자신의 생활과 중요한 타인들의 생활에 대한 이야기를 유도하는 질문들을 변화시킨다." 정신분석자와 정신분석을 받는 사람에게 있어 도전 과제는 "당신의 현재 어려움의 기원과 의미와 중요성을 당신이 이해할 수 있도록 우리가 어떻게 그것을 다시 말할 수 있는지, 그리고 당신 자신이 상상될 수 있고 이루어질 수 있는 변화를 일으키는 방식으로 행동하도록 우리가 어떻게 그것을 다시 말할 수 있는지를 살펴보자"는 것이다.[30] 그리고 그 과정에서 정신분석자와 정신분석을 받는 사람은 내러티브의 내용뿐만 아니라 내러티브의 형태

(Schafer는 이것을 내러티브의 "행위"라고 부른다)에도 집중한다. 내러티브 자체를 말하는 것은, 논하여지기보다는 기술되는 목표, 다시 말해 "투명한 매체"가 된다. 내러티브의 불투명성, 상세함, 유형은 내러티브의 내용만큼 중요하게 혹은 내러티브의 내용과 불가분의 관계로 여겨진다. 정신분석을 받는 사람의 자아는 말을 하는 자가 될 뿐만 아니라, 특유의 스타일을 지니고 있는 자가 된다. 정신분석자는 이러한 상황에서 점점 더 유익한 편집자나 임시 속기사의 역할을 담당하게 되는 것처럼 보인다. 어쨌든 정신분석자는 정신분석을 받는 사람이 구성해 나가는 과정에 동참하게 된다. 그리고 나서 분배적 자아가 정교화되는 과정이 시작된다.

동일한 생각에서 심리학자들은 자신이 관심 있어 하는 사람들이나 자신이 신뢰하는 사람들까지 범위를 넓혀 우리의 내러티브와 자아 구성에 동참하게 되는지에 대해 질문을 던지기 시작하였다. 사람들이 한 노트 필기와 검색 절차가 그 사람이 지니고 있는 분배적 지식의 부분이 되긴 하지만, 자아 구성에 동참한 사람들의 집단은 "분배적 자아"와 같은 것이 안 될지도 모른다. 지식이 문화라는 그물에 걸려들게 되는 것과 같이, 자아도 타인들이라는 그물에 걸리게 된다. 자아에 대한 이러한 분배적인 서술은 "사회적 구성주의자들"과 "해석주의적 사회과학자들" 사이에서 보편화되었다.[31]

"내러티브 전회"는 다소 놀랄 만한 효과가 있다. 내러티브 전회는 소위 자아에 대한 서구 개념의 보편성을 강하게 부인하는 사람들에게 새로운 일력을 가한다. 자아에 대한 서구 개념이란 "톡톡 튀고 독특하면서 동기와 인지가 어느 정도 통합된 인간, 그리고 인식, 감정, 판단, 행동을 활동적으로 하는 중심 인물로서의 사람은 다른 사람과 구별되는 통합체를 구성하고, 다른 통합체와 대조되고, 사회적 배경과 자연적 배경과도 대조된다"는 견해이다.[32] 전략적으로 이리저리 계산하는

자로서의 자아는 이성의 보편성에 호소함으로써 보편성을 가질 수 있
다고 보는 견해이지만, 보편성은 이야기가 말해질 때 그리 분명하지
않다. 이야기는 매우 많고 다양하다. 그에 비해 이성은 어찌할 수 없는
단 하나의 논리에 의해 지배된다.

일단 어떤 하나의 내러티브적 견해가 채택되게 되면, 사람들은 왜
다른 이야기가 아니라 어떤 한 이야기가 채택되었는지에 대해 질문을
할 수 있다. 그리고 그러한 질문하기를 통해서 "공식적인" 혹은 "강요
된" 자아의 개념들이 한 집단이 다른 집단에 대해 정치적이거나 지배
적인 통제권을 가지기 위해서 사용될지도 모른다는 의심을 하게 된다.
서구 문화 내에서조차 소란할 정도로 활동적인 남성이 지니고 있는 자
아에 대한 견해는 여성들의 자아를 열등하게 보이게 만들어서 사회에
서 여성들을 사회의 주류에서 몰아낼지도 모른다. 여권 옹호자들의 비
평이 지난 수년 동안에 상당히 많이 집필되었는데, 그 비평 내용은 자
서전 집필에서 남성 일변도의 규범이 채택되어 여성들의 자서전이 이
제껏 도외시되어 온 방식에 관한 것이었다.[33]

사람들은 세계에 대한 자신들의 경험과 그 세계 안에서의 자신들의
역할 경험을 내러티브화한다고 보는 "새로운" 인식을 가지고 있었다.
그래서 사회과학자들은 자신들의 주요 연구 수단이 되는 인터뷰의 활
용 방법에 대해 다시 생각해 보게 되었다. 사회학자 Elliot Mishler은 대
부분의 인터뷰에서 우리들은 응답자들이 우리가 하는 질문에 대해 자
연스러운 대화에서 내러티브를 할 때보다 오히려 공식적인 대화에서
요구되는 단언적인 형태로 대답할 것이라고 기대하게 된다는 것을 상
기시킨다. 우리는 "당신의 결혼 생활 초기에 가장 힘든 시기는 언제였
나요?"라는 질문에 대한 대답으로 "재정적인 부담이 있는 때"와 같은
대답을 기대한다. 인터뷰를 하는 사람으로서, 응답자들이 갑자기 자신
의 이야기를 시작할 때 우리는 응답자들의 말을 중단시키시거나 어쨌

든 그 이야기를 성문화하지는 않는다. 왜냐하면 응답자들의 대답이 우리의 관습적인 범주에 맞지 않기 때문이다. 그래서 인터뷰를 통해 드러나는 인간의 자아는 인터뷰하는 방법에 따라 인위적으로 가공된다. Mishler는 응답자가 결혼 초기 "제때에 부채를 갚는다는 것"이 그들의 자존심에 얼마나 중요한지를 생생하게 말했던 인터뷰를 예시로, 자신의 요점을 설명한다. 그 응답자는 "자신의 결혼 생활에서 가장 힘든 시기"에 대한 질문에 대해서는 전혀 대답하지 않은 채 글자 그대로 대답한 것이다.[34]

자아에 대한 최근 연구 활동의 상태는 Donald Polkinghorne의 「Narrative Knowing and the Human Science」[1]에서 간결하게 표현된다. 자아에 대해 말하면서, 그는 다음과 같이 언급하였다.

> 자아 개념에 접근하기 위해 인간 학문 분야에서 사용되고 있는 도구들은 일반적으로 형식적인 과학이 사물을 정치시키고 측정하도록 설계된 전통적인 연구 실행들이다 … 우리는 내러티브적 구성을 통해 정체성과 자아 개념을 달성하게 되고, 그 구성을 이야기를 털어 놓고 전개하는 표현으로 이해함으로써 우리의 존재를 완전한 존재로 만들게 된다. 우리들은 자신들의 이야기의 한가운데에 있어서 그 이야기가 어떻게 끝나게 될지를 확실히 알 수 없다. 새로운 사건이 우리의 삶에 보태지면서, 우리는 끊임없이 그 이야기의 플롯을 바꾸어야만 한다. 그러므로 자아는 정적인 것이 아니라, 어떤 사람의 그동안 됨됨이와 앞으로의 됨됨이에 대한 기대를 포함하는 역사적 일관성에 개인의 사건들을 배열하는 것이다.[35]

---

1) 본 저서는 「내러티브, 인문과학을 만나다」로 이미 한글판(학지사, 2009)이 출간되었다. (역자 발췌 주)

2. 자아 연구와 관련한 문화심리학의 기준

내가 제안해 온 것은 어떤 종류의 문화심리학인가? 그것은 어떻게 자아에 대한 문제를 제기하는가? 바로 앞에서 자세히 언급한 발달의 새로운 소산은 분명히 그것과 잘 맞을 것이다. 문화심리학은 자아에 대한 연구에 밀접한 관계가 있는 두 가지 필요 조건을 부과하는 것처럼 보인다. 그 필요 조건 중 하나는 그러한 연구들은 자아는 개인에 의해서 그리고 그 사람이 참여하는 문화에 의해서 정의된다는 측면에서 의미에 초점을 맞추어야 한다는 것이다. 하지만 이것은 "자아"가 어떻게 교섭되는지를 이해하는 것만으로는 충분하지 않다. 왜냐하면 자아는 관조적인 숙고에 따른 단순한 결과가 아니기 때문이다. 두 번째 필요 조건은 "자아의 의미"가 성취되고 사용되는 실제에 주의를 기울이는 것이다. 사실상, 이것들은 우리들에게 자아에 대한 좀 더 "분배적인" 견해를 제공한다.

이들 각각에 대해 고려해 보겠다. 우리는 이미 사람들이 자신의 자아를 어떻게 정의하는지에 대해 고려해 보았다. 내가 제시한 첫 번째 필요 조건의 한 부분인 문화를 통한 자아의 정의는 동시대의 다른 사람들이 일반적인 자아에 대해 내린 정의와 특별한 자아(앞에서 언급된 Gergen의 흥미로운 연구들에서처럼)에 대해 내린 정의보다 그 이상의 의미를 지닌다. 왜냐하면 나의 정의에는 역사적인 차원도 가미되어 있기 때문이다. 만약 Gergen이 말하는 자아가 "바깥으로부터 안쪽으로의 자아"라고 한다면, 역사적 자아는 "과거에서부터 현재까지의 자아"이다. 예를 들면, 우리 자신들의 문화에서 자아를 바라보는 견해는 유대 기독교 신학과 르네상스 시기에 나타난 새로운 인본주의에 의해 구체화되고 지지되었다. 그러한 견해는 사회, 경제, 언어에 의해 구체화된다. 이 모든 것은 비록 개정의 여지는 있지만 우리의 풍습을 인간대

행자로 지지하는 비계를 만들어낸 역사적 실제들을 가진다. 우리가 가
지고 있는 자아에 대한 개념은 우리들의 사생활에 대한 권리를 서술하
는 인신 보호 영장과 네 번째 개정 미국 헌법에서처럼, 자아 개념의 불
가침성을 법적으로 보장함으로써 형상화된다. 그러한 문제들을 고려
하지 못했던 문화심리학은 동시대의 심리학에서 많은 어려운 점들을
만들어 왔던 반역사적 성향과 반문화적 성향을 계속적으로 지니게 될
것이다.[36]

　문화심리학의 두 번째 기준으로 돌아가 보자. 그 기준은 의미뿐만
아니라 그 기준의 실제 활용을 탐색하는 것이다. 자아의 "실천"은 무
엇을 의미할 수 있을까? 실례로, 힘들었던 1960년대 후반에는 대학들
마다 학생들이 한 학기나 일년 동안 휴학을 신청하는 일이 흔하였다.
이것은 학교를 떠나 도시 생활의 번잡함에서 벗어나서 "자아를 발견"
하고자 Vermont 마을이나 Maine 숲 속 오두막에서 생활하기 위해서
였다. 이러한 신념, 욕구, 자아와 자아를 "발견"하는 방법에 관한 분별
력은 그것들을 가로막는 대학 규정들만큼이나 관련된 모든 것들에 실
재하였다. 또한 그것들은 그 젊은이들이 추구했던 "고독"을 발견할 수
있었다고 생각했던 그런 지역들에 대한 심리지리학처럼 실재하였다.
이것은 사용 중인 자아, 즉 자아의 "실천 의미"였다. 이것은 행동으로,
프로젝트로, 실제 문제로 분배된 자아였다. 당신은 예상되는 목적을
지니고 무언가를 하기 위해 어딘가로 간다. 그 밖의 다른 어떤 곳에서
도 할 수 없고 동일한 자아가 될 수 없는 무언가를 하기 위해서 말이
다. 게다가 당신은 확실한 방식으로 그것에 대하여 다른 사람들과 말
을 한다. 문화심리학에서 개념들이 실행 가능하기 위해서는 그것들
("자아"를 포함)이 행동에서도 그리고 행동을 둘러싸고 있는 담화에서
도 어떻게 사용되는지에 대한 상세한 설명이 있어야만 한다. 만약 내
가 문학을 예로 든다면, 그것은 Conrad의 「비밀의 공유자(The Secret

Sharer)」라는 소설에서의 젊은 선장과도 같다. 그 선장은 도플갱어 (Doppelgänger) Leggartt가 자신의 배에서 겁 많은 선원 한 명을 죽인 살인자임을 알면서도 배에 숨겨 두었다. 그리고 그 살인자가 배 밖으로 몰래 빠져 나가 "자유로운 사람, 의기양양하게 수영하는 사람"으로서 해변으로 도망칠 수 있도록 하기 위해서, 어둡고 희미한 Koh-ring 의 바위에 닿을 듯 말 듯할 정도로 위험하고 기교 있게 배를 운항하였다. 그러한 과정을 통해 그 선장은 자율성의 의미를 시험해 보아야만 했다.[37] 결국 그것은 선장의 행동을 이해하는 데 중요한 것은 따로 분리된 특성으로서의 그 선장의 "자율성"이 아니라 자율성의 의미가 그의 삶 속으로 어떻게 내러티브되는가 하는 것이다. 그리고 내가 Ibsen 이 쓴 연극 세 편의 해석적인 불명확성에 대해 두 장 전에 논평한 것처럼, 그 젊은 선장의 행동에 대해서 존재론적으로 가능한 최종 해석이란 없다. 왜냐하면, 의미를 창조하는 행동과 관련해서 확실하게 파악되는 근거는 없으며, 단지 해석될 행동, 표현, 문맥만이 있기 때문이다. 그리고 그것을 통해 우리는 그 문제의 중심에 다다르게 된다.

역사와 인류학과 언어학이 해석적 학문이라는 의미에서 보면, 문화 심리학은 일종의 해석심리학이다. 그러나 그것은 문화심리학이 절조가 없거나 실제적인 방법이 없다는 것을 의미하지는 않는다. 그것은 인간이 문화적 맥락에서 의미를 창조하는 데 집중하는 규칙들을 찾아낸다. 이러한 문화적 맥락은 항상 실제의 맥락이다. 사람들이 그 맥락에서 무엇을 하고 있으며 무엇을 하고자 하는지에 대해 물어보는 것은 필요하다. 의미는 사용으로부터 발생된다는 것은 이해하기 어려운 사항이 아니다. 사용으로부터 의미가 발생된다는 것이 빈번히 슬로건화됨에도 불구하고, 그것이 함축하는 것은 종종 예측되지 않는다.

"자아"는 언제, 어떤 형태로, 어떤 목적으로 불려져 나오는가? 일반적인 사례를 택해 보면, 대부분의 사람들은 (극단적인 경우를 제외하고는) 중력이 자신들의 자아에 작용한다고 간주하지 않는다. 그러나 만약 다른 누군가가 그들을 움켜쥐거나 밀치거나 억지로 지갑을 빼앗는다면, 그들은 자신들의 자아가 "침해되었다"고 느낄 것이며 벌어진 상황에 대해서 기술할 때 자아를 불러낼 것이다. 대리자가 연관되는데, 그들 자신과 다른 누군가의 대리자이다. 그것은 내가 민속심리학에 대한 장에서 진술한 바와 같다. "통제의 소재"에 대한 연구들로부터 알게 된 바와 같이, 사람들은 자신의 대리자의 영향하에 있을 때 그들이 포함시키는 범위는 사람마다 다르다. 또한 우리가 알고 있는 것처럼, 그 범위는 그 문화 내에서 자신이 느끼는 위치에 의하여 변한다.[38] 게다가 우리는 일부 상황들을 "비인간적"이라고 느낀다. 그리고 우리는 그러한 상황들에서는 우리 자신의 자아들과 타인의 자아들이 활동하지 않아서 "합법적으로" 일깨워질 수 없다고 생각한다. 실제로 특별한 "자아"에 대한 일반적인 개념을 얻기 위해, 우리는 다양한 맥락들 즉 문화적으로 열거할 수 있는 맥락들에서 특별한 자아가 사용되는 것들을 견본으로 만들어야만 한다.

이 목적을 추구할 때, 우리는 삶을 통해 사람들을 분명하게 추적할 수 없고, 삶의 각 단계에서 사람들을 감시하거나 심문할 수도 없다. 만약 우리가 그렇게 할 수 있다면, 그렇게 함으로써 그들이 해야 할 것들의 의미를 변환시킬 것이다. 어쨌든 간에 그러한 연구의 마무리 부분에서 우리는 그 조각들을 어떻게 조합해야 하는지를 알지 못할 것이다. 실행 가능한 한 가지 대안은 확실하다. 그 대안은 자서전을 통해 회고적으로 연구를 하는 것이다. 그런데 나는 자서전을 하나의 "기록물"이라는 의미로 생각하지 않는다. (왜냐하면 그러한 기록물은 없기 때문이다.) 내가 의미하는 자서전은 자신 스스로가 생각하기에 자신이 어떤 환경에서 어떤 방식으로 어떤 이유로 행동하였는지에 대해 간단히 기술하는 것을 말한다. Polkinghorne이 언급한 것처럼, 기술은 부득이하게 내러티브가 될 것이다. 그리고 Schafer가 주장했던 점을 생각해 보면, 기술의 형태도 기술의 내용만큼이나(자아에 대해) 드러널 것이다. 목격자였던 타인들이 말했을지도 모르는 것과 그 기술한 바가 일치하는지는 중요하지 않다. 또한 우리는 그 기술이 "자기 기만적"인지 아니면 "진실"인지와 같은 존재론적으로 분명치 않은 문제들을 추구하지도 않는다. 우리는 사람들이 생각하기에 자신들이 행하였던 것, 자신들이 그렇게 행했던 이유, 자신들이 처했던 곤경의 유형 등에 관심을 둔다.

3. 문화심리학에서 바라본 자아와 자아 연구

지금부터 어떻게 하면 정확하게 해석하면서 자아(self)에 대한 연구를 할 수 있는지 아주 간단하게 보여주려고 한다. 우선 내 경험을 소개해 본다. 몇 년 전 동료들과 나는 텍스트이자 사고방식으로서 내러티브의 본질에 흥미를 가지게 되었다. 다른 사람들과 마찬가지로 우리 역시 사람들이 어떻게 비교가 가능한 텍스트들을 가지고 있는 이야기들을 재현해 내는지에 집중하게 되었다. 결국 자연스럽게 우리의 관심은 사람들이 어떻게 자신이 들은 것과는 아주 다른 자신만의 이야기를 만들어 내는지에 관심을 갖게 되었다. 우리는 그 원동력이 그들 자신의 삶이라고 믿고, 몇 편의 자발적인 자서전을 모으기 시작했다. 우리는 각 주제를 Philippe Lejeune이 "끊임없이 자신의 인생 이야기를 재구성하는 초안"이라고 부른 것에 의해 안내되도록 하였다. 그리하여 곧 사람들이 자서전을 통해 종단적인 자아 이야기를 만든다(construct-ing)는 것을 깨닫게 되었다.[39] 우리가 관찰한 것은 절대 "자기 멋대로의" 만들기가 아니었다. 물론 살면서 일어난 사건들의 제약을 받았으며, 더 나아가 자신이 만들고 있는 이야기가 어떤 것을 요구하는지에 의해서도 많은 제약을 받았다. 그들의 자서전은 어쩔 수 없이 자기 발전에 대한 이야기가 되었다. 그런데 그 이야기의 형태는 우리가 예상했던 것보다 훨씬 더 다양했다(문화적 특징은 파악할 수 있었다).

그들이 쓴 "자발적인 자서전"은 자기 발전에 대한 이야기로서 작은 단위의 이야기(사건, 일화 혹은 프로젝트에 대한)로 구성되어 있었다. 이들 작은 단위 이야기는 큰 단위인 "인생"의 한 부분으로 들어가면서 그 의미를 띠게 되었다. 그런 의미에서 자서전은 모두 모든 내러티브가 지니는 보편적인 특징을 보인다고 말할 수 있다. 즉, 큰 단위인 내러티브들은 일반적으로 쉽게 특징을 파악할 수 있는 장르—피해자 이야기, 교양소설, 반영웅 이야기, 방랑소설, 블랙코미디 등이 그 예이다—로 쓰인다. 작은 단위 이야기들은 큰 그림을 봐야지만 의미가 통한다. 각 이야기의 중심에는 이야기를 만들고 있는 주인공인 자아가 서 있다. 자아는 적극적일 개체일 수도, 수동적인 경험자일 수도 혹은 제대로 정의되지 못한 운명의 한 매개체일 수도 있다. 그리고 중요한 시점에는 "전환점"이 나타난다. 전환점 역시 문화적으로 쉽게 파악할 수 있는 특징을 띠며, 승패나 신뢰 배반 등으로 인해 새롭게 의식이 점화될 때 반드시 등장하는 성질이 있다. 곧 인생은 예술을 모방하여 표현 양식으로 예술 장르와 스토리텔링의 다른 장치를 사용해서 인생이 예술을 모방한다는 사실이 분명해졌다.

자서전에 대해 궁금증이 생겼다. 자서전은 화자가 현 시점에서 예전 그때 존재했던 자신의 이름을 가진 주인공에 대해 쓴 이야기이다. 이 이야기는 주인공이 화자와 하나로 일치하는 현재에 끝나게 된다. 인생 이야기를 구성하는 내러티브 일화들은 구조적으로 볼 때 대체로 Labov적인 성격을 띠며, 순서와 정당화를 매우 엄격하게 따른다. 그러나 큰 단위 이야기는 강력한 수사적 흐름을 띤다. 마치 인생이 왜 특정

한 그 길로 흘러가야 했는지(그러니까 인과적인 것이 아니라, 도덕적
이고, 사회적이며, 심리적으로)를 정당화하듯이 말이다. 화자로서의
자아는 자세히 말할 뿐만 아니라 정당한 이유를 부여한다. 또한 주인
공으로서의 화자는 언제나 미래를 가리킨다. 누군가 어린 시절을 정
리하듯이 "나는 아주 반항적인 아이였죠"라고 말한다면, 그것은 요약
인 동시에 예시가 될 수 있다.

자아의 인생 이야기가 만들어짐에 따라 지금 여기에서 진행되고 있
는 일의 양은 엄청나게 많다. 그렇기 때문에 수십 편의 자서전을 수집
하여 분석한 결과, "핵심 명제" 중 1/3에서 1/2정도가 현재 시제로 쓰
여 있었다. 즉 화자는 과거(거의 항상 과거 시제로 얘기된다)를 얘기하
지 않고, 이야기를 하는 지금 이 순간 내러티브적으로 과거를 어떻게
얘기할지 결정하였던 것이다.

인생 이야기를 비난하는 전제는 깊고 끝이 없다. 전제는 모든 행에
있다: "소박했던 어린 시절"이나 "꿈이 많던 아이" 등. 그리고 특정 사
건이나 사물이 이야기에 들어간 이유는 확실하게 밝혀지지 않는다. 이
는 매우 강력한 암묵적인 계약으로서, 당신(대체로 이야기를 듣는 인
터뷰어)이 스스로 그 이유를 알아내야 한다. 혹시 이유를 명확하게 얘
기해 달라고 부탁한다 해도, 이야기를 하는 사람들은 다른 방향으로
이야기를 유도할 것이다. 인터뷰어가 "참가자 무리" 중 하나가 되면
서, 자아가 사용될 때마다 자아를 확충할 것이다.

이와 같이 자서전에서 전제가 치밀하게 있기 때문에 우리 연구는
난관에 부딪혔다. 하지만 우리는 곧 몇 가지 좋은 방어책을 구상하였
다. 그 중 가장 좋은 것이 한 가족을 구성하는 가족 구성원에게 연구를
집중시키는 것이었다. 이렇게 하면 한 가족 구성원이 말한 "우리는 서
로 가까웠어요"라는 말이 정확하게 어떤 의미인지 제대로 파악할 수
있을 것이다. 이렇게 실용적인 해결책을 생각해내자 우리가 예견하지

못했던 다른 이점도 파악되었다. 가족은 문화의 대리자이자, 문화의 축도이다(이는 가족을 주제로 글을 쓰는 사람들이 즐겨 쓰는 표현이기도 하다). 따라서 별개의 개인들의 자서전을 수집하는 것을 중지하고, 한 가족을 구성하는 여섯 명의 자서전에 초점을 맞추기로 하였다. 순전히 편리한 연구를 위해 선택한 방식은 후에 연구의 원칙으로 자리 잡았다.

그리하여 Goodhertz 가족이 선택되었다. Goodhertz 가족은 60대 초반인 부모와 성인 아들 둘과 성인 딸 둘로 구성된 가족이었다. 우리는 이들을 개별적으로 그리고 독자적으로 인터뷰하여 인생 이야기를 들었다. 일 년 동안 이들의 개별 자서전을 분석한 다음, "토의 시간"을 정해 모두를 한 장소에 모았다. 토의 시간은 세 시간 이상 계속되었고, 이들은 주로 "Goodhertz 가족으로 성장하는 것이 어떠하였는지"에 대해 얘기했다. 운이 좋게도 우리는 토의 시간을 비디오로 녹화할 수 있었다. 가족 구성원들의 몸짓이나 그들이 누구를 보는지를 볼 수 없는 것은 색깔이 없는 노을을 보는 것과 같은 것이다.

우리는 그들이 사용하는 언어를 자세히 연구하여, 그들의 인생 이야기에 숨겨진 전제를 찾아낼 수 있다고 생각했다. 어쨌든 내러티브는 줄거리인 fabula일 뿐만 아니라 말하는 방식인 sjuzet이기도 하다. 그래서 우리는 담화 그 자체를 분석하여 뭔가 의미를 드러내는 단어, 서명 표현, 비밀을 폭로하는 문법 형식 등을 찾아냈다. 그리고 의무적인 양식 및 인식론적인 양식의 수를 세어, 각 가족 구성원이 이야기를 구성할 때 우연성과 필연성에 얼마나 의존하는지 파악하였다. 또한 그들이 사용한 심리 동사 사용 문맥을 파악하여 Goodhertz 가족의 주관성을 자세하게 이해하였다. 다행스럽게도 수를 세고, 구체적인 조사를 하는 작업은 컴퓨터로 가능했다. 하지만 그 수치와 조사 결과를 해석하는 방식은 컴퓨터로 할 수 있는 일이 아니었다. 여기에서 우리는 문학 및 담론 언어학을 안내자로 삼아 해석을 시작하였다.

4. 자서전과 내러티브 재구성

인터뷰 절차는 비형식적이었으며, 일반적인 인터뷰에서 흔히 들을 수 있는 정해진 응답보다는 내러티브적인 재구성을 통해 그들이 의미를 부여하도록 노력하였다. 인터뷰를 시작할 때마다 우리가 초점을 두는 것은 그들의 자발적인 자서전, 혹은 그들이 그들만의 방식으로 그들의 인생 이야기를 하는 모양새라고 설명하였다.[40] 동료 교수 Susan Weisser와 나는 우리가 오랫동안 그 주제에 관심을 가지고 있었다는 것을 설명하고, 우리가 판단을 하거나 치료를 하는 데는 아무런 관심도 없다고 확실히 설명하였다. 우리가 관심을 가진 대상은 오로지 그들의 "인생"이었다. Weisser 박사가 혼자 수개월에 걸쳐 자신의 사무실에서 각 가족 구성원들을 인터뷰하였다.

지난 15년 동안 자서전을 연구하는 현대 이론가들이 언급했던 인식론적 부담이 있지만, 일반 사람들 혹은 심지어는 특이한 사람들도 일단 이야기를 시작하면 별 어려움 없이 이야기를 풀어나갔다. 물론 우리가 들은 이야기는 얼마간 우리가 자신들의 삶에 대해 이야기하는 방식에 관심이 있다는 것에 뜻을 두었다. 우리는 또한 인터뷰를 하는 동안 인터뷰어가 중립적일 수 있다는 환상을 가지지도 않았다. Weisser 박사는 Goodhertz 가족 중 누군가가 웃기는 이야기를 하자 소리 내어 웃었다. 일반적인 사건 이야기에는 "음"이나 "세상에"와 같은 말로 반응을 보였다. 그리고 제대로 이해할 수 없을 때는 명확하게 설명해 달라고 요구하기까지 했다. 그녀가 이와는 다른 방식으로 인터뷰를 했다면 일상적인 대화 규칙을 지키지 못했을 것이다. 그녀는 40대에 들어선 따뜻하고 우호적이며, 개인적으로나 직업적으로 "인생"에 깊이 매혹된 사람이었다. 물론 언제나 자신의 성격에 따라 행동했다. Goodhertz 가족은 그녀가 보여준 "감상적" 스타일을 반응하는 방식으로 응답하였다. 인터뷰어가 그녀보다 좀 더 "형식적"이었거나, 그녀와 페르소나(persona)가 다르거나 혹은 여자가 아닌 남자였다면 그들이 보여준 것과 다른 반응을 보였을 것이다. 실제로 이런 문제에 대해 자세한 연구가 있어야 한다고 생각한다. 하지만 우리는 그 주제가 이번 프로젝트에는 맞지 않다고 판단하였다. 한 사람이 누군가에게 자신의 "인생 이야기"를 들려준다면, 그 인생 이야기는 어떤 의미에서 보면 이야기를 들려주는 사람과 듣는 사람의 합작품이라고 볼 수 있다. 우리가 "현실"에 대해 어떤 형이상학적 입장을 취하든 간에, 자아는 이야기를 하는 사람과 이야기를 듣는 사람 사이에 상호작용이 있어야지만 드러난다. Mishler가 얘기했듯이, 인터뷰로 파악하려는 주제가 무엇이든 간에, 그 주제는 상호작용 측면에서 평가해야 한다.[41] 그러므로 상담을 하는 사람이 할 수 있는 전부는 해석을 하는 데 있어 일정한 주의를 기울이는 것뿐이다.

우리는 Goodhertz 가족이 첫 번째 자발적인 이야기의 막바지에 질문할 "즉각 질문(prompt questions)"을 12개 준비하였다. 인터뷰가 15분에서 1시간 정도 지속될 것으로 예상하고, 즉각 질문을 동일한 순서대로 질문하기로 하였다. 즉각 질문은 "어린 시절 부모님이 어떻게 당신을 대하셨죠?"와 같이 여러 가지 대답이 나올 수 있는 질문에서부터 "당신의 인생에서 당신답지 않았다고 말할 수 있는 어떤 것이 있나요?"나 "당신의 인생을 소설, 희곡 혹은 이야기로 쓴다면, 어떤 장르와 가장 가까울까요?"와 같은 질문에 이르기까지 다양했다. 그런데 그 인터뷰는 한 시간에서 거의 두 시간 가까이 지속되었다. 물론 녹음은 했다. Goodhertz 가족 구성원 여섯 명은 전부 나중에 인터뷰가 재미있었으며, 개인적으로 많은 것을 얻을 수 있었다고 말했다. 그 중 몇 명은 새로 알게 된 사실에 매우 놀랐다고 말하기도 했다. 그런데 이런 일은 자서전적 인터뷰를 할 때면 매우 흔히 생긴다. 또한 "인생에 대해 이야기를 하는 것"의 구성적인 성격을 흥미롭게 보여준다.

"집단 가족 상담"에는 Weisser 박사와 내가 동시에 참여하였다. 나는 우선 Weisser 박사와 오랫동안 그들의 자서전을 연구하였으며, Goodhertz 가족으로 성장하는 것이 어땠는지에 대해 직접 이야기를 들을 수 있게 되어 매우 기쁘다고 말했다. 집단 가족 상담은 세 시간 동안 계속되었다. 만약의 경우를 대비해서 준비한 즉각 질문을 쓸 겨를도 없었다. 미리 세 시간이면 충분하다고 정해 놓고서 그 상담을 끝낼 때까지도 Goodhertz 가족은 열심히 이야기를 했다. 우리는 세미나 탁자에 둘러앉았다. 탁자 위에는 커피와 다과가 준비되어 있었다. 정확하게 말하면 인터뷰는 아니었지만, Goodhertz 가족은 우리가 옆에 있다는 사실을 항상 인식하고 있었다. 그들이 서로 이야기하는 것처럼 보이는데 어떤 의미에서 우리에게 이야기하기도 했다. 실제로 관찰자인 우리가 깡그리 무시되는 것처럼 보이는 경우도 있었다.

우리는 Goodhertz 가족이 "서로 친하다"는 사실을 잘 알고 있었다. 그리고 한 가족으로서 "어떤 문제든 그리고 모든 문제를 논의"할 수 있을 만큼 자유롭다는 점을 자랑스러워한다는 것도 잘 알고 있었다. 그들은 충분히 자기를 의식하지 않아서 상담 중의 대화가 대결 상황까지도 갔다. 특히 세대간 문제에 있어서는 더욱 그러했다. 한 번은 막내딸이며 여전히 "가족의 귀염둥이 아기"로 여겨지는 Debby(20대 중반)가 부모를 보고 "인종차별주의자"라고 공격했는데 그 이유는 예전에 사귀었던 흑인 남자친구에 대한 부모의 태도 때문이었다. 그러자 엄마는 "신이 여러 인종이 섞이도록 의도하셨다면, 피부색이 다르게 만드시지 않았을 것 아니냐"라고 답했다. 즐거운 분위기를 유지하는 데 신경을 쓰는 사람이라면 누구나 마찬가지겠지만, 나 역시 커피가 다 끓었다고 말한 다음 잠시 정적이 흐르는 그 순간을 틈타 분위기를 바꿨다. 나중에야 나는 "가족처럼 행동" 했다는 것을 깨달았다. 우리가 이 연구를 시작할 때 Clifford Geertz가 조언을 해주었다. 그는 가족은 피할 수 없는 갈등 문제로 원심분리되려는 사람들을 하나로 묶어놓는 시스템과 같다고 말했다. Goodhertz 가족에게는 두 가지 비법이 있었다. 하나는 교묘하게 대인관계를 관리하는 것이고, 나머지 하나는 미리 정해진 가족 역할을 수행하는 것이었다. 전자의 예를 들면, 농담하기, 화제 바꾸기 등—내가 "커피"가 다 되었다고 말한 것처럼—이 있다. 후자의 경우 미리 정해진 가족 역할을 강조하는 중요한 가족 이야기가 있을 정도였다. 사실 모든 가족이 이러한 것을 축적해 놓는다. Goodhertz 가족은 가족 역할을 잘 활용하였다. 이제 곧 그것을 확인할 수 있을 것이다.

5. Goodhertz 가족에 대한 내러티브

독자들이 다음에 이어지는 내용을 이해할 수 있도록 Goodhertz 가족을 간략하게 소개하면 다음과 같다. 먼저 가장인 George Goodhertz는 60대로 자수성가하였다. 난방 시설을 설치하는 사람으로서, 일에 전념하는 것만큼 그의 친구들이 어려움이 있을 때 그에게 도움을 구하는 지역사회에서 신뢰할 수 있는 사람이라는 것을 자랑스러워했다. 그는 충고를 해주거나 돈을 빌려주기도 했다. 그에 따르면 그의 아버지는 "술고래" 였으며, 가정을 제대로 돌보지 않았다고 한다. 그의 아버지는 결국 가족을 버렸고, 그는 학비를 내지 않고 교회 학교에 다녔다고 했다. 교회 학교 수녀들은 그를 좋아했고, 그는 그 보답으로 학교를 뛰어다니며 도움이 될 만한 일을 도맡아 했다. 그의 가족은 개신교와 관련이 있었지만, 그는 가톨릭 신자가 되었다. 상담을 하면서 그는 더 이상 종교를 믿지는 않지만, 교회 학교에서 배운 도덕적 의무를 충실히 이행하며 살려고 한다고 했다. 그는 자신을 돌아볼 줄 알았다. 비록 고등학교를 졸업하지는 못했지만, 그가 자서전에 쓴 언어를 보면 "그렇게 보이는 것(what seems to be)"과 "그렇다(what is)"를 구분하는 단어와 표현이 많았다. 그는 유능하고, 자기 스스로 일어설 수 있는 사람이었다. 하지만 인생에서 친밀한 순간을 놓친 것이 아닌지 걱정하고 있었다. 그는 생일을 조작해서 미성년자로 군대에 들어갔다. 그로부터 5년 후 25세도 안 되었을 때 그는 상사로 승진했다. 그는 스스로가 강인한 사내라고 여기지는 않았다. 하지만 세상에서 성공하는 데 필요한 "세상물정"은 잘 알고 있다고 여겼다.

그의 아내 Rose는 제2세대 이탈리아계 미국인으로 매우 가족 중심적이었다. 그녀는 30년 동안 브루클린에 살면서 오랜 친구들과 매우 친하게 지냈다. 그녀는 "가톨릭 신자이자 민주당 지지자였다." 그녀 역시 남편과 마찬가지로 "구식인" 아버지 밑에서 자랐다. 즉, 아버지는 허풍쟁이에, 술꾼에, 돈을 잘 벌어오지 못했으며, 아내에게 충실하지도 않았다고 했다. 그녀의 남편과 그녀는 아이들에게 자기들보다 더 나은 삶을 주고자 결심했다. 그녀는 기꺼이 가족 중 완고한 역할을 하였다. 아이들이 다 자란 후 그녀는 다시 "일을 시작했다." 남편의 회사에서 경리를 담당하였으며, 물론 월급도 받았다. 그녀는 남편만큼 자신을 잘 돌아볼 줄은 모르지만, 운명을 믿었는데 그녀가 믿은 운명은 자신의 노력에 의해 영향을 받는 운명이었다. 그녀는 "운명이 도와준 덕분에 나는 내 자식들이 한 명도 마약에 손을 안 대도록 키울 수 있었답니다"라는 식으로 말했다. 그녀의 자서전 인터뷰를 보면 현실주의를 반영한 언어가 많았다. 또한 "의미를 해석"하고자 하는 노력은 별로 보이지 않았다. "seems"보다는 "is"가 더 많았다.

　　장남인 Carl은 고등학교 때 가톨릭 평화 운동에 적극 가담하였다. Goodhertz 가족 중 처음으로 대학에 진학했다-가톨릭 대학이었으며, 이 대학을 졸업하자마자 "고향을 떠나" 다른 지역에 있는 비종교 대학에서 감각 생리학 박사학위를 땄다. 그의 자서전을 살펴보면, 그는 자신을 잘 돌아볼 줄 알았으며, 일의 순서를 잘 파악했고, 남을 가르치고 싶어했다. 그는 "내가 지금 알고 있는 걸 그때도 알았더라면"이라는 표현을 많이 썼다. 그는 자신이 다른 가족보다 높은 수준의 교육을 받았다는 것을 잘 알고 있었다. 그는 지금도 가족과 가깝게 지내려고 노력하고 있었다. 하지만 자서전이 끝날 무렵 Icarus처럼 그리고 자조적인 목소리로 "브루클린 출신의 소년이 지금 여기서 뭘 하는가?"라고 묻기도 했다. 그는 자신이 "특별"하다고 믿었다. 위선과 거짓을 꿰뚫어보고, 자신만의 길을 찾아갈 수 있는 특별함을 지니고 있다고 믿었다. 그는 천성적으로 막내 동생인 Debby와 친했다. 그리고 가족 중에서 가장 자발적이었다. 30대 후반인 그는 아직 미혼이며, 자신이 일하는 연구소가 위치한 맨하튼에 살고 있다. 하지만 일요일 저녁에는 브루클린에 있는 부모님 집에서 저녁을 먹는다.

　　Nina는 둘째로서, 순종적이고 뚱뚱한 아이였다고 스스로 밝혔다. 아버지가 튀게 옷을 입고 밖으로 나다니는 것을 허용하지 않으면서 반항적으로 변했다고 한다. "나는 검은색과 갈색 옷만 입어야 했어요. 항상 입을 다물어야 했죠." 그녀는 곧 결혼했고 남편은 알코올 중독자가 되었다. 그녀는 딸을 낳은 후 이혼하고, 부모님 집으로 들어왔다. 그런 다음 집에서 만든 초콜릿을 동네 가게에서 파는 사업을 해서 성공을 거두었다. 그러면서 그녀의 삶은 바뀌기 시작했다. 그녀는 새로운 자신감으로 무장하고 전화 응답서비스 판매를 시작했다. 그리고 곧 자기 가게를 열었다. 현재도 사업이 잘 되고 있다. 자서전 인터뷰가 끝날 무렵 그녀에게 인생에서 어떤 것을 가장 좋아하냐고 했더니 "더 먹는 것이요"라고 웃으면서 대답했다. 그녀는 잘 웃었다. 부모와 형제들이 대립할 때 긴장을 풀어주기 위해 웃기도 했다. Debby가 부모님과 인종차별에 대해 설전을 벌일 때도 뒤에서 중재하려는 뜻으로 그녀가 웃는 걸 들을 수 있었다. 거짓인지 아니면 진심인지 확실하지는 않지만 그녀는 자신을 조롱거리로 삼는다. 가족들은 그녀의 그런 점을 사랑스럽게 여긴다. 단체 가족 상담을 하는 기간에 그녀는 재혼을 했다. 그리고 그 해 다시 이혼했다. 그녀는 "뚱뚱하지만 명랑하게" 자신을 조롱하는 투로 "이제 결혼이 취미가 됐나봐요"라고 우리에게 말했다. 그녀가 사업을 잘 하기 때문에 가족들은 그녀의 사업으로 그녀를 인정해 준다. 그건 딸도 마찬가지이다. 그녀는 자기가 엄마를 꼭 빼닮았다고 생각한다.

Harry는 가족 중에서 불운의 스토리 주인공, 즉 문제의 자식이었다. 잘 웃지도 않는 그저 그런 아이였다. (Goodhertz 가족의 중요한 가족 이야기 중 하나에 따르면) 어린 시절 너무 많이 먹어서, 엄마가 그의 목에 "먹이지 마세요"라는 간판을 걸고 동네를 걷게 시켰다고 한다. Harry는 자서전에서 부전실어증과 비슷한 증상을 보였다. 사건 순서도 제대로 기억하지 못했고, 의도를 제대로 전달하지도 못했다. 외부공포증적(exophoric)인 면도 있어 이야기에서 뭘 말하고자 하는지도 잘 몰랐다. 어린 나이에 동네 아가씨와 결혼한 그는 아내가 "편하게" 느끼도록 예전 친구들을 만나러 나가도록 격려하였다. 그 중에는 예전 남자친구도 있었는데 그게 화근이었다. 얼마후 그녀는 그가 볼링클럽에서 모은 돈을 "훔쳤다." 그는 그 벌로 "심하게 그녀를 다루었다"고 한다. 아이를 낳은 직후 둘은 이혼을 하였다. 그의 자서전을 보면 아내가 어떻게 그의 "자식을 만날 수 있는 권리"를 박탈하였는지 확실하지 않다. 어쨌든 그는 스트레스에 시달리다 시청업무 중에 고객에게 화풀이를 했다. 그 때문에 그는 해고 혹은 정직을 당했다. 그는 인터뷰를 하던 시점에 두 건의 소송에 휘말려 있었다. 하나는 아들을 만날 수 있는 권리를 되찾기 위한 소송이고, 나머지 하나는 직장에 복직하기 위한 소송이었다. 그 당시 그의 삶은 중단 상태였다. 그의 이야기는 상당 부분 불완전했고, 이해하기 힘든 문장들로 가득했다. 가족들 중에서 구성력이 가장 떨어졌다. 그런데 개별 인터뷰 및 단체 가족 상담에서 가족들은 그를 진심으로 존중하고 걱정했다. 매우 감동적이었다. 그의 엄마는 "Harry가 우리 중에서 가장 착하죠"라고 말했다.

Debby는 응석받이로 어린 시절을 보냈다. 나이 차가 많은 막내였다. 동네에 친구가 많았고, 인기도 좋았다. 그러다가 지역 대학교로 진학했는데, 자신의 존재감이 사라져 버렸다. 그녀는 자신이 드러나는 것을 좋아했다. 하지만 작은 동네에서 수년 동안 일상이 반복되어 모두가 그녀를 아는 그런 것은 싫어했다—그러니까 "결혼해서 집안에 갇혀 네 명의 자식을 키우는" 그런 식의 삶은 원하지 않았다. 그녀는 "경험"을 원했다. 세상을 알고 싶어했다. "즉흥성"과 "경쾌함"을 이상적인 가치로 여겼다. 연기를 하겠다고 마음먹은 후부터는 연기 학원에 다니고 있다. 그녀는 새 역을 연기할 때마다 흥분된다고 한다. 그녀의 자서전에는 생생한 인상들로 가득하다. 경험, 친밀감 및 즉흥성이라는 주제에 대해 수많은 이야기들이 쓰여 있다. 그녀의 이야기는 "포스트모던" 양식에 속할지도 모르겠다. 그녀는 주제를 잘 연결시키는 점에서 Carl만큼이나 순서를 잘 지킨다. Carl이 인과관계에 따라 순서대로 이야기를 한다면 그녀는 비유적으로 주제의 흐름을 연결한다. 주제는 서로 얽히고 설킨다. 인과관계 표현은 잘 보이지 않지만, 생생하고 구체적인 표현으로 그것을 만회한다. 가족은 그녀를 있는 그대로 인정하였다. 따뜻하고, 즉흥적이며, 가족에게 충실하지만, "세상물정"을 잘 모른다고 보았다. 연기자가 되겠다고 다짐하고 있지만, 그녀의 야망은 세속적이라기보다는 개인적인 것에 가깝다.

얼굴을 맞대는 문화 양식에는 "공동 관심"을 쏟는 경우가 존재한다. 즉, 구성원들이 한데 모여 "밀린 얘기를 하고," 서로에 대한 감정을 정리하며, 중요한 원칙을 재확인하는 그런 경우가 생긴다. 가족 역시 예외가 아니다. Goodhertz 가족은 추수감사절, 크리스마스, 유월절, 결혼식 등의 행사가 생기면 함께한다. 그들이 느끼기에 "친밀성"은 자주 저녁을 함께 먹는 데서 비롯된다. Goodhertz 가족은 가까이 산다(Carl을 제외하고). 그리고 적어도 일주일에 한 번은 "식탁에 둘러 앉는다"(그들의 표현을 빌자면). 그리고 그 식탁에서는 아무것도 금지되지 않는다는 것을 자랑으로 여긴다. 아이들의 어린 시절부터 이 전통은 계속되고 있다. 더불어 어려움이 생기면 언제든지 부모님의 집으로 와서 어린 시절 쓰던 방을 쓸 수 있다는 무언의 약속도 존재한다. Nina는 이혼 후 딸과 함께 여러 차례 집으로 돌아왔다. Harry도 불행한 결혼이 끝난 후 집으로 돌아왔다. Debby는 인터뷰를 하던 그 당시 여전히 집에서 살고 있었다. 나중에 그녀는 다른 브루클린 지역에 있는 연기학원 근처에 방을 얻어 나갔다. Nina는 동생이 빨랫감을 들고 집으로 올 때마다 놀린다고 한다.

6. 자아 형성과 분산

이제 내가 처음에 연구하고자 했던 문제로 돌아가 보자. 바로 가족 상황에서 자아를 형성하고 분산하는 것을 연구해 보자. 가족은 해당 문화의 대리물이다. 여기서 내가 다룰 수 있는 주제는 단 한 가지뿐이다. 바로, Goodhertz 가족이 보여준 공적인 것과 사적인 것의 구분, 바깥 사회에서 가족의 이념으로 정착하여 마침내는 가족 구성원의 자아로 녹아드는 문화적 구분이 그것이다. 내 목적은 결과를 "보고"하는 것이 아니라, 문화심리학적 측면에서 연구를 진행하는 방식을 보여주는 것이다.

지금까지 이야기를 들으면서 눈치 챘겠지만, "집"과 "실제 세상"(그들의 표현을 빌자면) 사이의 대비가 이 가족과 가족 구성원 각자에게 중심이 된다. 자서전은 물론 단체 가족 상담에서 그들이 이야기한 "주제" 중에서 이 대립 관계가 가장 많이 언급되었다. 가장 많이 언급된 동시에, 그들이 들려주는 "이야기"를 구성하는 Burke식의 5가지 요소 중에서 발생한 불균형을 해결할 때 가장 많이 동원되었으며, 앞장에서 내가 말한 "문제"를 야기할 가능성이 가장 높았다. 또한 의무적인 명제—즉, 그렇게 되어야만 하는 것, 의지할 수 있는 것, 반드시 고려해야 하는 것—를 가장 많이 도출하는 주제이기도 했다.

집과 실제 세상 간의 구분은 시대에 따라 여러 형태를 띠었다. Goodhertz 가족은 이를 동시대적으로 표현하였다. 이들의 자서전은 개인적인 이야기인 동시에 역사적이자 사회적인 문서였다. 사실 이들 가족의 "개인" 역사에는 미국 이민자의 역사가 반영되어 있었다—이탈리아에서 미국으로 온 이민자들, 그리고 뉴욕 주 북쪽 지역에서 뉴욕 중심으로 이동한 이민자들의 역사가 반영되어 있었다. George와 Rose는 가난과 가난이 준 혹독한 현실에서 힘든 어린 시절을 보냈다. 둘 다 자식들은 이런 어린 시절을 겪지 않도록 최선을 다했다. 그렇기 때문에 의도하지 않았지만 "집"과 "실제 세상"의 대비되는 점을 강조하였다. 그것이 심해져서 어떨 때에는 아이들이 긴장하기도 했다—"안전과 위험" 그리고 "따분함과 흥미진진함" 사이에서 불안을 겪어야 했다. 부모는 아이들이 자기들과 같은 어린 시절을 "겪지 않도록" 하는 게 소원이었다고 강조했다.

이 문제에는 사회적인 진실도 있었다. 여기에서 집과 실제 세상은 다시 한 번 뚜렷하게 구분된다. 현대 뉴욕 시민들은 뉴욕을 범죄와 마약이 난무하고, 친절하지 않고, 사람들을 등쳐먹는 도시라고 여긴다. 하지만 동시에 흥미진진하고 혁신적인 도시라고도 생각한다. "세상물정"이라는 표현 자체가 뉴욕다운 것이다. 이는 특별한 방식으로 공적인 것과 사적인 것을 구분하라는 뜻이기도 하다. 또한 역사와 사회를 표현하며, 개인의 심리를 반영한다. 문화심리학은 이들 세 영역(역사, 사회 및 개인의 심리)이 대변하는 분석 수준을 "헷갈리게"하는 것이 목적이 아니라, 그들 영역이 제각각 필요에 의해 다른 자료 기반을 가지고 있다는 것을 보여주는 것이 목적이다. 문화심리학의 또 다른 주요 목적은 그 세 영역이 서로에게 상황을 제시하는 방식을 연구하는 것이다.

Goodhertz 가족에게 있어 "집"은 친밀감, 신뢰, 상호간의 도움, 용서 및 개방성을 암시한다. 집은 서로에게 충실할 수 있는 전제이며, 서로에게 공감하는 방식이며, 얘기를 한 양식이자, 심지어는 애정을 표현하는 한 방식이다. 그들에게 있어 집은 "가족"에 대해 들려주는 그들의 상징적인 이야기에 반영되어 있다. 상징적인 고난과 해결(혹은 재미있는 미해결)을 들려주는 내러티브에 반영되어 있다. 각 가족 구성원은 자신만의 이야기를 가지고 있다. 예를 들어, Debby는 무력함, 심지어는 "멍청한 동물이 느낄 만한 무력함"으로 가족의 공감을 이끌어 내는 데 전문이다. 여기 그녀의 이야기가 있다. 어느 날 마당에 날개가 부러진 갈매기가 무력하게 앉아 있었다. 가족들은 모두 새가 죽을 때까지 지극 정성으로 보살펴주었고, 이들은 그로부터 수년이 지난 후인 오늘에도 자신들의 "자상한 마음씨"를 우스꽝스럽게 과장하여 얘기하곤 한다. Debby가 가족 상담 시간에 이 이야기를 들려주었다. 다른 가족들은 물론 이야기를 과장하였다. 그녀는 브루클린-퀸즈 고속도로에서 트럭에서 떨어진 닭 이야기도 해주었다. 이 이야기에서 그녀는 어린 시절 갈매기에게 보여주었던 이상적인 가치를 성인 버전으로 보여주었다. 차를 운전하던 친구는 멈춰서 닭을 구하자는 Debby의 청을 위험하다며 거절했다. 친구는 "우리 둘 다 죽을 거야"라고 화를 냈다. 무시무시한 브루클린-퀸즈 고속도로라는 "실제 세상"이 인간적인 따스함을 죽인 것이다.

Carl에게 있어 "실제 세상"은 잔인성과 위선과 타락이 Debby가 보는 실제 세상보다 더 강하게 작용한다. 고등학교 시절 풋볼 코치는 그에게 "상대팀에서 뛰어라"나 "경기에서 끌어내"라는 말을 했다. 그는 풋볼팀을 아예 나와 버렸다―아무도 나팔을 불어주지 않는 조용한 퇴장이었다. 그는 "실제 세상"에서 자기와 마음이 맞고 똑같은 것을 느끼는 집단을 찾으려 했다. 그게 바로 가톨릭 평화 운동이었다. 그는 대학 시절 가톨릭 평화 운동에 많은 시간을 할애했다. 대학원 시절에는 "처절한 경쟁"과 "교수진 분리"보다는 "우리 모두 평등한 존재로 앉아 얘기할 수 있도록" 하기 위해서 노력했다―이는 집에서 가족들이 종종 하던 말이었다. 그는 압력에 "대항"하려면 뭔가 특별한 것이 있어야 한다고 말했다. 가족 상담에서 그는 뜬금없이 "우리는 도덕적인 가족입니다"라고 말하기도 했다.

Goodhertz 가족 구성원은 나름대로 갈등을 얘기하는 내러티브 기법을 가지고 있었다. 심지어는 차분한 George조차도 친구의 신의를 저버리지 않고 친구의 비밀을 지켜주기 위해서 망설였던 친밀한 이야기를 다시 구성하였다. 한번은 가족들 사이에 오고가는 말이 "이야기"가 되어 가는 과정에서 Debby가 아빠에게 몇 달 전 친구가 죽었다고 전화로 얘기했을 때 같이 슬퍼해주지 않았다며 화를 냈다. 그는 "얘야, 내가 너의 친구를 어떻게 아니? 세상을 살아가다 보면 자잘한 사건이 일어날 때마다 슬퍼할 수는 없잖니?"라고 말했다. 그는 아버지로서의 친밀함과 실제 세상물정을 잘 아는 인간이라는 경계선을 아주 아슬아슬하게 걷고 있었다는 것을 스스로도 알고 있었다. 어쨌든 충실한 보수파 애국자인 미 육군 상사 출신인 그도 Carl이 베트남전 징집을 피했을 때 조용히 격려해 주었으니 말이다. Debby는 계속해서 "통제력을 잃어버린다"는 주제를 언급했다. 그녀에게 있어 통제력을 잃어버리는 것은 배우가 되겠다는 일념에 지나치게 사로잡히는 것이었다.

그렇다고 해서 Goodhertz 가족이 "실제 세상"에서 야망을 포기한 것은 아니다. 절대 그렇지 않다. 하지만 그들이 느끼는 친밀감은 "세상에서 성공"하는 것이 아니라 믿음과 친밀함이 가득한 "집"을 파악하고 "집"에 참여하는 것에서 비롯되었다. 그 정도는 놀라운 수준이었다. 이런 맥락에서 Goodhertz 가족은 수많은 작가들이 의미와 자아의 "개인화"라고 부르는 것을 반영한다고 볼 수 있다. 가족 상담을 보면 그들이 쓴 자서전과 마찬가지로, "진정한 자아"는 "외부 페르소나"가 아니라, 프라이버시, 친밀감 및 상호 교환이라는 가치에 연결된 감정과 믿음이라는 사실에는 의문의 여지가 없다. Goodhertz 가족의 자아는 내가 상징적 은유를 사용해서 표현하면 가족이 함께하는 저녁 식사에서 찾아볼 수 있었다. Goodhertz 부인이 Weisser 박사와 나를 이탈리아식 저녁 식사에 초대했을 때, 우리는 그것을 기호학적 행위로 받아들였다: 즉, 우리도 실제 사람이 된 것이다. "집"이라는 세상에서 살아가는 자아가 된 것이다.

Goodhertz 가족 구성원의 자아를 구성하는 핵심 구조는 합당한 "진정한 자아"와 "실제 사상"으로부터 그들을 보호하는 도구적인 "세상물정"을 잘 아는 자아 사이의 분명한 구분이다. 이 두 자아는 서로 불안한 평형 관계를 유지하고 있다. Carl의 자서전에 있는 한 이야기는 이를 신랄하게 지적하고 있다. 캘리포니아에서 여름을 지내던 어느 해 그는 한 소녀와 사랑에 빠졌다. 그는 "연꽃의 열매를 먹고 모든 괴로움을 잊는 사람"이라고 그 소녀를 지칭하였다. 어느 날 저녁 그녀가 침대에서 그에게 자기 자신을 너무 심하게 몰아붙이지는 말아달라고 말했다. 다음 날 아침 그는 일찍 일어나서 가방을 싼 다음 첫 비행기 편으로 뉴욕으로 돌아왔다—그녀가 깨기 전에 말이다. 그가 원하는 것은 안일(dolce far niente)이 아니었다. 단지 확실한 갈등과 동거하는 편안한 불편함이었다.

7. 자아 구성의 역사적 관점

이제 역사적인 관점으로 돌아가 보자. 심리학자들은 개인적인 영역이 일과 권력이라는 공적인 세계와는 달리, 그다지 실제적이지도, 자명하지도, 안정적이지도 않다는 사실을 종종 잊어버린다. 가장 최근에 이런 일이 일어난 것은 18세기였다. 18세기 역사학자 Keith Thomas는 아날학파의 세 번째 저서인 「사적인 삶의 역사(A History of Private Life)」를 신중하게 연구하여 다음과 같이 말했다.

> 후기 유럽 역사로 오면 프라이버시가 비밀, 숨김 및 지역사회의 눈초리로부터 숨겨야 하는 부끄러운 욕망과 동격이 된다. 17세기 한 목사가 말했듯이, "살인자와 간음자는 똑같이 프라이버시를 필요로 한다." 18세기 Denis Diderot는 비밀칸막이가 들어간 가구가 인기를 얻는 현상을 보고, 시대가 도덕적으로 타락하는 증거라고 말했다. … 장 자크 루소에게 있어 프라이버시가 없는 사회는 어떤 악도 없는 사회였다.[42]

우리가 지금까지 연구한 삶과 자아는 현 시점에서 작용하는 정신내적인 힘에 의해 만들어졌다. 이것들에서 공통적으로 찾을 수 있는 구분, 즉 집과 실제 세상 간의 뚜렷한 차이는 그들에게 주어진 구분이었으며, 그들은 그것을 자신들의 삶에 끼워 넣었다. 이는 지극히 동시대적이다. 하지만 이것으로 문제를 접는다면, Goodhertz 가족으로부터 역사를 뺏고, 그들이 겪은 삶과 어려움에 대한 우리의 이해를 황폐화 시키게 될 것이다. Goodhertz 가족은 개인적으로 그리고 한 가족으로 서 항상 사회 및 역사적인 힘의 영향을 받아 왔다. 그 "힘"을 구성하는 요소가 무엇이든 간에, 이들 역사적인 힘을 어떤 관점으로 보든 간에, 그 힘은 인간적인 의미로, 언어로, 내러티브로 전환되었고, 인간의 마 음속에서 자리 잡았다. 결국 일상심리학 및 경험된 문화 세계를 창조 하는 것은 이런 전환 과정이다.

문화심리학은 이런 문제를 다루는 학문 영역이다. 내가 여러 번 강 조했듯이, 문화심리학은 생물학적 한계 및 물질적이고 경제적인 욕구 를 제외하거나 부정하지 않는다. 오히려 "인과관계의 방법론"은 문화 에 존재하는 사회 및 개인적인 삶의 풍부성을 포착하지 못하며, 그들 이 갖고 있는 역사적인 깊이를 측정하지도 못한다고 주장한다. 심리학 자들이 문화 세계를 제대로 이해할 수 있는 것은 바로 이런 해석을 적 용할 때뿐이다.

8. 결론

지금까지 살펴본 네 장의 결론을 내려 보자. 나는 인지 혁명이 "의 미 만들기"를 핵심 주제에서 제외시키고 대신 "정보 처리" 및 연산작 용을 집어넣은 것을 비판하는 것으로 논의를 시작하였다. 두 번째 장 에서는 인간 조건을 연구할 때 "일상심리학"을 반드시 고려해야 한다 고 주장하였다. 일상심리학은 인간이 자신, 타인 그리고 자신이 살아 가는 세상에 대한 인식을 구성하는 과정에서 형성된 개념이다. 더불어 일상심리학은 개인적인 의미뿐만 아니라 문화적 결속성의 핵심 기반이라고 주장하였다. 인간은 그런 주의(tenet)를 지지하는 과정에서 제도를 만들기 때문에, 일상심리학은 제도적 변화에 대응하여 변화한다. 더불어 나는 일상심리학이 일련의 논리적 명제라기보다는 내러티브 및 이야기하기(스토리텔링)라고 주장하였다. 일상심리학은 내러티브 문화, 즉 이야기, 신화, 문학 장르의 강력한 구조의 지지를 받는다.

세 번째 장에서는 인간 문화에 참여하고, 내러티브를 활용하는 준비성이 어디에서 시작하였는지를 탐색하였다. 선천적으로 그리고 노출(인위적인 교육이나 양육환경)을 통해 내러티브 능력을 갖게 된 젊은이들이 어떻게 언어를 사용하고, 자신의 신체 안에서 내러티브적인 담화를 이용하여 문화에 참여하게 되는지 설명하였다. 더불어 인간의 문법 구조가 이야기를 하고자 하는 조어(祖語) 혹은 공통 기어(基語)(protolinguistic)[2]의 시도에서 비롯된 것은 아닌가 하고 생각해 보기까지 하였다.

마지막으로 나는 우리가 만들어 가는 삶과 자아가 의미 구성 과정의 결과물이라고 주장하였다. 동시에 자아가 머리 속에 갇힌 의식의 고립된 핵이 아니라, 인간관계 속에서 "분산된" 것이라고 주장하였다. 자아는 현재에만 반응하여 생기는 것은 아니다. 자아가 하나의 표현이 되는 자아의 문화를 형성한 역사적인 상황으로부터도 자아는 의미를 구성한다.

문화심리학 프로그램은 생물학이나 경제학을 부정하지 않는다. 인간의 마음과 삶이 생물학과 물질 자원은 물론 문화와 역사를 반영한다고 주장할 뿐이다. 불가피하게 문화심리학은 문화 및 역사를 전공하는 학생들이 사용해 온 해석 도구를 이용한다. 생물학적인 혹은 다른 의미의 인간에 대한 "설명"은 단 한 가지만 있는 것이 아니다. 결국에는

---

2) 원형적인 언어 혹은 원형적으로 존재하는 모태적인 언어

인간 조건에 대한 가장 강력한 인과관계 설명조차도 인간 문화를 구성하는 상징적인 세계라는 측면에서 해석하지 않으면 말이 되지 않기 때문이다.

ACTS OF MEANING

주석

제1장. 인간에 관한 적절한 연구

1. Howard Gardner, *The Mind's New Science: A History of the Cognitive Revolution* (New York: Basic Books, 1985). Earl Hunt, "Cognitive Science: Definition, Status, and Questions," *Annual Review of Psychology* 40 (1989):603-629.

2. Hubert L. Dreyfus and Stuart E. Dreyfus, with Tom Athanasiou, *Mind over Machine: The Power of Human Intuition and Expertise in the Era of the Computer* (New York: Free Press, 1986). Terry Winograd, *Understanding computers and Cognition: A New Foundation for Design* (Reading, Mass.: Addison-Wesley, 1987).

3. Clifford Geertz, *The Interpretation of Cultures* (New York: Basic Books, 1973). Clifford Geertz, *Local Knowledge: Further Essays in Interpretive Anthropology* (New York: Basic Books, 1983). George Lakoff and Mark Johnson, *Metaphors We Live By* (Chicago: University of Chicago Press, 1980). John R. Searle, *Intentionality An Essay in the Philosophy of Mind* (New York: Cambridge University Press, 1983). Nelson Goodman, *Of Mind and Other Matters* (Cambridge, Mass.: Harvard University Press, 1984). Wolfgang Iser, *The Act of Reading: A Theory of Aesthetic Response* (Baltimore: Johns Hopkins University Press, 1978). Kenneth J.Gergen, *Toward Transformation in Social Knowledge* (New York: Springer-Verlag, 1982). Kenneth J. Gergen and Keith E. Davis, *The Social Construction of the Person* (New York: Springer-Verlag, 1985). Donald P. Spence, *Narrative Truth and Historical Truth: Meaning and Interpretation in Psychoanalysis* (New York: W.W.Norton, 1982). Donald E. Polkinghorne, *Narrative Knowing and the Human Science* (Albany: SUNY Press, 1988).

4. Edward C. Tolman, "Cognitive Maps in Rats and Men," Psychological Review 55 (1948): 189-208. Tolman, *Purposive Behavior in Animals and Men* (New York: Century, 1932).

5. *Annual Reports of the Harvard University Center for Cognitive Studies* (Cambridge, Mass., 1961-1969).

6. George A. Miller, Personal communication.

7. 참고하라. 예를 들어, Roy Lachman, Janet L. Lachman, and Earl C. Butterfield, *Cognitive Psychology and Information Processing: An Introduction* (Hillsdale, N.J.: Lawrence Erlbaum Associates, 1979).

8. Herbert A. Simon, *The Science of the Artificial*, 2nd ed. (Cambridge, Mass.: MIT Press, 1981).

9. Daniel C. Dennett, "Evolution of Consciousness," The Jacobsen Lecture, University of London, May 13, 1988; Alan M. Turing, "Computing Machinery and Intelligence," *Mind* 59 (1950): 433-460.

10. Compare Noam Chomsky의 *Language and the Problems of Knowledge: The Managua Lectures* (Cambridge, Mass.: MIT Press, 1988) 를 다음과 비교하라. Dvid E. Rumelhart, James L. McClelland, and the PDP Research Group, *Parallel Distributed Processing: Explorations in the Microstructure of Cognition*, vol. 1: *Foundations* (Cambridge, Mass.: MIT Press, 1986). James L. McClelland, David E. Rumelhart, and the PDP Research Group, *Parallel Distributed Processing: Explorations in the Microstructure of Cognition*, vol. 2: *Psychological and Biological Models* (Cambridge, Mass.: MIT Press, 1986).

11. Stephen P. Stich, *From Folk Psychology to Cognitive Science: The Case against Belief* (Cambridge, Mass.: MIT Press, 1983).

12. Daniel C. Dennett, *The International Stance* (Cambridge, Mass.: MIT Press, 1987).

13. Paul M. Churchland, "The Ontological Status of International States: Nailing Folk Psychology to Its Porch," *Behavioral and Brain Science* 11 (1988): 507-508.

14. Jerry A. Fodor, *The Language of Thought* (New York: Crowell, 1975). Fodor, *Psychosemantics: The Problem of Meaning in the Philosophy of Mind* (Cambridge, Mass.: MIT Press, 1987).

15. Dennett, *Intentional Stance.*

16. Charles Taylor, *Sources of the Self* (Cambridge, Mass.: Harvard University Press, 1989). 주석 3을 참고하라.

17. Lev S. Vygotsky, *Thought and Language* (Cambridge, Mass.: MIT Press, 1962).

18. Geertz, *Interpretation of Cultures*, p.49.

19. Ibid.

20. John L. Austin, "A Plea for Excuses," in Austin, *Philosophical Papers*, 2nd ed. (Oxford: Clarendon Press, 1970), 175-204.

21. Thomas Nagel, *The View from Nowhere* (New York: Oxford University Press, 1986).

22. Richard Rorty, *Philosophy and the Mirror of Nature* (Princeton: PrincetonUniversity Press, 1979).

23. Paul Ricoeur, *Freud and Philosophy: An Essay on Interpretation, trans.* Denis Savage (New Haven: Yale University Press, 1970).

24. Richard E. Nisbett and Lee Ross, *Human Inference: Strategies and Shortcomings of Social Judgement* (Englewood Cliffs, N.J.:

Prentice-Hall, 1980).

25. Daniel Kahnemann, Paul Slovic, and Amos Tversky, *Judgement under Uncertainty: Heuristics and Biases* (New York: Cambridge University Press, 1982). Jerome S. Bruner, Jacqueline J. Goodnow, and George A. Austin, *A Study of Thinking* (New York: John Wiley and Sons, 1956).

26. John L. Austin, *How to Do Things with Words* (Cambridge, Mass.: Harvard University Press, 1962).

27. 이와 동일한 영역에 대해 보다 철저하고 정확한 견해를 가지기 위해서는 다음을 참고하라. Michael Cole, "Cultural Psychology," in *Nebraska Symposium: 1989* (Lincoln: University of Nebraska Press, forthcoming)

28. G. A. Miller, "The Magical Number Seven, Plus or Minus Two: Some Limits on Our Capacity for Processing Information," *Psychological Review* 63 (1956): 81-97.

29. Elaine Scarry, *The Body in Pain : The Making and Unmaking of the World* (New York: Oxford University Press, 1985).

30. Hans Peter Rickman, *Wilhelm Dilthey: Pioneer of the Human Studies* (Berkeley: University of California Press, 1979). Wilhelm Dilthey, *Descriptive Psychology and Historical Understanding* (1911), trans. Richard M. Zaner and Kenneth L. Heiges (The Hague: Nijhoff, 1977).

31. Goodman, *Of Mind and Other Matters,* 이러한 입장의 철학적 기반에서 잘 설득된 진술을 보려면 이 책을 참고하라.

32. Carol Fleisher Feldman, "Thought from Language: The Linguistic Construction of Cognitive Representations," in Jerome Bruner and Helen Haste, eds., *Making Sense: The Child's Construction of the World* (London: Methuen, 1987).

33. Richard Rorty, *Consequences of Pragmatism: Essays, 1972-1980* (Minneapolis: University of Minnesota Press, 1982).

34. Richard Rorty, "Pragmatism, Relativism, and Irrationalism," in *Consequences of Pragmatism.* Quotations from p. 162ff.

35. Howard Gardner, *Frames of Mind: The Theory of Multiple Intelligences* (New York: Basic Books, 1983).

36. James Clifford, *The Predicament of Culture: Twentieth-Century Ethnography, Literature, and Art* (Cambridge, Mass.: Harvard University Press, 1988).

37. Sandor Ferenczi, *Thalassa: A Theory of Genitality,* trans. Henry A. Bunker (New York: W. W. Norton, 1968).

38. Debra Friedman and Michael Hechter, "The Contribution of Rational Choice Theory to Macrosociological Research," *Sociological Theory* 6 (1988): 201-218, 일반적으로 사회적인 의사결정을 위해 합리적인 선택 이론의 적용에 대한 논의를 위해 이 책을 참고하라.

39. "합리적 예외"에 관한 특별한 사례를 제공하는 데 있어 Richard Herrnstein에게 은혜를 입었다.

40. Taylor, *Sources of the Self.*

41. Edward Sapir, "Culture, Genuine and Spurious," in *Culture, Language and Personality: Selected Essays,* ed. David G. Mandelbaum (Berkeley: University of California Press, 1956), 78-119.

42. B. F. Skinner, *Beyond Freedom and Dignity* (New York: Alfred A. Knopf, 1972).

43. Wolfgang Kohler, *The Place of Value in a World of Facts* (New York: Liveright, 1938).

44. J. Kirk T. Varnedoe, "Introduction," in Varnedoe, ed., *Modern Portraits: The Self and Others* (New York: Columbia University, Department of Art History and Archaeology, 1976).

45. Adrienne Rich, "Invisibility in Academe," quoted in Renato Rosaldo, *Culture and Truth: The Remaking of Social Analysis* (Boston: Beacon Press, 1989), ix.

제2장. 문화 도구로서의 일상심리학

1. Gerald M. Edelman, *Neural Darwinism: The Theory of Neuronal Group Selection* (New York: Basic Books, 1987). Gerald M. Edelman, *The Remembered Present: A Biological Theory of Consciousness* (New York: Basic Books, 1990). Vernon Reynolds, *The Biology of Human Action*, 2nd ed. (San Francisco: W. H. Freeman, 1980). Roger Lewin, *Human Evolution, An Illustrated Introduction*, 2nd ed. (Boston: Blackwell Scientific Publications, 1989). Nicholas Humphrey, *The Inner Eye* (Boston: Faber and Faber, 1986).

2. Hans Peter Rickman, *Wilhelm Dilthey: Pioneer of the Human Studies* (Berkeley: University of California Press, 1979). Wilhelm Dilthey, *Descriptive Psychology and Historical Understanding* (1911), trans. Richard M. Zaner and Kenneth L. Heiges (The Hague: Nijhoff, 1977).

3. Stephen P. Stich, *From Folk Psychology to Cognitive Science: The Case against Belief* (Cambridge, Mass.: MIT Press, 1983).

4. Claude Lévi-Strauss, *The Savage Mind* (Chicago: University of Chicago Press, 1966). C. O. Frake, "The Diagnosis of Disease among the Subanun of Mindanao," *American Anthropology* 63; rpt. in D. Hymes, ed., *Language in Culture and Society*

(New York: Harper and Row, 1964), 193-206. Thomas Gladwin, *East Is a Big Bird: Navigation and Logic on Puluwat Atoll* (Cambridge, Mass.: Harvard University Press, 1970). Edwin Hutchins, "Understanding Micronesian Navigation," in Dedre Gentner and Albert L. Stevens, eds., *Mental Models* (Hillsdale, N.J.: Lawrence Erlbaum Associates, 1983), 191-226.

5. Meyer Fortes, "Social and Psychological Aspects of Education in Taleland," *Africa* 11, no. (1938), supplement. Margaret Mead, *Coming of Age in Samoa* (New York: Morrow, 1928).

6. E. E. Evans-Pritchard, *Nuer Religion* (New York: Oxford University Press, 1974).

7. Harold Garfinkel, *Studies in Ethnomethodology* (Englewood Cliffs, N.J.: Prentice-Hall, 1967). Garfinkel, ed., *Ethnomethodological Studies of Work* (London and New York: Routledge and Kegan Paul, 1986). Fritz Heider, *The Psychology of Interpersonal Relations* (New York: John Wiley and Sons, 1958). Alfred Schutz, *The Problem of Social Reality*, ed. M. Natanson (The Hague: Nijhoff, 1962). Schutz, *On Phenomenology and Social Relations: Selected Writings of Alfred Schutz*, ed. Helmut R. Wagner (Chicago: University of Chicago Press, 1970). 최근, 이러한 문제들에 대한 인류학적인 접근방식은 Richard A. Shweder에 의해 제시되었다. Richard A. Shweder, "Cultural Psychology: What Is It?" in J. W. Stigler, R. A. Shweder, and G. Herdt, eds., *Cultural Psychology: The Chicago Symposium on Culture and Human Development* (New York: Cambridge University Press, 1989).

8. B. F. Skinner, *Beyond Freedom and Dignity* (New York: Alfred A. Knopf, 1972). Stich, *From Folk Psychology to Cognitive Science*.

9. Charles Taylor, *Sources of the Self* (Cambridge, Mass.: Harvard University Press. 1989).

10. André Gide, *Lafcadio's Adventure* (New York: Random House, 1925).

11. Daniel C. Dennett and John C. Haugeland, "Intentionality," in Richard L. Gregory, ed., *The Oxford Companion to the Mind* (Oxford and New York: Oxford University Press, 1987), 383-386.

12. Gladwin, *East Is a Big Bird*.

13. Michelle Rosaldo, "Toward an Anthropology of Self and Feeling," in Richard A. Shweder and Robert A. Levine, eds., *Culture Theory: Essays on Mind, Self, and Emotion* (Cambridge: Cambridge University Press, 1984), 137-157, p.139. 이 논문의 배경을 알기 위해서는 다음을 참고하라. Michelle Rosaldo, *Knowledge and Passion: Ilongot Notions of Self and Social Life* (Cambridge and New York: Cambridge University Press, 1980); Renato Rosaldo, *Ilongot Headhunting, 1883-1974: A Study in Society and History* (Stanford, Calif.: Stanford University Press, 1980).

14. Hazel Markus and Paula Nurius, "Possible Selves," *American Psychologist* 41 (1986): 954-969, p. 954. Nicholas Humphrey and Daniel Dennett, "Speaking for Ourselves: An Assessment of Multiple Personality Disorder," *Raritan: A Quarterly Review* (Spring 1989): 68-98. Sigmund Freud, "The Relation of the Poet to Day-Dreaming," in *Collected Papers*, vol. IV, ed. Ernest Jones (London: Hogarth Press, 1950), 173-183.

15. Paul Ricoeur, "The Narrative Function," in Ricoeur, *Hermeneutics and the Human Science*, ed. and trans. John B. Thompson

(Cambridge: Cambridge University Press, 1981), 277.

16. Carl Hempel, "The Function of General Laws in History," in Hempel, *Aspects of Scientific Explanation and Other Essays in the Philosophy of Science* (New York: Free Press, 1942). Ricoeur는 다시금 간결하게 요약해 준다. Hempel은 "어떠한 단일의 사건들도 두 가지 가설로부터 추론될 수 있다고 주장하였다. 첫번째는 최초의 상황(conditions)을 기술하는 것인데, 앞선 사건, 유력한 상황 등을 의미한다. 두 번째는 입증이 된다면 법칙으로 인정받을 수 있는 보편적인 가정, 즉 규칙성을 주장하는 것이다. 만약 두 가지 가설들이 적절하게 확립될 수 있다면, 고려할 만한 사건은 논리적으로 추론될 수 있고 그러므로 설명된다고 말할 수 있다." Hempel은 275쪽에 나오는 Ricoeur의 "내러티브적 기능"에 동의한다. 역사는 그러한 가설들을 확립하는 데 어려움을 가지고, 설명적인 스케치들을 가지고 주로 작업해야 한다는 것이다. 그러나 그것은 진정한 요지가 아니다. 오히려 중요한 요점은 계열성(sequences)과 플롯(plots)이 역사가들의 과업과 관련 있다는 것이다. 이의를 제기한 W. B. Gallie뿐만 아니라 역사가들은 분석적이고 "설명적"이기보다는 오히려 기술적이고 해석적이라고 주장하면서, 내러티브 형식을 역사의 주요 도구들 중 하나로 바라보았던 Lawrence Stone과 같은 그러한 일하는 역사들도 포함된다. W. B. Gallie, *Philosophy and Historical Understanding* (New York: Schocken Books, 1964); Lawrence Stone, "The Revival of Narrative: Reflections on a New Old History," *Past and Present* 85 (1979): 3-24. 게다가, Stone은 주장하기를, 역사는 "의미심장한 원리"가 특별한 사례들에서 논증적으로(demonstrative) 주장되는 것에서 "수사적으로" 관련되어야만 한다는 것이다—Thucydides가 펠로폰네소스 전쟁이 그리스 사회와 도시국가에서 비참한 결과를 낸 사건들의 계열을 보여주려 했을 때처럼 말이다.

17. Albert Lord, *The Singer of Tales*, Harvard Studies in Comparative Literature, 24 (Cambridge, Mass.: Harvard University Press,

1960). Northrop Frye, *Anatomy of Criticism: Four Essays* (Princeton: Princeton University Press, 1957). Ricoeur, "The Narrative Function," p.287.

18. C. G. Jung, *Collected Works*, vol. 9, pt. I : *Archetypes and the Collective Unconscious* (New York: Bollingen, 1959).

19. Aristotle, *Poetics*, trans. James Hutton (New York: Norton, 1982). Ricoeur, "The Narrative Function," pp. 288, 292.

20. "하나의 사인, 혹은 *representamen*은 일부 측면이나 능력 면에서 무엇인가를 위해 누군가를 지지하는 것이다. 이는 사람들이란 그 사람의 마음속에서 동등한 사인 혹은 더 발전된 사인을 창조한다는 의미이다. 그것이 창조한 사인이란 내가 첫 번째 사인의 *해석항(inter-pretant)*이라 부르는 것이다. 그 사인은 그것의 목적(*object*)을 상징한다. 그것은 모든 관점에서의 목적을 상징하는 것이 아니라, 일종의 아이디어에 적합한 목적을 상징하는 것이다. 그것은 내가 rep-resentamen의 토대(*ground*)라고 가끔 명명했던 것이다. 여기서 '아이디어' 란 일상의 대화에서 매우 친숙하게 느껴지는 일종의 플라토닉적 감각에 의해 이해되는 것이다; 그러한 의미에서 나는 인류가 다른 사람의 아이디어를 이해한다고 생각한다." C. S. Peirce, *Collected Papers of Charles Sanders Peirce*, vol. 2 (Cambridge, Mass.: Harvard University Press, 1960), 228.

21. 기대할 수 있거나 일상적인 것이 왜 "가치" 나 "합법성" 으로 부여되어야만 하는지는 흥미로운 질문이다. 흥미 있는 답변은 "기능적인 자치단체" 에 대한 자신의 이론에서, *Personality: A Psychological Interpretation* (New York: Henry Holt and Company, 1937) G. W. Allport에 의해 제공되었다. 일단 확립된다면, 습관이 동기의 역할을 가진다고 제안했다: 노련한 선원은 바다로 나가고자 하는 욕망을 키워나갔다. William James는 *The Principles of Psychology* (Cambridge, Mass.: Harvard University Press, 1983)에 실린 자신의 유명한 장 "Habit" 에서 이와 동일한 점을 지적한 바 있다. Emile

Durkheim은 공동체가 공유한 신념은 "외재성(exteriority)"뿐만 아니라 욕망을 통제하려는 제한까지도 획득한다고 제안하면서 이와 비슷한 견해를 피력한 바 있다. Durkheim, *The Elementary Forms of the Religious Life,* trans. Joseph Ward Swain (New York: Collier Books, 1961).

22. Roger G. Baker, *Habitats, Environments, and Human Behavior* (San Francisco: Jossey-Bass, 1978).

23. H. Paul Grice, *Studies in the Way of Words* (Cambridge, Mass.: Harvard University Press, 1989).

24. Kenneth Burke, *A Grammar of Motives* (New York: Prentice-Hall, 1945). 나는 이러한 설명에서 무엇이 자기 민족 중심주의적 편견인지를 지적하기 위해 예루살렘의 Hebrew 대학의 아시아-아프리카 연구소에 있는 David Shulman에게서 많은 도움을 받았다. 그는 내러티브 수사학에 관한 Kenneth Burke의 설명이 보편화되기에는 너무 "homeostatic(항상적인)"이지 못한 것이 아닌가라는 흥미로운 질문을 제기했다. "우리는 상상할 수 있다—그러나 사실 상상할 만한 이유가 없다. 왜냐하면 사례들이 인도에 존재하기 때문이다. 최초의 불균형과 부조화를 시작하는 내러티브는 그것을 해결하기 위해 전진하고, 그러고 나서야 근본적인 문제해결적 상황을 복구함으로써 결론을 맺는다. 결론은 일부 역동적 에너지에 의해 재진술될 수도 있다. 이것은 아마도 변형하는 나선형 순환을 가진다. 마음에 다가오는 것은 Sanskrit 문학 중에서 가장 유명한 드라마인 Kalidasa의 *Sakuntala*이다: Sanskrit 시학이 다른 방식으로(더욱 견고하고 통합적인 결론) 이런 연극을 다루면서, 내가 읽어본 바에 의하면 이 책에서 내가 약술한 것과 비슷한 것 같다. 우연히, 인지에 대한 세분화는 이 연극의 마지막 장에서 표면적으로 분명히 드러난다. 마지막 장은 주인공이 자신 앞에 분명히 서 있는 실제 코끼리를 응시하면서 '이것은 코끼리가 아니야'라고 말하는 사람의 정신적 보편성과 비교하는 장이다; 오직 나중에, 코끼리가 움직이기 시작할

때, 약간의 의심이 생겨난다; 마지막까지, 코끼리가 사라졌을 때, 사람들은 그 뒤로 남겨진 코끼리의 발자국을 관찰하고는 '코끼리가 여기에 있었군' 하면서 확실하게 말한다"(사적 편지, 1989년 12월 15일). Burke의 "드라마티즘"은 원 혹은 순환으로 간주될 수 있다 (Shulman이 암시하였듯이). 전통에 좌우되면서, 사람들은 순환하면서 어떠한 지점에서도 출발할 수 있다. 유일한 요구조건은 스토리가 전체 순환 속에서 움직이면 된다는 것이다. 이 점에 관한 더욱 심도 있는 논의를 원한다면 Victor Turner, *From Ritual to Theater: The Human Seriousness of Play* (New York: Performing Arts Journal Publications, 1982)를 참고하라.

25. Hayden White, "The Value of Narrativity in the Representation of Reality," in W. J. T. Mitchell, ed., *On Narrative* (Chicago: University of Chicago Press, 1981), 1-24.

26. Jerome Bruner, *Actual Minds, Possible Worlds* (Cambridge, Mass.: Harvard University Press, 1986).

27. Erich Kahler, *The Inward Turn of Narrative*, trans. Richard Winston and Clara Winston (Princeton: Princeton University Press, 1973).

28. Erich Auerbach, *Mimesis: The Representation of Reality in Western Literature*, trans. Willard R. Trans. (Princeton: Princeton University Press, 1953).

29. Wolfgang Iser, *The Act of Reading: A Theory of Aesthetic Response* (Baltimore: Johns Hopkins University Press, 1978). Iser의 최근 저서인 *Prospecting: From Reader Response to Literary Anthropology* (Baltimore: Johns Hopkins University Press, 1989)가 이 점에 대해 더욱 자세히 다루고 있다.

30. Jean Mandler, *Stories, Scripts, and Scenes: Aspects of Schema Theory* (Hillsdale, N.J.: Lawrence Erlbaum Associates, 1984).

31. John Shotter, "The Social Construction of Forgetting and Remembering," in David Middleton and Derek Edwards, eds., *Collective Memory* (London: Sage Publications, 1990), 120-138.

32. 물론 문제의 책은 F. C. Bartlett, *Psychology and Primitive Culture* (Cambridge: Cambridge University Press, 1923)이다. 그리고 그의 고전으로 *Remembering: A Study in Experimental and Social Psychology* (Cambridge: Cambridge University Press, 1932)이 있다. Mary Douglas는 다음의 책에서 자신의 주장을 피력하였다. *How Institutions Think* (London: Routledge and Kegan Paul, 1987), p. 25.

33. Bartlett, *Remembering*, p. 255.

34. Cynthia Fuchs Epstein, *Deceptive Distinctions: Sex, Gender, and the Social Order* (New Haven: Yale University Press, 1988).

35. Bartlett, *Remembering*, p. 21.

36. Iser, *The Act of Reading*.

37. Marx는 Oliver Sacks에 의해 다음의 책에서 인용되었다. A. R. Luria, *The Man with a Shattered Mind: The History of a Brain Wound* (Cambridge, Mass.: Harvard University Press, 1987).

38. 의미를 정의하는 데 있어 의미와 참조의 한계에 대한 유용한 논의를 위해서는 다음 책을 참고하라. Umberto Eco, Marco Santambrogio, and Patrizia Violi, eds., *Meaning and Mental Representations* (Bloomington: Indiana University Press, 1988).

39. 특히 이 책을 참고하라. Marco Santambrogio, and Patrizia Violi, "Introduction," in Eco, Santambrogio, and Violi, *Meaning and Mental Representations*, 3-22.

40. Roy Harris, "How Does Writing Restructure Thought?" *Lan-*

guage and Communication 9 (1989): 99-106.

41. John L. Austin, *How to Do Things with Words* (Cambridge, Mass.: Harvard University Press, 1962). Ludwig Wittgenstein, *The Blue and Brown Books* (New York: Harper and Row, 1958). Wittgenstein, *Philosophical Investigations*, trans. G. E. M. Anscombe (New York: Macmillan, 1953).

42. H. Paul Grice, *Studies in the Way of Words* (Cambridge, Mass.: Harvard University Press, 1989). 간결한 결론을 맺기 위해서 다음 책을 참고하라. Stephen C. Levinson, *Pragmatics* (Cambridge and New York: Cambridge University Press, 1983).

43. Bartlett, *Remembering*. Roger Schank and Robert Abelson, *Scripts, Plans, Goals, and Understanding* (Hillsdale, N.J.: Lawrence Erlbaum Associates, 1977), 70. T. A. Van Dijk, *Macrostructures: An Interdisciplinary Study of Global Structures in Discourse, Interaction, and Cognition* (Hillsdale, N.J.: Lawrence Erlbaum Associates, 1980), 233-235.

44. Elizabeth W. Bruss, *Beautiful Theories: The Spectacle of Discourse in Contemporary Criticism* (Baltimore: Johns Hopkins University Press, 1982). Iser, *The Act of Reading*. Philippe Lejeune, *On Autobiography*, trans. Katherine Leary (Minneapolis: University of Minnesota Press, 1989).

제3장. 의미로 들어가기

1. David Premack and G. Woodruff, "Does the Chimpanzee Have a Theory of Mind?" *Behavioral and Brain Science* 1 (1978): 515-526.

2. Claude Lévi-Strauss, *Structural Anthropology* (New York: Basic Books, 1963).

3. 2장, 각주 20을 참고하라.

4. 예를 들어, 다음 책을 참고하라. Noam Chomsky, *Language and Mind* (New York: Harcourt, Brace and World, 1968).

5. 이러한 이슈를 더욱 자세히 찾아내는 데 관심이 있는 독자라면 다음 책들을 참고하면 도움이 될 것이다: Derek Bickerton, *Roots of Language* (Ann Arbor, Mich.: Karoma, 1981); Steven Pinker, *Learnability and Cognition* (Cambridge, Mass.: MIT Press, 1989); Dan Isaac Slobin, ed., *The Crosslinguistic Study of Language Acquisition*, 2 vols. (Hillsdale, N.J.: Lawrence Erlbaum Associates, 1985); Kenneth Wexler and Peter W. Culicover, *Formal Principles of Language Acquisition* (Cambridge, Mass.: MIT Press, 1980).

6. Austin의 *How to Do Things with Words*에 의해 자극받은 책들 중 하나가 바로 다음 책이다. Jerome S. Bruner, *Child' s Talk: Learning to Use Language* (New York: W. W. Norton, 1983); Herbert H. Clark and Eve V. Clark, *Psychology and Language: An Introduction to Psycholinguistics* (New York: Harcourt Brace Jovanovich, 1977); M. A. K. Halliday, *Learning How to Mean* (London: Arnold, 1975); and P. M. Greenfield and J. Smith, *The Structure of Communication in Early Language Development* (New York: Academic Press, 1976).

7. Robert A. Hinde, *Individuals, Relationships and Cultrue: Links between Ethology and the Social Science* (Cambridge: Cambridge University Press, 1987), and Frank A. Beach, ed., *Human Sexuality in Four Perspectives* (Baltimore: Johns Hopkins University Press, 1977).

8. J. S. Bruner and Carol F. Feldman, "Where Does Language Come From?" (review of Derek Bickerton, *The Roots of Language*), *New York Review of Books*, no. 29 (June 24, 1982): 34-

36.

9. Nicholas Humphrey, *The Inner Eye* (Boston: Faber and Faber, 1986). Roger Lewin, *In the Age of Mankind* (Washington, D.C.: Smithsonian Books, 1988).

10. A. Whiten and R. W. Byrne, "Tactical Deception in Primates," *Behavioral and Brain Science* 11 (1988): 233-273. R. W. Mitchell, "A Framework for Discussing Deception," in R. W. Mitchell and N. S. Thompson, *Deception: Perspectives on Human and Non-human Deceit* (Albany: State University of New York Press, 1986).

11. M. Chandler, A. S. Fritz, and S. Hala, " Small-Scale Deceit: Deception as a Marker of Two-, Three-, and Four-year-olds' Theories of Mind," *Child Development* 60 (1989): 1263.

12. J. W. Astington, P. L. Harris, and D. R. Olson, eds., *Developing Theories of Mind* (New York: Cambridge University Press, 1988).

13. 이 결과는 다음의 책에 의해 처음으로 보도되었다. H. Wimmer and J. Perner, "Beliefs about Beliefs: Representation and Con-straining Function of Wrong Beliefs in Young Children's Understanding of Deception," *Cognition* 13 (1983): 103-128. 그것은 수없이 복사되어졌다. Astington, Harris, and Olson, eds., *Developing Theories of Mind.*

14. Chandler, Fritz, and Hala, "Small-Scale Deceit," 1275.

15. M. Scaife and J. S. Bruner, "The Capacity for Joint Visual Attention in the Infant," *Nature* 253 (1975): 265-266. George Butterworth and M. Castillo, "Coordination of Auditory and Visual Space in Newborn Human Infants," *Perception* 5 (1976): 155-160. A. Ninio and J. S. Bruner, "The Achievement

and Antecedents of Labelling," *Journal of Child Language* 5 (1978): 1-15.

16. Halliday, *Learning How to Mean.*

17. 문법적 형식은 "통사적(syntactical)"이거나 "연산적인" 것에 따라 숙달된다는 것이 더욱 일반적이면 일반적일수록 더 피상적으로 파생된 깊이나 더욱 단순한 연산은 더 쉽게 학습된다는 것을 알았다. 하나의 관점은 이 책이고, Kenneth Wexler and Peter W. Culicover, *Formal Principles of Language Acquisition* (Cambridge, Mass.: MIT Press, 1980); 다른 하나는 Steven Pinker, *Language Learnability and Language Development* (Cambridge: Cambridge University Press, 1984)이다. 그러한 생각은 형식적으로 매력적일 수는 있지만, 제안된 모든 사례들은 동일한 치명적 결점을 보여주었다. 문법이나 연산의 이론과는 관계없이 "단순함" 혹은 "연산능력"을 확립하는 방법은 없다. 따라서, "이론"을 검증하는 것은 우리가 검증하고 있는 이론에 의해 스스로 결정된다. 일반적인 노력은 부정적, 수동적 혹은 의문시하는 변형에 의해 "변형된" 것들에 비유됨으로써, "변형되지 않은" 문장들의 더 큰 "단순함"을 설립하기 위한 초기 노력을 연상시킨다—더욱 복잡한 것보다 정신적 처리 시간이 덜 필요로 하는 보다 단순한 것. 그 예언들이 단순히 잘못된 것만은 아니다; 그것들은 심도 있고 예측할 수 없는 것이었다. 그들은 "문장 처리"의 관점에서 맥락(context)을 고려하는 것에는 실패했고 왜 부정적으로 문장을 변형했는지를 설명하는 것조차 시작할 수 없었다. 그것들은 "그럴듯한 부정의 맥락에서" 조우되었고, 일상적인 것보다 더욱 빨리 이해되었으며, 요소들의 동일한 수들 중 지시적(indicative) 요소들을 변형하지 않았다. P. C. Wason, "The Contexts of Plausible Denial," *Journal of Verbal Learning and Verbal Behavior* 4 (1965): 7-11. 다음 책에 제시된 "단순함"에 관한 Nelson Goodman의 논의를 살펴보라. *The Structure of Appearance* (Cambridge, Mass.: Harvard University Press, 1951).

18. Roger Brown, *A First Language: The Early Stages* (Cambridge, Mass.: Harvard University Press, 1973).

19. 유명한 언어학자인 Charles Fillmore는 언어가 조직된다는 입장에서—행위주체자, 행동, 환자, 목적, 방향, 위치, 등에 관한 친숙한 분류들—그러한 격문법(case grammar)[1]은 인간 행위(activity)에 관해 우리의 경험을 조직하는 데 이바지할 "행동(action)에 대한 논의"에 대해 미리 언급된 개념적 이해에 관한 추상적이고 언어적인 연출(rendering)이다. Charles Fillmore, "The Case for Case," in E. Bach and R. T. Harms, eds., *Universals in Linguistic Theory* (New York: Holt, Rinehart, and Winston, 1968), 1-88, and Fillmore, "The Case for Case Reopened," in P. Cole and J. M. Sadock, eds., *Syntax and Semantics: Grammatical Relations*, vol. 8 (New York and London: Academic Press, 1977), 59-81.

20. J. S. Bruner, "Pacifier-Produced Visual Buffering in Human Infants," *Developmental Psychobiology* 6 (1973): 45-51. William Kessen, P. Salapatek, and M. Haith "Visual Response of Human Newborn to Linear Contour," *Journal of Experimental Child Psychology* 13 (1972): 9-20. I. Kalnins and J. S. Bruner, "The Coordination of Visual Observation and Instrumental Behavior in Early Infancy," *Perception* 2 (1973): 307-314. Kathleen M. Berg, W. Keith Berg, and Frances K. Graham, "Infant Heart Rate Response as a Function of Stimulus and State," *Psychophysiology* 8 (1971): 30-44.

21. "Markedness," in *Selected Writings of Roman Jakobson*, vol. 8, ch. 2, pt.4 (Berlin, New York, Amsterdam: Mouton DeGruyter, 1988). Greenfield and Smith, *The Structure of Communication*

---

1) 격문법(格文法): 동사와 명사의 통어적(統語的) · 의미적(意味的) 관계를 체계적으로 기술할 것을 목적으로 하는 문법; 이 문법에서는 명사의 격(格)은 그 명사가 문중에서 수행하는 통어적 · 의미적 역할에 따라 결정된다고 본다.

in Early Language Development.

22. Willem J. M. Levelt, *Speaking: From Intention to Articulation* (Cambridge, Mass.: MIT Press, 1989). Joseph H. Greenberg, ed.s *Universals of Human Language* (Stanford, Calif.: Stanford University Press, 1978). Brown, *A First Language.*

23. Daniel N. Stern, *The First Relationship: Infant and Mother* (Cambridge, Mass.: Harvard University Press, 1977). Olga K. Carnica, "Some Prosodic and Paralinguistic Features of Speech to Young Children," in Catherine E. Snow and Charles A. Ferguson, eds., *Talking to Children: Language Input and Acquisition* (Cambridge and New York: Cambridge University Press, 1977), 63-88, and Ann Fernald et al., "A Cross-Language Study of Prosodic Modifications in Mothers' and Fathers' Speech to Preverbal Infants," *Journal of Child Language,* in press.

24. A. R. Luria, *The Role of Speech in the Regulation of Normal and Abnormal Behavior* (New York: Liveright, 1961). Margaret Donaldson, *Children's Minds* (New York: Norton, 1978). V. Propp, *The Morphology of the Folktale* (Austin: University of Texas Press, 1968).

25. Chandler, Fritz, and Hala, "Small-Scale Deceit."

26. 사적 대화.

27. Peggy J. Miller, *Amy, Wendy, and Beth: Learning Language in South Baltimore* (Austin: University of Texas Press, 1982). Peggy J. Miller and Linda L. Sperry, "The Socialization of Anger and Aggression," *Merrill-Palmer Quarterly* 33 (1987): 1-31. Peggy J. Miller and Linda L. Sperry, "Early Talk about the Past: The Origins of Conversational Stories of Personal Experience," *Journal of Child Language* 15 (1988): 293-315. Peggy J.

Miller, "Personal Stories as Resources for the Culture-Acquiring Child," paper presented at Society for Cultural Anthropology, Phoenix, Arizona, November 18, 1988.

28. Peggy J. Miller and Barbara Byhouwer Moore, "Narrative Conjunctions of Care-Giver and Child: A Comparative Perspective on Socialization through Stories," *Ethos* 17, no. 4 (1989): 428-449. 의문시되는 내러티브 양식은 다음의 사람들에 의해 처음으로 기술되었다. W. Labov and J. Waletzky, "Narrative Analysis: Oral Versions of Personal Experience," in J. Helm, ed., *Essays in the Verbal and Visual Arts* (Seattle: University of Washington Press, 1967), 12-44.

29. Shirley Brice Health, *Ways with Words: Language, Life, and Work in Communities and Classroom* (Cambridge and New York: Cambridge University Press, 1983).

30. Miller and Moore, "Narrative Conjunctions of Care-Gives and Child," 436.

31. Heath, *Ways with Words*.

32. Judy Dunn, *The Beginnings of Social Understanding* (Cambridge, Mass.: Harvard University Press, 1988), p.5.

33. Kenneth Burke, *A Grammar of Motives* (New York: Prentice-Hall, 1945).

34. John L. Austin, "A Plea for Excuses," in Austin, *Philosophical Papers*, 2nd ed. (Oxford: Clarendon Press, 1970), 175-204.

35. Katherine Nelson, ed., *Narratives from the Crib* (Cambridge, Mass.: Harvard University Press, 1989).

36. Vladimir Propp, *Theory and History of Folklore*, trans. Ariadna Y. Martin and Richard P. Martin (Minneapolis: University of

Minnesota Press, 1984).

37. Ruth Weir, *Language in the Crib* (The Hague: Mouton, 1962).

38. Labov and Waletzky, "Narrative Analysis."

39. Carol Fleisher Feldman, "Monologue as Problem-solving Narrative," in Nelson, ed., *Narratives from the Crib.*

40. Michello Rosaldo, *Knowledge and Passion: Ilongot Notions of Self and Social Life* (Cambridge and New York: Cambridge University Press, 1980).

41. Frans de Waal, *Peacemaking among Primates* (Cambridge, Mass., Harvard University Press, 1989).

42. Milan Kundera, *The Book of Laughter and Forgetting*, trans. Michael Henry Heim (New York: Alfred A. Knopf, 1980). Kundera, *The Unbearable Lightness of Being*, trans. Michael Henry Heim (New York: Harper and Row, 1984). Danilo Kis, *A Tomb for Boris Davidovich*, trans. Duska Mikic-Mitchell (New York: Harcourt Brace Jovanovich, 1978).

43. Ronald Dworkin, *Law's Empire* (Cambridge, Mass.: Harvard University Press, 1986). 법에서의 내러티브의 역할에 관한 더욱 심도 있는 묘사를 위해 다음 책을 살펴보라. *Michigan Law Review* 87, no. 8 (August 1989), 이것은 "합법적인 스토리텔링"의 주제로 전체적으로 다루어진 이슈였다. 나의 관심사에 관한 연구를 진행하는 데 있어 Harvard 법학부의 Martha Minow에게 특히 신세를 많이 졌고, 나와 함께 그것의 중요성을 논의하는 데 New York 법학부의 Peggy Davis, David Richards, 그리고 Tony Amsterdam에게도 많은 도움을 받았다.

제4장. 자서전과 자아

1. Edwin G. Boring, *The Physical Dimensions of Consciousness* (New York: Dover, 1963).

2. 자아(Self)에 대한 "리얼리즘"은 주체적 행위(agency) 개념의 부산물로서 일상심리학에서 만들어졌다. 그것은 분명히 영어 언어 사용에서 확립되었다. 비록 놀랍게 색다른 방법이지만 말이다. 우리는 "당신 자신을 컨트롤하라(Control yourself)"라고 말한다. 그러나 우리는 "다음 주 수요일 저녁식사에 자신을 데리고 오라(Bring yourself to next Wednesday)"라고 말하지는 않는다. 그리고 전형적으로, 행위동사처럼 정신적인 동사를 가지고 자아(Self)를 문장의 주어와 목적어가 되도록 허용한다. "당신이 당신 자신을 베었다(You cut yourself)"라고 말하는 것은 허용된다. 여기서 마지막 단어는 신체의 일부를 말하는 것이다; 그러나 "여러분은 스스로를 의심하라"라고 말하는 것 또한 허용된다. 이는 결국 흠집을 내지 않고 언어가 수락할 수 있는 일상의 형이상학의 질서를 나타낸다. 중간의 경우 단순히 "나는 다쳤다(I hurt)"라는 것보다 오히려 "나는 나 자신을 다치게 했다(I hurt myself)"와 같은 표현에 의해 채워진다. 그러나 이러한 경우에 두 가지 양식은 주로 구두점을 찍은 것(the punctate)을 미완성(durative)으로부터 구별하는 것에 사용된다. 내가 결정할 수 있는 한에서는 재귀적 서술(predicate)로서 인칭 대명사의 사용을 위해 언어적이고 인지적인 전제조건에 대한 충분한 체계적 연구가 없었다. 그것은 분명히 요구된다. 그러나 그러한 사용에 있어 자아-리얼리즘의 구체화에 대한 일부 흥미 있는 숙고를 위해 다음을 살펴보라. Peter Strawson, *Individuals* (London: Methuen, 1959); George A. Miller and Philip N. Johnson-Laird, *Language and Perception* (Cambridge, Mass.: Belknap Press of Harvard University Press, 1976); and Bernard Williams, *Problems of the Self* (Cambridge: Cambridge University Press, 1973).

3. William James, *Principles of Psychology* (New York: Macmillan,

1890).

4. Hazel Markus and Paula Nuria, "Possible Selves," *American Psychologist* 41 (1986): 954-969. 자아에 관한 다소 친숙한 모형들이 제안되었다. 사례들은 다음을 포함한다. Anthony R. Pratkanis, Steven J. Breckler, and Anthony G. Greenwald, eds., *Attitude Structure and Function* (Hillsdale, N.J.: Lawrence Erlbaum Associates, 1989); Robbie Case, *Intellectual Development: Birth to Adulthood* (Orlando: Academic Press, 1985); Tory E. Higgins, "Self-Discrepancy: A Theory Relating Self and Affect," *Psychological Review* 94 (1987): 319-340.

5. 다음 글에 잘 예시되어 있다. Richard Rorty: *Consequence of Pragmatism* (Minneapolis: University of Minnesota Press, 1982); *Philosophy and the Mirror of Nature* (Princeton: Princeton University Press, 1979). Nietzsche의 관점주의(perspectivalism)의 "수면자 효과(sleeper effects)[2]"는 다음에서 논의된다. Alexander Nehamas, *Nietzsch: Life as Literature* (Cambridge, Mass.: Harvard University Press, 1985). 그러나 심리학에서의 관점주의(perspectivalism)의 효과는 다음의 반리얼리즘에 기인한다. Ernst Mach, *The Analysis of Sensations, and the Relation of the Physical to the Psychical* (Chicago: Open Court, 1914). Karl Popper의 회의론(skepticism) 역시 강력한 효과를 가졌다─예를 들어, *Objective Knowledge: An Evolutionary Approach* (Oxford: Clarendon Press, 1972)─물론 *The structure of Scientific Revolutions* (Chicago: University of Chicago Press, 1962)에서 과학에서의 패러다임적 변화에 대한 Thomas Kuhn의 논의가 있었듯이 말이다. 우리 세대는 이런 문제에 있어 "cult text"를 가졌다: Hans Vaihinger의 *The Philosophy of 'As If' : A System of the Theoretical,*

---

2) 큰 잘못을 해도 시간이 지나면 용서받을 수 있듯이 초기에 제시된 정보도 잠자고 나면 점차 망각되는 것

Practical, and Religious Fictions of Mankind, 2nd ed., trans. C. K. Ogden (London: Routledge and Kegan Paul, 1935). Percy Bridgman의 작용주의(operationism) 또한 더 앞선 과학의 단순하고 초보적인 리얼리즘을 손상시키는 오래된 방법이었다.

6. George Herbert Mead, *Mind, Self, and Society* (Chicago: University of Chicago Press, 1934).

7. "heteroglossia"에 관한 Mikhail Bakhtin의 연구에서 이 아이디어를 비슷하게 발전시킨 것을 주의하라—*The Dialogic Imagination: Four Essays*, ed. Michael Holquist (Austin: University of Texas Press, 1981)—그리고 "내적 발화"와 사고의 창조에 관한 대화의 "내면화(internalization)"에 관해 Lev Vygotsky가 논의한 바 있다—*Thought and Language* (Cambridge, Mass.: MIT Press, 1962).

8. Ruth C. Wylie, The Self-Concept, vol. 1: *A Review of Methodological Considerations and Measuring Instruments* (Lincoln: University of Nebraska Press, 1974); vol. 2: *Theory and Research on Selected Topics* (Lincoln: University of Nebraska Press, 1979). Also Wylie, *Measures of Self-Concept* (Lincoln: University of Nebraska Press, 1989).

9. K. Lewin, T. Dembo, L. Festinger, and P. Sears, "Level of Aspiration," in J. McV. Hunt, ed., *Personality and the Behavior Disorders* (New York: Ronald, 1944).

10. Clark L. Hull, *Principles of Behavior* (New York: Appleton-Century, 1943); Edward C. Tolman, *Purposive Behavior in Animals and Men* (New York: Appleton-Century, 1932).

비교적 심도 있는 영역이 "조건화(conditioning)"라는 제목 아래 학습이론을 구분하였다. Pavlov는 음식을 배달하는 전조를 보이는 빛을 보거나 소리를 들은 마굿간의 개들이 침을 흘린다는 것을 알았다. 그것은 "고전적 조건화"라고 불린다. 그러한 수동적 접근을 거절하는 B. F. Skinner는 "작동적 반응"이라는 아이디어를 소개했다—옥수수 콘을 배달할 때 한 가지 표시를 나타내는 버튼을 차별적으로 쪼아대는 비둘기, 그리고 그렇지 않을 땐 그런 표시를 내지 않는다. Skinner의 작동적 그리고 Pavlov의 고전적 조건화는 학습이 무엇인지에 관해 서로 다른 그림을 양산했다. 전자는 자극을 전하면서 억제와 탈억제로 가득 찬 것이다. 후자는 반응의 가능성을 증가시키고 감소시키는 조건과 함께 그 자체에 관심을 가진다.

Karl Zener는 파블로브식 개들이 마굿간에서 나와 실험실을 막 돌아다닌다면, 조건적 타액분비의 징후가 Moscow Institute의 엄격한 조건에서 작용되어 발견되는 방식과는 사뭇 달랐다는 것을 증명했다. 만약 음식 그릇으로 되돌아가는 것이 까다로운 우회하기를 요구했다면, 그 개들은 "마음" 속에 타액분비보다는 다른 것을 가지고 있었을 것이다. 그리고 나서 Hobart Mowrer는 고전적이고 작동적인 조건화가 다른 조건하에서 작용한다는 것을 증명했다. 즉 전자는 자율적으로 행동(behavior)을 중재하고, 후자는 더욱 "자발적으로" 반응한다.

그가 궁극적으로 "There Is More than One Kind of Learning," 라는 제목이 붙은 고전적 논문(*Psychological Review* 56 (1949): 144-155)을 출간했다는 것은 Tolman의 커다란 명예이다. 그러나 모든 이론가들이 학습의 기본적 형식을 자신의 경험적 패러다임에 의해 생산된 것으로 간주했기 때문에, "패러다임 안전장치(locking)"는 "잘 설명된" 전복된 예외를 주장했다.

"지도 방(map room)"과 "배전반(switchboard)" 이론 사이의 구분은 다음에서 논의된다. Tolman의 "Cognitive Maps in Rats and Men," *Psychological Review* 55 (1948): 189-208.

11. 이러한 유형의 전형적인 연구들은 다음에 보고된 내용을 포함한다. Neal E. Miller, "Experimental Studies in Conflict," J. McV. Hunt, ed., *Personality and the Behavior Disorders* (New York:

Ronald, 1944); 그리고 다음과 같은 특수 연구도 있었다. O. Hobart Mowrer, "Anxiety Reduction and Learning," *Journal of Experimental Psychology* 27(1940):497-516; Edward C. Tolman, "A Stimulus Expectancy Need-Cathexis Psychology," *Science* 101(1945): 160-166; John Dollard and N. E. Miller, *Personality and Psychotherapy* (New York: McGraw-Hill, 1950).

12. 이 기간의 전형적인 사례는 다음과 같다. 인지 혁명의 "개막"을 위한 표준 중심의 시대 전 해인 1955년에 출간된 George A. Kelly의 두 책 *The Psychology of Personal Constructs* (New York: Norton)이 있다. 나는 *Contemporary Psychology* 1, no. 12 (1956): 355-358에서 그것을 검토하였고, "지식에 대한 이론으로부터 인격에 대한 이론을 구성하려는 첫 번째 노력으로 그것을 환영하였다: 사람들이 다양한 외모를 조직된 구성 체계로 둘러싸면서 세계를 어떻게 알아가는지"(p. 355).

13. Roy Pea and D. M. Kurland "On the Cognitive Effects of Learning Computer Programming," *New Ideas in Psychology* 2 (1984): 137-168; R. Pea, "Distributed Intelligence and Education," in D. Perkins, J. Schwartz, and M. M. West, eds., *Teaching for Understanding in the Age of Technology* (in preparation); D. N. Perkins, "Person Plus: A Distributed View of Thinking and Learning," 이 논문은 1990년 4월 18일 Boston에서 열린 A.E.R.A.의 연차 회의에서 분산된 학습(Distributed Learning)에 관한 심포지엄에서 소개되었다. 분산된 학습 개념이 오랜 시간 동안 알려지면서—특히 인류학자들이 염두에 두었는데, Michael Cole의 "Cultural Psychology: A Once and Future Discipline," 에서, J. J. Berman, ed., *Nebraska Symposium on Motivation, 1989: Cross-Cultural Perspectives* (Lincoln: University of Nebraska Press, forthcoming)—이 아이디어는 인류의 새로운 정보 공학에 관련되어서 새로운 적용력으로 제공되었다. 특히 John Seeley Brown, Alan Collins, and P. Duguid, "Situated Cogni-

tion and the Culture of Learning," *Educational Researcher* 18:32-42를 참고하라.

14. Ann L. Brown의 "Distributed Expertise in the Classroom"이라는 논문은 1990년 보스턴에서 열린 A. E. R. A.의 분산된 학습에 관한 심포지엄에서 소개되었다. 이 연구에 대한 충분한 설명을 보려면 다음 책을 참고하라. Ann Brown and Joseph Campione, "Communities of Learning and Thinking: Or a Context by Any Other Name," *Human Development,* forthcoming. 이 인용은 Perkins의 "Person Plus," p.24에서 가져온 것이다.

15. 물론 학습이론에 대한 싸움이 고전적으로 벌어진 "동물 학습"의 원형극장을 임시휴업하자는 상황적 고려들이 있었다. 동물행동학자들은 진화론적 의미에서 학습이 특별한 종의 환경에서 특수한 조건들에 맞게 조정된다는 것을 분명히 하였다. 그것은 고립되어 다루어질 수 없고, 거주지와는 분리될 수 없으며 그러한 거주지에 적응하기 위해 진화 속에서 선택되어 온 본능적 성향과도 분리될 수 없다. 어떤 형식을 취하든지 간에, 학습은 늘 그러한 성향에 맞게 한쪽으로 치우치고 여과된다. 그것은 진화에 의해 선정되어 왔으며 동물이 특별한 환경에 "노출"되는 것을 자세히 상술하지 않고서는 설명할 수 없다. 그래서, 다시금 학습과 학습자는 동물의 서식지로부터 고립될 수 없고, 혹은 동물의 성향에 맞게 서식지를 "적응적"으로 만들어 온 진화의 역사로부터 분리될 수 없다. 특히 다음을 살펴보라. Niko Tinbergen, *The Animal in Its World,* vols. 1 and 2 (London: George Allen and Unwin, 1972, 1973).

16. "분산된" 사고의 아이디어가 심리학과 함께 결여되어 왔다는 것을 암시하지는 않는다. Vygotsky는 교육학(pedagogy)의 공식화에 많은 관심을 가졌고, 사고를 형성하는 데 있어 역사의 역할을 지정하는 데 노력하였다(그의 *Thought and Language*를 살펴보라). David Wood와 나는 지식 변화에서 발생하는 지적 활동에 대한 "scaffolding"을 묘사하는 방식을 암중모색하고 있었다: Wood,

Bruner, and Gail Ross, "The Role of Tutoring in Problem Solving," *Journal of Child Psychology and Psychiatry* 17 (1976): 89-100. 그리고 분산된 관점은 일찍이 다음의 연구에서 잘 드러났다. Michael Cole and Sylvia Scribner, e.g., *Culture and Thought: An Introduction* (New York: Wiley, 1974).

17. Karl Joachim Weintraub, *The Value of the Individual: Self and Circumstance in Autobiography* (Chicago: University of Chicago Press, 1978); E. R. Dodds, *The Greeks and the Irrational* (Berkeley: University of California Press, 1951); Michelle Rosaldo, *Knowledge and Passion: Ilongot Notions of Self and Social Life* (Cambridge and New York: Cambridge University Press, 1980); and Fred Myers, *Pintupi Country, Pintupi Self* (Washington: Smithsonian Institution Press, 1986). *History of Private Life*에 관한 네 권의 책은 Harvard University Press에 의해 출판되었다: 첫 번째는 편집자 Paul Veyne에 의해 1987년 출간되었고, 제목은 *From Pagan Rome to Byzantium*이다. 두 번째는 Georges Duby에 의해 1988년에 *Revelations of the Medieval World*로 출간되었다. 세 번째는 Roger Chartier에 의해 1989년 *Passions of the Renaissance*로 출간되었다. 네 번째는 1990년 Michelle Perrot에 의해 *From the Fires of Revolution to the Great War*로 출간되었다. 한 권 더 준비 중이다.

18. Lee, J. Cronbach, *Designing Evaluations of Educational and Social Programs* (San Francisco: Jossey-Bass, 1982), p. I. 08.

19. Kenneth J. Gergen, *Toward Transformation in Social Knowledge* (New York: Springer-Verlag, 1982), pp. 17ff. 최초의 연구는 다음 책에서 참조되어 온 일부 논문에서 보고되었다. 특히 Gergen and M. G. Taylor, "Social Expectancy and Self-Presentation in a Status Hierarchy," *Journal of Experimental Social Psychology* 5 (1969): 79-92; and S. J. Morse and K. J. Gergen, "Social Com-

parison, Self-Consistency, and the Presentation of Self," *Journal of Personality and Social Psychology* 16 (1970): 148-159.

20. Gergen, *Toward Transformation in Social Knowledge*, p.18.

21. Gergen은 물론 Bartlett의 *Remembering* 2장에서 논의된 이러한 관점에 영향을 받았다.

22. Kenneth Gergen, "Social Psychology as History," *Journal of Personality and Social Psychology* 26 (1973): 309-320.

23. 나는 이것을 비평적으로 말하지 않는다. 초기 인지 "혁명들"의 목표 중 하나는 행동주의의 오랜 지배동안 출현되어 왔던 무관심한 이미지를 대체하는 것이었다. 더욱이, 다음의 학자들의 전략의 개념에 대한 핵심적 중요성을 입증했을 때, 나는 합리주의자들 중 한 명이었다. Bruner, J. J. Goodnow, and G. A. Austin, *A Study of Thinking* (New York: Wiley, 1956).

24. 비평적인 발표들 사이에서 그 기간 동안의 분위기는 다음과 같았다. W. J. T. Mitchell, ed., On Narrative (Chicago: University of Chicago Press, 1981); Paul Rabinow and William Sullivan, eds., *Interpretive Social Science: A Reader* (Berkeley: University of California Press, 1979); Clifford Geertz, *Interpretation of Cultures* (New York: Basic Books, 1973); Richard Rorty, *Philosophy and the Mirror of Nature* (Princeton: Princeton University Press, 1979); and Roland Barthes와 Michel Foucault와 같은 프랑스 후기-구조주의자의 비평에 관한 글들.

25. Donald Spence, *Narrative Truth and Historical Truth: Meaning and Interpretation in Psychoanalysis* (New York: Norton, 1984). 역사적 관심사의 문제로서, Roland Barthes는 Spence의 공식에 강한 영향을 끼쳤다: 그의 말은 해석에 관한 대안적 코드의 역할에 대한 Spence의 중심적 아이디어를 지지하는 면에서 인용되었다.

26. Spence는 Barthes의 책 *Image, Music, Text* (New York: Hill and Wang, 1977)에서 길게 논의된 다양한 기호적 코드에 관한 Roland Barthes의 아이디어에 근접하는 어떤 "코드"라는 뜻으로 말하였고, 그 코드는 텍스트로부터 다른 종류의 의미들을 추출하는 코드들이다. 그러나 Spence는 "실재의" 혹은 "고고학의" 메모리들에 관한 정신분석학의 아이디어들로부터 삭제하려고 한 것은 아니었다. 내러티브 진실은 (고전적인 정신분석적 감각에서) "무엇이 진실이고 무엇이 말할 만한 가치가 있는가 하는 것 간의 갈등"으로부터 야기된 절충안을 표현하는 것이다(*Narrative Truth*, p.62). 더욱이, 말할 가치가 없는 메모리들의 "실재"에 관한 Spence의 입장은 다음을 제안한다. 기억이 어디에 있는지에 관심을 가지는 "발견적 구성주의자"인 반면에 그는 "실재의" 메모리들에 관한 존재에 있어 실증주의자의 신념을 결코 포기하려고 하지 않았다. 이것은 그를 고전적 정신분석학자의 관점에서 파격적인 위치를 점유하게 하였고, 고전적 정신분석학자들은 주로, 잊을 수 없는 기억을 마치 잘 보존된 고고학의 견본처럼 저장하는 Id[3]의 "실재"를 내던졌다고 그를 비난했다.

27. Spence, *Narrative Truth*, p.63.

28. David Polonoff, "Self-Deception," *Social Research* 54 (1987): 53. Polonoff의 견해와 매우 비슷한 관점은 동시대의 자서전적 이론으로 널리 퍼져나갔다. 특히 그것에 관한 명쾌한 설명을 위해 다음의 책을 참고하라. Janet Varner Dunn, *Autobiography: Toward a Poetics of Experience* (Philadelphia: University of Pennsylvania Press, 1982).

29. Roy Schafer, "Narration in the Psychoanalytic Dialogue," in W. J. T. Mitchell, ed., *On Narrative* (Chicago: University of Chicago Press, 1981), p.31.

---

3) Id: 자아의 기저를 이루는 본능적 충동. (역자 발췌 주)

30. Ibid, p. 38.

31. 예를 들어, 다음 논문집을 참고하라. Theodore G. Sarbin에 의해 편집된 책 *Narrative Psychology: The Storied Nature of Human Conduct* (New York: Praeger, 1986). 이러한 새로운 접근의 두드러진 사례는 Michelle Rosaldo의 책 *Knowledge and Passion* 2장에도 포함되어 있다. 어떤 점에서는 이러한 새로운 "해석주의자" 경향은 George Herbert Mead, 특히 *Mind, Self, and Society* (Chicago: University of Chicago Press, 1934)로 거슬러 올라갈 수 있다. 그러나 다른 관점에서는 Mead가 "유기체"와 "환경"의 상호작용이라는 19세기 후반 고전적 관점과 매우 결합된 견해를 보이기 때문에, 내 견해에서 볼 때, 그 자신을 새로운 해석주의에 관한 첫 장(opening chapter)으로서보다는 후기 실증주의 역사에서의 개념론에 관한 마지막 장(closing chapter)으로 간주하는 게 더 나을 것이다. 예를 들어, *Mind, Self, and Society*, pp.245ff에서 "유기체, 공동체 그리고 환경"에 관한 Mead의 논의를 참고하라.

32. Clifford Geertz, "From the Native's Point of View: On the Nature of Anthropological Understanding." in P. Rabinow and W. M. Sullivan, eds., *Interpretive Social Science* (Berkeley: University of California Press, 1979), pp. 225-241, p.229에서 인용됨. Geertz의 제명(epigraph)으로서 거절된 것과 함께 "자아의 재구성"이라는 제목을 붙인 논의를 10년 후 E. E. Sampson이 시작했다는 것은 흥미로운 일이다. John Shotter and Kenneth Gergen, eds., *Texts of Identity* (London: Sage, 1989)에서의 Sampson을 보라.

33. 최근에 눈에 띄는 사례는 다음과 같다. Sidonie Smith, *A Poetics of Women's Autobiography: Marginality and the Fictions of Self-Representation* (Bloomington: Indiana University Press, 1987).

34. Elliot G. Mishler, "The Analysis of Interview-Narratives," in Theodore R. Sarbin, ed., *Narrative Psychology: The Storied*

Nature of Human Conduct (New York: Praeger, 1986). 그러한 interview-narrative를 분석하는 데 사용된 몇 가지 테크닉들을 충분히 설명하기 위해서는 다음 책을 보라. Mishler, *Research Interviewing: Context and Narrative* (Cambridge, Mass.: Harvard University Press, 1986).

35. Donald Polkinghorne, *Narrative Knowing and the Human Sciences* (Albany: SUNY Press, 1988), p.150.

36. 매우 철학적으로 세련된 사람이라 할지라도, 심리학자들은 늘 "역사적 설명"에 극단적으로 신중해 왔다. 나는 이러한 신중함이 첫 번째 두 개 장에서 논의된 인과적 분별력(causal sense)에서의 "설명"과 역사적이고 문화적 분별력에서의 "해석" 간의 차이점에 대한 일반적 오개념에 기인한다고 생각한다. 흥미 있는 대조가 지난 세대의 두 심리학자들, Kurt Lewin과 Lev Vygotsky에 의해 제공되었다. "Aristotelian and Galilean Modes of Thought"—그의 *Dynamic Theory of Personality* (New York: McGraw-Hill, 1935)를 참고하라—라는 유명한 에세이에서 Lewin은 필수적인 "목적론적"으로서 역사적 "인과관계"를 비난했고, "좀 떨어진 행위(action)"를 포함하면서 비난했다. 지금 무엇이 행동(behavior)을 결정하느냐 하는 것은 연기(action)의 시간에 개인적 연기자의 "행동주의적 영역"에서 제안된 것이다. "Galilean" 아이디어는 그의 관점에서 볼 때 물리학의 큰 성공을 위한 원천이었다. 이러한 이상이 인간 과학에 관련되었다는 생각은 틀림없는 것이다—문제시되는 전통이 현 시점에서 연기하고 있는 참가자들의 마음과 심장 속에서 어떻게 재현되는가에 관한 구체화 없이는 "전통"을 호소하지 않을 것이다. 그러나 영속적인 전통이 현 시점에서의 의미를 정의하고 변화시키도록 작용하는 방식은 그것이 창조해 낸 물리적 사건들의 결과를 반성해 주는 힘의 영역에서의 방식과는 동일하지 않다.

물론 Vygotsky는 서로 다른 경로를 따라갔다. 그는 실험주의, 경험주의가 어떻게 되든지 간에, 심리학의 방법은 반드시 그 뿌리에서

"문화적-역사적"이었다는 것을 제안했다. 인간이 "마음의 가능성"에 사용하는 도구와 수단을 위해서는 반드시 문화적 도구여야 한다. 이는 사회적이고 경제적인 삶에 대한 분위기에 의해 역사적으로 변형된 문화적 도구들이다. 그러므로 그들의 역사는 지금의 사용의 본질에 맞게 스스로 반영한다. 파시즘이 오름세에 있을 때 독일로부터 심사숙고하면서 이주해 온 Lewin은 자신의 러시아 학생 Zeigarnik으로부터 소개받은 Vygotsky를 모스크바에서 만났다; Guillermo Blanck, Vygotsky (Buenos Aires: 준비중; 사적 대화, 1989년 10월). 불행히도, 그들의 대화는 녹음되지 못했다. 비록 그들이 심리학의 해석에 있어 역사의 역할을 향한 자신들의 태도에 커다란 차이점이 있었음에도 불구하고 그들은 매우 유명해졌지만 말이다.

37. 아직 출판되지 않은 연구에서, 나는 처음 그것을 읽는 과정에서 이 스토리를 해석하는 12명 이상의 독자를 만났다. 그리고 비평가에 의해 제공된 대부분의 해석이 잘 이루어졌다고 생각한다. 모든 다양성에 있어, 해석은 굉장히 중요한 특징을 공유한다: 그들은 대장/주인공의 의도된 상태(동기나 마음의 상태)를 호소하기 위해 모든 노력을 기울였다. 독자들 중에 더 세련된 사람들은 스토리가 우리의 문화를 어떻게 상징하는지 혹은 그 문화 속에서의 Conrad의 곤경을 이해하기 위해 노력했다.

38. 예를 들어 다음 책을 보라. Ellen Langer, *The Psychology of Control* (New York: Sage, 1983).

39. Philippe Lejeune, *On Autobiography* (Minneapolis: University of Minnesota Press, 1989), p.132.

40. Dr. Weisser과 나는 "Autobiography and the Construction of Self"라는 타이틀을 가지고 있는 Harvard University Press에서 출판된 이 논문을 지금 완성해 가고 있다. 인터뷰에 접근하는 다른 방법이 말하기의 다른 방식을 생산해 냈어야 했다는 것은 당연한 일이다. 예를 들어, 만약 우리가 사람들에게 "과거에 대한 기억"에 대해 묻는다면, 이 사건이 말하는 사람에게 무엇을 "의미하는지"에 관해

설명하지 않고, 우리는 상기된 사건들의 목록을 획득하는 데 더 쉬울 것이다. 인간 주체로부터 과거의 기록을 도출해 내는 과정에 관해 진행하는 다른 방식을 알려면 다음을 보라. David C. Rubin, ed., *Autobiographical Memory* (Cambridge: Cambridge University Press, 1986).

41. Mishler, *Research Interviewing*. 이 이슈는 다음에서 더욱 충분히 논의되기 위해 남겨져 있다. Bruner and Weisser, "Autobiography and the Construction of Self."

42. Keith Thomas, review of Roger Chartier, ed., *A History of Private Life*, vol. 3, *New York Review of Books*, 9 November 1989, p.15. 이 시리즈에 나온 책들은 프랑스 역사학파 Annales의 위대한 업적 중의 하나이다. 아마도 심리학자들 중에서 이러한 역사가들에게 가장 잘 알려진 것은 Philippe Aries의 *Centuries of Childhood: A Social History of Family Life* (New York: Knopf, 1962)일 것이다. 여기서 그는 아동기의 개념이 사실보다는 오히려 "사회적 창조"였고, 그것은 영원히 재형성되었다고 주장했다. 그들의 창립자 중 하나인 Lucien Febvre와 함께 시작하면서, *Annales* 역사가들에 의해 취해진 입장은 "사생활"이란 기본적인 심리적, 생물적 욕구의 표현으로서보다는 오히려 후기-중세 사회정치적 제도를 "생산(spin-off)" 함으로써 이해된다고 하였다.

ACTS OF MEANING

찾아보기

역자 약력

강현석
경북대학교 사범대학 교육학과 졸업
경북대학교 대학원 교육학과 교육과정 및 방법 전공 석 · 박사 졸업
University of Wisconsin–Madison 박사추수 과정
한국대학교육협의회 선임연구원, 순천대학교 조교수 역임
(현재) 경북대학교 사범대학 교육학과 교수

유제순
청주교육대학교 초등교육과 졸업
청주교육대학교 교육대학원 교육방법 전공 석사 졸업
경북대학교 대학원 교육학과 교육과정 및 방법 전공 박사 졸업
청주교육대학교 강사, 충북 삼수초등학교 교사 역임
2009 개정 교육과정 교육과학기술부 특별활동 심의위원
(현재) 청주교육대학교 초등교육과 교수

이자현
대구교육대학교 초등교육과 졸업
대구교육대학교 교육대학원 미술교육전공 석사 졸업
경북대학교 대학원 교육학과 교육과정 및 방법 전공 박사 졸업
경북대학교, 대구교육대학교 강사 역임
2009 개정 교육과정 교육과학기술부 통합교육과정 심의위원(2009–2010)
(현재) 경기도 금오초등학교 교사, 대진대학교 학부 및 대학원 강사

김무정
대구교육대학교 초등교육과 졸업
한국교원대학교 교육과정 전공 석사 졸업
경북대학교 대학원 교육학과 교육과정 및 방법 전공 박사 졸업
경북대학교, 대구교육대학교 강사 역임
(현재) 대구 금포초등학교 교사, 경북대, 대구교육대학교 강사

최영수
진주교육대학교 초등교육과 졸업
한국교원대학교 교육과정 전공 석사 졸업
경북대학교 대학원 교육학과 교육과정 및 방법 전공 박사 졸업
진주교육대학교 강사 역임
(현재) 경남 단계초등학교 교사

이순옥
대구교육대학교 초등교육과 졸업
경북대학교 교육대학원 교육과정 및 교육공학 전공 석사 졸업
경북대학교 대학원 교육학과 교육과정 및 방법 전공 박사 졸업
(현재) 대구 도남초등학교 교사

인간 과학의 혁명: 마음, 문화, 그리고 교육
Acts of Meaning

발행일 | 2011년 7월 7일 초판 발행
저 자 | Jerome Bruner
역 자 | 강현석, 유제순, 이자현,
　　　　김무정, 최영수, 이순옥
발행인 | 홍진기
발행처 | 아카데미프레스
주 소 | 122-900 서울시 은평구 역촌동 58-9
　　　　부호아파트 102동 상가 3호
전 화 | (02)2694-2563
팩 스 | (02)2694-2564
웹사이트 | www.academypress.co.kr
등록일 | 2003. 6. 18, 제313-2003-220호
ISBN | 978-89-91517-43-1 93370

값 15,000원